Flugzeuge

Flugzeuge

Herausgeber: Rolf Berger
Umsetzung: Jung Medienpartner, Gesellschaft für Medienproduktion mbH, Limburg/Lahn

Inhalt

JU-AIR

Einleitung

Der Traum vom Fliegen

In den Mythen und der Sagenwelt aller Kulturen existiert der Traum vom Fliegen. Sicher haben bereits unsere Vorfahren im Dunkel der Geschichte sehnsuchtsvoll auf den Flug der Vögel geschaut, deren Freiheit und Fähigkeit, sich in der dritten Dimension zu bewegen, bewundert und sich gewünscht, mit ebensolcher Leichtigkeit durch die Luft zu schweben. Die eigene Bodenständigkeit vor Augen, war unseren Vorfahren sehr wohl bewusst, dass es sich bei der Fähigkeit zu fliegen um eine ganz besondere Eigenschaft handelt.

Die fliegenden Götter

Es ist also kein Wunder, dass die Menschen ihren Göttern und Helden die Eigenschaft verliehen, sich von der Erde lösen und sich im Luftraum frei bewegen zu können. Etana, der babylonische Kriegsgott, wurde 3000 v. u. Z. in Kunstwerken fliegend dargestellt. In der Götterwelt des alten Ägypten konnten beispielsweise Isis, der Himmelsgott Horus und der Sonnengott Re fliegen. Hermes, der griechische Götterbote, war geflügelt und auch Nike, die Siegesgöttin, konnte fliegen. Die alten Inder ließen Menschen mit Federflügeln über den Transhimalaja in Schiwas Reich blicken. Die Indianer hatten eine Möwe aus Holz, mit der Menschen geflogen sein sollen. Ein chinesisches Herrscherhaus verfügte 5000 v. u. Z. über einen Himmelswagen. Die Kalevala, das finnische Nationalepos, berichtet vom Schmied Ilmarinen, der sich einen eisernen Adler baute, und Wieland, der Schmied des germanischen Sagenkreises, entfloh seiner Gefangenschaft mithilfe eines eigens geschmiedeten eisernen Federkleids. Loki, der listenreiche nordische Gott, holte mit Hilfe des Federkleids der Göttin Freya den geraubten Hammer des Gottes Thor aus der Burg der Riesen wieder zurück.

Ein Mythos wird Wirklichkeit

Die bildende Kunst von der Renaissance bis zur Gegenwart bediente sich immer wieder des Motivs von Daidalos und Ikaros. Ikaros missachtete die Warnungen seines Vaters und näherte sich zu sehr der Sonne, die das Wachs, in dem die Federn seiner Flügel befestigt waren, zum Schmelzen brachte. Ikaros stürzte ab (siehe Abbildung links). Was einmal als Parabel für die „Bestrafung des Ungehorsams" gedacht war, dient heute übrigens in Darstellungen zur Geschichte des Flugsicherheitsgedankens als Beispiel für die Verknüpfung von Luftfahrt und Flugsicherheit.

Die Welt der Mythen und Sagen verließ der Fluggedanke erst in der Renaissance. Leonardo da Vinci, als Maler, Architekt, Techniker und Naturforscher das Universalgenie schlechthin, begann ernsthafte wissenschaftliche Untersuchungen zu einem möglichen Flug des Menschen. Seine physikalischen Forschungen und seine Untersuchungen des Vogelflugs mündeten in einer Vielzahl von Schwingenflügelentwürfen, Hubschrauberberechnungen und Fallschirmkonstruktionen. Ein praktischer Erfolg blieb ihm trotz aller genialen Denkansätze versagt. Noch fehlte die Erkenntnis, dass die Muskelkraft und das Herz-Kreislauf-System des Menschen einen Schwingenflug für ihn unmöglich machten.

Aber überall in Europa begann die Suche nach Wegen, den Luftraum zu erobern. Der Tübinger Bibliothekar Hermann Flayder veröffentlichte 1627 das erste Buch über die Luftfahrt. Die Zeit für die Verwirklichung eines Menschheitstraums schien gekommen. Noch blieben die Versuche untauglich. Aber immer näher tastete man sich an die Lösung des Problems heran.

Leichter als Luft

Sieger im Wettlauf der Gedanken und Ideen wurden die Brüder Montgolfier. Beide hatten Mathematik und Physik studiert. Die Beobachtung aufsteigender Papierschnitzel in ihrem Kamin wurde zu ihrem „Apfel Newtons" und zum Auslöser, dieses Phänomen weiter zu untersuchen. Sie experimentierten mit heißluftgefüllten Papierbeuteln. Im Sommer 1783 stieg ein solcher Beutel auf eine Höhe von über 1000 Metern. Danach ließen sie Tiere im Ballon aufsteigen.

Am 11. November 1783 war es so weit. Vor einer riesigen Zuschauermenge erhoben sich der Direktor des Pariser Museums Pilâtre de Rozier und der Marquis d'Arlandes mit einem Fesselballon für fünf Minuten in die Luft und landeten danach ohne Komplikationen unter dem stürmischen Beifall der Menge. Das Luftfahrzeug „leichter als Luft" war erfunden.

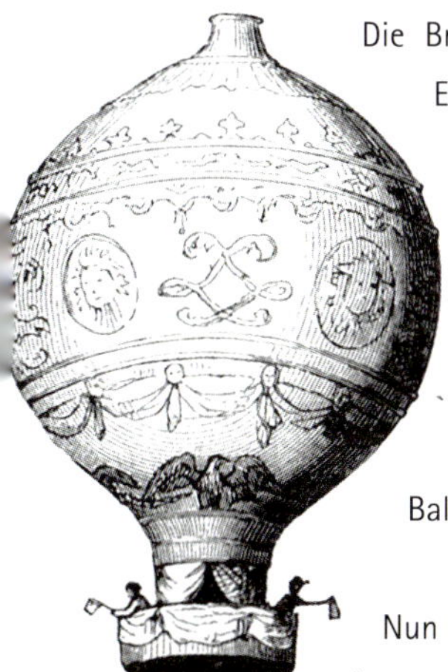

Die Brüder Montgolfier hatten im Verlauf ihrer Experimente erkannt, dass es die erhitzte Luft war, die ihrem Ballon (siehe Abbildung links) den nötigen Auftrieb verschaffte, und nicht, wie sie zuvor angenommen hatten, ein unbekanntes Gas, das leichter war als Luft. Folgerichtig entwickelten sie einen Feuerrost, der bei Betrieb während der Ballonfahrt die Flugdauer erheblich verlängerte.

Nun begann eine wahre Explosion der Entwicklungen. Der Physiker Charles verwendete als Ballonfüllung erstmals Wasserstoff, ein Gas, das leichter ist als die Umgebungsluft und dadurch für Auftrieb sorgt. Kurz nach dem Flug der ersten Montgolfiere flog Charles mit zwei Personen länger als zwei Stunden und legte dabei eine Strecke von 43 Kilometern zurück. Im Jahre 1785 überquerten der Franzose Blanchard und der Amerikaner Jeffries den Ärmelkanal im Ballon.

Noch blieb das Problem eines gelenkten Fluges ungelöst. Allerdings hatte der italienische Graf Zambeccari bereits die Erkenntnis gewonnen, dass ein Ballon nur steuerbar sei, wenn er über einen Antrieb verfüge, der den Ballon auch gegen die Windkraft vorwärts bewegen könne.

Fahrten im Heißluftballon erlebten in den letzten Jahren eine Renaissance; die Erzeugung der Heißluft ist heute komfortabler als bei den Montgolfiers.

Schnell kam es zum praktischen Einsatz der Ballone. Napoleon ließ damit feindliche Truppenbewegungen aufklären. Versuche, von Ballonen aus Bomben einzusetzen, scheiterten allerdings. Während der Blockade von Paris 1870/1871 durch die deutschen Truppen wurden 67 Ballone als Blockadebrecher eingesetzt, die Post und Verwundete transportierten. Trotzdem wurden die Grenzen des Ballonfahrens sehr bald sichtbar.

Schwerer als Luft

Überschritten wurden sie durch den deutschen Ingenieur und Luftfahrtpionier Otto Lilienthal. Wie Leonardo da Vinci studierten er und sein Bruder am Beispiel von Störchen den Vogelflug. Die Erkenntnisse verarbeitete er in seinem Buch „Der Vogelflug als Grundlage der Fliegekunst". Eine der wichtigsten Einsichten, die er gewann, war, dass am Vogelflügel oben beim Anströmen von Luft ein Sog entstehen muss. Heute wissen wir, dass der Auftrieb eines Flügels sich aus etwa zwei Dritteln Sog an der Oberseite und einem Drittel Druck an der Unterseite zusammensetzt.

Ab 1890 unternahm Lilienthal mit seinen Flugapparaten Flugversuche, die bei bescheidenen fünf Metern Flugweite begannen und bei Flughöhen von 20 Metern und Entfernungen von 500 Metern endeten. Gesteuert wurden die Flüge lediglich durch die Gleichgewichtsverlagerungen des kühnen Experimentators.

Am 9. August 1896 stürzte er bei der Erprobung neuer Steuereinrichtungen ab und verstarb einen Tag später im Krankenhaus. Seine theoretischen und praktischen Erkenntnisse hatten entscheidenden Einfluss auf die weitere Entwicklung des Flugwesens.

In Amerika hatten die Brüder Wilbur und Orville Wright die theoretischen Einsichten und praktischen Erfahrungen Lilienthals studiert. Sie erkannten als Hauptprobleme die Lösung von Stabilitäts- und Steuerungsfragen und die Suche nach einem leistungsfähigen, aber trotzdem leichten Motor. Beide Probleme lösten sie. So hob am 17. Dezember 1903 das erste Flugzeug „schwerer als Luft" mit eigener Kraft vom Boden ab. Der erste Flug dauerte zwölf Sekunden und führte über eine Strecke von 53 Metern. Eine neue Ära begann. Das Flugzeug trat seinen Siegeszug an.

100 Jahre Motorflug wurden im Jahre 2003 mit einer Replik des ersten Flugzeugs der Gebrüder Wright gefeiert.

Nun ging es Schlag auf Schlag. Rekord reihte sich an Rekord. Immer neue Schöpfungen begabter und erfolgreicher Konstrukteure tauchten auf. Die Namen von Konstrukteuren und Flugzeugführern wie Santos-Dumont, Farman, Grade, Blériot, Etrich, Nieuport, Breguet und vieler anderer wurden bekannt.

1909 überquerte Blériot den Ärmelkanal. Es kam zu einer beachtlichen Steigerung der Flugleistungen. 1913 lag der Streckenrekord bei 2078 Kilometern, die größte erreichte Höhe bei 6120 Metern und die längste erzielte Flugdauer betrug 13 Stunden und 22 Minuten. Mutige Menschen ließen sich als Passagiere transportieren. Die ersten Luftpostdienste wurden eingerichtet. Die Entwicklung der Verkehrsfliegerei begann.

Die Taube von Ignaz Etrich (abgebildet ist eine Replik) war eines der berümtesten Flugzeuge aus der Pionierzeit der Luftfahrt; einige Maschinen wurden noch zu Beginn des 1. Weltkriegs als Aufklärer eingesetzt.

Die große Zeit der Luftschiffe

Verlieren wir jedoch die Luftfahrt „leichter als Luft" nicht ganz aus den Augen. Auch hier hatte sich Bemerkenswertes getan. Endlich war es gelungen, den Ballon zu motorisieren und damit seine Steuerbarkeit zu erreichen. Damit begann die Entwicklung zum Starrluftschiff. Bekanntester Starrluftschiffbauer wurde Graf Zeppelin. Bis 1914 wurden etwa 2000 Zeppelinfahrten durchgeführt und dabei die beachtliche Zahl von 37 000 Passagieren befördert.

Ihre Leistungsfähigkeit machte die Zeppeline auch für das Militär interessant, konnten sie doch bereits beachtliche Nutzlasten über große Entfernungen transportieren. Ihr Pferdefuß war freilich das Gas, das für ihren Auftrieb sorgte: Es war Wasserstoff – leicht brennbar nicht nur bei Havarien, sondern auch bei feindlichem Beschuss.

Der 1. Weltkrieg

In dieser Zeit setzte der Beginn des 1. Weltkriegs eine große Zäsur auch in der Entwicklung der Luftfahrt. Die Militärs der großen Staaten verfolgten aufmerksam die Fortschritte des Flugwesens. Die Generalstäbe sahen im Luftschiff und im Flugzeug bedeutsame Kriegsinstrumente, die neben der Fernaufklärung auch zu Bombenangriffen eingesetzt werden sollten.

Das Luftschiff LZ 129 „Hindenburg" bot den Mitreisenden hohen Komfort in salonartigen Gesellschafts- und Speiseräumen und auf dem Promenadendeck (siehe Abbildung oben rechts). Die Füllung mit dem Treibgas Wasserstoff wurde dem LZ 129 bei einem Unglück in Lakehurst 1937 zum Verhängnis; es brannte vollständig aus. Die übrigen deutschen Zeppeline wurden daraufhin nach und nach abgewrackt.

Im August 1914 verfügten die wichtigsten kriegführenden Staaten über folgende Bestände:

	Flugzeuge	Luftschiffe
Deutschland	232	8
Österreich-Ungarn	48	1
Frankreich	165	10
Großbritannien	63	-
Russland	263	4

Anfänglich wurden Flugzeuge nur zu Aufklärungszwecken und für Kurieraufgaben eingesetzt. Ab Oktober 1914 begann man mit der Feuerleitung für die Artillerie vom Flugzeug aus. In zweisitzigen Flugzeugen wurden die Beobachter mit leichten Maschinengewehren ausgerüstet, deren Einsatz aber uneffektiv blieb.

Ein qualitativer Sprung für die Steigerung der Kampffähigkeit war die Erfindung eines Synchronisators, der es ermöglichte, ohne Schaden für den Propeller durch den Luftschraubenkreis zu schießen und damit die Flugzeugbewaffnung parallel zur Flugzeuglängsachse starr einzubauen.

Die AEG C.VIII wurde zu Beginn des 1. Weltkriegs als Doppeldecker und als Dreidecker (Abbildung oben) gebaut.

Schnell entwickelte sich die Taktik des Flugzeugeinsatzes. Auch die Flugzeugtechnik hielt mit den gestiegenen Anforderungen Schritt. Die Produktionszahlen für Flugzeuge in den kriegführenden Hauptländern stiegen rapide an.

Die Entwicklung des Luftkriegs hatte aber nicht nur zu einer quantitativen Steigerung, sondern auch zur Spezialisierung innerhalb der Fliegerkräfte geführt. Wurden die Jagdflieger ursprünglich nur zum Schutz der Aufklärer gegen feindliche Jagdflieger eingesetzt, änderte sich ab 1916 das taktische und operative Denken grundsätzlich. Ziel des Einsatzes wurde es nun, die Handlungen aller gegnerischen Flugzeuggattungen zu unterbinden. Damit begann der Kampf um die Luftüberlegenheit und die Luftherrschaft.

Als Ergebnis des 1. Weltkriegs kann für die Entwicklung der Fliegerkräfte folgendes Fazit gezogen werden:

- Organisation, Technik und Einsatzgrundsätze hatten sich im Verlauf des Krieges durchgreifend verändert und entsprachen den gestiegenen technischen Möglichkeiten der Flugzeuge;
- starke operative Fliegerverbände – zum Teil bereits als selbstständiges Strukturelement der Streitkräfte – waren entstanden;
- Aufklärungs-, Jagdflieger-, Bombenflieger- und Schlachtfliegerkräfte hatten sich entwickelt. Damit war die Grundlage für fast alle modernen Fliegergattungen geschaffen.

Der 2. Weltkrieg

Nach dem 1. Weltkrieg verzögerte sich in der Militärluftfahrt das Tempo der Entwicklung wieder. Eine große Anzahl Flugzeugmuster des 1. Weltkriegs blieben bis zum Beginn der 1930er-Jahre im Bestand vieler Luftstreitkräfte. Deutschland war der Bau von Kampfflugzeugen und das Unterhalten einer Luftwaffe durch den Versailler Vertrag verboten worden. Ein Innovationsschub setzte erst Mitte der 1930er-Jahre wieder ein.

Neue Jagdflugzeuge mit Geschwindigkeiten von 600–700 km/h wurden in die Bewaffnung aufgenommen, mittlere und schwere Bombenflugzeuge entwickelt. Der 2. Weltkrieg warf seine Schatten voraus. Als er 1939 begann, nahmen die Luftstreitkräfte einen bedeutenden Platz in der Kriegsführung ein. Der Bombenkrieg wurde zu einer strategischen Hauptaufgabe. Deutschland besaß kein strategisches Bomberpotenzial. Die deutsche Luftwaffenführung glaubte, mit schnellen taktischen Schlägen alle Ziele im Sinne eines Blitzkriegs erreichen zu können. In der Luftschlacht um England wurden trotzdem viele englische Städte Opfer des Bombenterrors. Je länger der Krieg dauerte, desto stärker wirkte sich jedoch die materielle Überlegenheit der Alliierten aus. Riesige Bomberflotten wurden geschaffen und griffen Deutschland an. Die deutsche Kriegswirtschaft wurde mehr und mehr lahmgelegt. Aber die Bombenangriffe richteten sich nicht nur gegen die Industrie. Die strategische Luftkriegsführung wurde zum Bombenterror gegen die Zivilbevölkerung. Der Chef des britischen Bomberkommandos, Luftmarschall Harris, schien die Theorie des italienischen Generals Douhet aufgegriffen zu haben, die er in seinem Buch „Luftherrschaft" (bereits 1921 erschienen) aufgestellt hatte. Ihr Kerngedanke

Die Junkers Ju 52 ist bis heute eine Legende, sie ist ein Symbol für die Verkehrsluftfahrt der 1930er-Jahre.

Die Supermarine Spitfire war eines der bekanntesten und am meisten gebauten Jagdflugzeuge des 2. Weltkriegs.

war: Verteidigung zu Lande und zur See, Massenangriff aus der Luft. Diese Forderung wurde zum Credo von Harris, der von Churchill dafür grünes Licht erhielt. Während die Amerikaner am Tage angriffen, blieb den Briten die Nacht vorbehalten. Bis Ende 1944 lagen fast alle deutschen Großstädte in Trümmern. Dresden ging erst am 13.02.1945 in Flammen auf. Die Zahl der Toten ist bis heute unbekannt. Eine strategische Notwendigkeit zur Vernichtung Dresdens bestand nicht mehr. Nach der Auslöschung Dresdens distanzierte sich Churchill von Harris.

Furioses Finale des Bombenkriegs im 2. Weltkrieg war der Abwurf der Atombomben auf Hiroschima und Nagasaki. Damit erreichte die Vernichtungskraft der Bombenbewaffnung eine unvorstellbare Dimension.

Die Nachkriegszeit

Nach dem 2. Weltkrieg erstarrte die Welt in zwei Blöcken. Der Kalte Krieg begann. Das maßlose Wettrüsten ging einher mit einer bis dahin unvorstellbaren Steigerung der Gefechtsmöglichkeiten der Luftstreitkräfte. Überschallschnelle Jagd- und Bombenflugzeuge wurden in die Bewaffnung aufgenommen. Strategische Raketen konnten jeden Punkt der Erde mit angemessener Präzision erreichen. Atomare Sprengköpfe – sowohl in Bomben als auch in Raketen – mit einem Sprengstoffäquivalent von Megatonnen TNT erreichten eine Dimension an Vernichtungskraft, die das menschliche Vorstellungsvermögen überschreitet.

Der moderne Luftkrieg blieb aber nicht nur eine theoretische Möglichkeit. Vom Koreakrieg über die israelisch-arabischen Auseinandersetzungen bis zum Vietnamkrieg wurde in lokalen Kriegen die gesamte Palette des Einsatzspektrums der Luftstreitkräfte, mit Ausnahme des Kernwaffeneinsatzes, praktisch erprobt. Erst die Auflösung des Militärbündnisses des Warschauer Vertrags und das Ende der Sowjetunion, nicht zuletzt eine Folge des Wettrüstens, brach den Teufelskreis des Rüstungswettlaufs auf. Aber der Balkankonflikt der 1990er-Jahre und zwei Kriege gegen den Irak zeigten erneut das gewaltige Kampfpotenzial der Luftstreitkräfte. Ja man kann sagen, dass diese Kriege ohne das Erreichen der Luftüberlegenheit und Luftherrschaft gar nicht denkbar und in dieser Form führbar gewesen wären.

Am 14.10.1947 erreichte Charles Yeager mit dem einstrahligen Experimentalflugzeug Bell X-1 erstmals Überschallgeschwindigkeit. 1949 errang das Flugzeug den Höhenweltrekord mit 22 250 Metern.

Die zivile Luftfahrt

Die zivile Luftfahrt entstand kurz nach Ende des 1. Weltkriegs. Die durch den Krieg gebundenen Forschungs- und Produktionskapazitäten wurden frei und konnten im zivilen Interesse genutzt werden. Zunächst wurden Militärmaschinen für die zivile Nutzung umgebaut. Bald gab es die ersten Passagierflugzeuge, die neben dem Piloten sechs bis acht Passagieren Platz boten.

Exemplarisch sei hier die Junkers F 13 genannt. Ihr Erstflug erfolgte 1919. Sie ist das erste Flugzeug, das ausschließlich als Passagierflugzeug geplant und gebaut wurde. Tiefdecker-Auslegung, freitragendes Tragwerk, Ganzmetallbauweise und eine geschlossene Kabine waren erstmals bei diesem Flugzeug vereinigt, das gewissermaßen als erstes „modernes" Flugzeug den mitreisenden Passagieren auch einen gewissen Komfort bot. Insgesamt gab es mehr als 60 Versionen der F 13. Von 1919 bis 1930 wurden 350 Flugzeuge dieses Musters gebaut. Das Flugzeug flog in vielen europäischen Staaten und wurde nach Nord- und Südamerika, nach Asien und Afrika exportiert.

In allen Luftfahrt ausübenden Ländern entstanden neue Typen von Passagierflugzeugen. Erste Fluglinien wurden betrieben. Mitte der 1920er-Jahre enstanden die ersten bedeutenden Fluggesellschaften; so wurde 1926 die Deutsche Luft Hansa gegründet, aus der unsere heutige Lufthansa hervorging. Ende der 1920er-Jahre erschienen die ersten großen Passagierflugzeuge. Die Junkers G 38 konnte 42 Passagiere befördern und beflog die Strecken nach London, Amsterdam, Kopenhagen, Malmö, Venedig, Rom und Stockholm. Hinsichtlich ihrer Kapazität waren diese Maschinen, ähnlich wie das riesige Verkehrsflugschiff Do X, dem tatsächlichen Bedarf um Jahre voraus; und so gab es von diesen Fluggeräten auch nur zwei bzw. drei Exemplare.

Das Standardflugzeug der 1930er-Jahre war die Ju 52, die in über 5000 Exemplaren gebaut wurde. Die Maschine flog bei 30 Luftverkehrsgesellschaften in 25 Ländern auf allen Kontinenten. Einige Ju 52 befanden sich noch 1979 im Einsatz. Die Deutsche Lufthansa betreibt heute eine Ju 52 als Traditionsmaschine (Abbildung Seite 12) und führt damit in den Sommermonaten von unterschiedlichen Flugplätzen Deutschlands Rundflüge durch.

Transatlantikflüge

Für die Entwicklung des Weltluftverkehrs war unbedingt ein Problem zu lösen – die Ozeanüberquerung. Diesem Problem wurde sogar ein reißerischer Spielfilm gewidmet: In „F. P. 1 antwortet nicht" ging es um den Bau einer schwimmenden Flugzeugplattform mitten im Atlantik, die für Zwischenlandungen zum Auftanken von Flugzeugen auf der Atlantikroute gedacht war. Pure Science-Fiction – aber die Wirklichkeit ließ selbst diese fantastischen Vorstellungen schnell veralten.

Zuerst gelang der Sprung über den Ozean sowohl auf der Nordatlantik- als auch auf der Südatlantikroute. Bereits im Juni 1919 überquerten die britischen Flieger Alcock und Brown den Atlantik von West nach Ost im Nonstopflug. Der erste Alleinflug gelang aber erst, als am 20. Mai 1927 der 25-jährige Charles Lindbergh in New York startete und nach 33 Stunden und 30 Minuten unter dem unbeschreiblichen Jubel einer riesigen Menschenmenge in Paris

Die Lockheed Super Constellation beflog – unter anderem für die Deutsche Lufthansa – von 1956 bis 1966 die Transatlantikstrecken.

Der Airbus A380 ist das derzeit größte Verkehrsflugzeug der Welt. Es wird voraussichtlich mehrere Jahrzehnte in Dienst bleiben.

Le Bourget ausrollte. Bereits im April des nächsten Jahres überquerten die Deutschen Köhl und von Hünefeld den Ozean in umgekehrter Richtung. Der Anfang war gemacht. Um Transatlantiklinien für den Passagierverkehr tauglich zu machen, ging es nun um die Weiterentwicklung der Navigation und der Bordinstrumentierung, damit das Fliegen unter schlechten meteorologischen Bedingungen nicht zum Vabanquespiel wurde, und die Schaffung der notwendigen Logistik.

Nach dem 2. Weltkrieg entwickelte sich der Weltluftverkehr zügig. Die Erfahrungen aus dem Militärflugzeugbau, besonders der Bomber, kamen der Zivilluftfahrt zugute. Zwischen Amerika und Europa entstand ein planmäßiger Linienverkehr mit leistungsfähigen Maschinen.

Die ersten Flugzeuge mit Strahlturbinen erweiterten die Möglichkeiten der Zivilluftfahrt. Die englische Comet 4B, die russische Tu-104, die amerikanische Boeing 707 und die französische Caravelle eröffneten das Zeitalter der Jetliner.

Jules Vernes „literarische" Reisedauer um die Erde von 80 Tagen ist bis heute drastisch geschrumpft. Seit dem 25. Oktober 2007 fliegt das weltgrößte Passagierflugzeug, der „Megaliner" Airbus A380, bei Singapore Airlines im Liniendienst.

Perspektiven des Weltluftverkehrs

Welche Probleme stehen heute noch vor der Weltluftfahrt, welche Entwicklungslinien lassen sich bereits erkennen?

Im Militärflugzeugbau geht die Tendenz wieder weg vom universal einsetzbaren Mehrzweckflugzeug hin zur Spezialisierung. Der Alleskönner, der seinen Einsatzzweck möglichst bei laufender Mission wechseln sollte, musste Abstriche an seinen Gefechtsmöglichkeiten hinnehmen, weil es technisch unmöglich ist, alle anfallenden Aufgaben gleich gut zu lösen. Die hohe Manövrierfähigkeit des Jägers erlaubt nicht das Mitführen einer möglichst großen Waffenlast, wie sie ein Jagdbomber tragen soll. Ein möglicher Kompromiss ist die Unterbringung möglichst vieler verschiedener Modifikationen auf einer Plattform.

Vieles, was technisch machbar ist, wird trotzdem nicht erfolgreich umgesetzt. Manches wiederum erscheint in abgewandelter Form Jahrzehnte später. Der Überschallflug, in der Militärluftfahrt Standard, ist in der zivilen Luftfahrt ökonomisch und umweltpolitisch gescheitert. Heute haben die russischen Entwickler mit der Tu-444 ein Überschall-Geschäftsreiseflugzeug auf dem Reißbrett, für das bekannte Wirtschaftsinstitute einen Markt von 400 bis 700 Stück sehen. Bedingung dafür ist lediglich, dass die Kosten nicht mehr als 20 Prozent höher ausfallen als die herkömmlicher Flugzeuge.

Raketenflugzeuge spielten bisher in der Luftfahrtgeschichte, mit Ausnahme der Me 163, lediglich als Experimentalflugzeuge eine Rolle. Mit ihnen wurden hinsichtlich Flughöhe und Fluggeschwindigkeit extreme Flugleistungen erreicht. Der Raketenantrieb wird aber auch in Zukunft keine Rolle im Einsatz von Serienmaschinen spielen.

Auch mit atomgetriebenen Flugzeugen wurde experimentiert. Anfang der 1950er-Jahre gab es dazu Projekte in der Sowjetunion, den USA und Großbritannien. In der Sowjetunion und den USA sollen auch Erprobungen mit Reaktortriebwerken stattgefunden haben. Die Hoffnung, die mit diesen Projekten verbunden war, erfüllte sich nicht. So ist auch nicht zu erwarten, dass die Idee, mit Atomkraft getriebene Fugzeuge zu bauen, in absehbarer Zeit wieder aufgegriffen wird. Nicht nur wirtschaftliche, sondern auch umwelt- und sicherheitspolitische Gründe sprechen dagegen.

Die North American X-15 diente der Erforschung von Hochgeschwindigkeitsflügen (03.10.1967: 7272 km/h) in großen Höhen (22.08.1963: 107 960 m). Eine zusätzliche Strahlsteuerung unterstützte die Steuerbarkeit des Flugzeugs in großen Höhen.

Eine Alternative zum Kerosin könnte die Wasserstofftechnologie werden. In den USA und der Sowjetunion wurde damit experimentiert und in Russland wurden die Arbeiten an diesem Projekt sicherlich fortgeführt.

Wird der Kampf um Marktanteile immer größere und immer schnellere Flugzeuge hervorbringen? Auf absehbare Zeit wird es wahrscheinlich kein größeres Flugzeug als die A380 geben. Einige empirische Fakten stützen die Aussagen über die mögliche Weiterentwicklung.

Flugzeuge, die sich heute in der Flugerprobung befinden und vor ihrer Typenzulassung stehen, werden die nächsten 30 bis 40 Jahre in fliegerischer Nutzung sein. Einige Beispiele, die das erhärten: Die Boeing 747 steht bisher 37 Jahre in Dienst, die F-4 „Phantom" 48 Jahre, die F-8 „Crusader" und die MiG-21 sogar 51 Jahre. Sehr lange schon fliegen auch die B-52; der Transporter C-130 wird seit 50 Jahren in immer wieder modernisierten Versionen in Serie gebaut. Natürlich erreicht das einzelne Flugzeug dieses Einsatzalter nicht, der Typ aber auf jeden Fall. Im Verlaufe dieser langen Einsatzdauer kommt es immer wieder zur Modernisierung von Ausrüstung und Modifizierung von Triebwerk und Zelle. Und in vielen Fällen werden auch ältere Exemplare eines Typs auf den jeweils modernsten Standard nachgerüstet.

Günstige Entwicklungsperspektiven sind auch für das Regionalflugzeug zu sehen. In Afrika, Asien, aber auch in Amerika gibt es viele Gegenden, die noch nicht für den Flugverkehr erschlossen sind. Dort hat der Regionalverkehr auch eine ganz andere Bedeutung als in der Mitte Europas, beispielsweise was die Ausdehnung der Länder – denkt man beispielsweise an Brasilien – betrifft. Darum ist es kein Wunder, dass gerade von solchen sogenannten Schwellenländern Impulse für den Flugzeugbau und für die Luftverkehrsentwicklung ausgehen.

Der wachsende Luftverkehr erhöht auch die Risiken, die eine gesteigerte Verkehrsdichte mit sich bringt. Auch wenn das Flugzeug das sicherste Verkehrsmittel ist: Jeder Unfall ist ein Unfall zu viel. Mit der ICAO hat sich der Weltluftverkehr bereits 1944 eine Organisa-

Das unmotorisierte Muskelkraftflugzeug Daedalus 88 (Baujahr 1987), das von Professoren und Studenten des Massachusetts Institute of Technology (MIT) entworfen und gebaut wurde, schaffte 1987 die Distanz von 199 Kilometern vom Luftwaffenstützpunkt Herakleion auf Kreta zur Insel Santorin in 3 Stunden und 54 Minuten; das bedeutete neue Rekordleistungen hinsichtlich Distanz und Flugdauer für muskelkraftgetriebene Flugzeuge.

tion geschaffen, der heute wachsende Bedeutung zukommt. Sie ist mit ihren Strukturelementen in der Lage, auch in Zukunft die Flugsicherheit der Flugzeugströme und die Ballungen in den Start- und Landeräumen großer Flughäfen zu beherrschen.

Zur Auswahl und Gliederung des Buches

Die über 500 ausgewählten Flugzeugtypen sind in sieben Kapitel gegliedert. Jede Gliederung hat Vorzüge und Nachteile. Der Vorzug der Übersichtlichkeit wird durch den Nachteil erkauft, das möglicherweise Zusammenhänge zerrissen werden. Zuordnungen zum einen oder anderen Kapitel fallen nicht immer leicht und werden nie ganz unstrittig sein. Grundsätzlich sollten die einzelnen Flugzeugfamilien (eines Herstellers, Konstrukteurs oder Konstruktionsbüros) in ihrem Zusammenhang dargestellt werden, sofern die grundsätzliche Einordnung in die Kapitel das zuließ. Innerhalb eines jeden Kapitels erfolgte die Sortierung alphabetisch nach Herstellern und Konstrukteuren. Mehrere Typen eines Herstellers wurden in der Regel in der Reihenfolge ihres Erstflugs, Erprobungsbeginns oder Baujahrs angeordnet. Erschwert wurde dieses Vorhaben in manchen Fällen durch Firmenverkäufe und -fusionen sowie Umfirmierungen aus unterschiedlichen Gründen. Hier wurde, besonders wenn sich die Typenbezeichnung als Markenname eingebürgert hatte (wie etwa im Falle von Beechcraft, Gulfstream oder Learjet), der eingeführte Markenname dem wechselnden Herstellernamen vorgezogen.

Häufig verwendete Abkürzungen:

kN	Kilonewton	STOVL	Short Take-off and Vertical Landing
kp	Kilopond	USAAC	U. S. Army Air Corps
kW	Kilowatt	USAAF	U. S. Army Air Force
MG	Maschinengewehr	USAF	U. S. Air Force
MK	Maschinenkanone	VSTOL	Vertical Short Take-off and Landing
PS	Pferdestärke	VTOL	Vertical Take-off and Landing
RAF	Royal Air Force	WPS	Wellen-PS
RLM	Reichsluftfahrtministerium		
STOL	Short Take-off and Landing		

germanwings
BERLIN

Passagier- und Frachtflugzeuge

Passagier- und Frachtflugzeuge

In diesem Kapitel werden Flugzeuge zusammengefasst, die dem zivilen Transport von Passagieren, Frachten und Lasten dienen oder speziellen Aufgaben (wie Luftbildfotografie, Patrouillendienst oder Landwirtschaftsflug) angepasst sind und die von Land aus operieren. Nicht alle vorgestellten Typen sind Verkehrsflugzeuge im engeren Sinne: Auch Transportflugzeuge finden sich in diesem Kapitel, wenn sie etwa zu einer bestimmten „Familie" gehören. Auch aus dem umfangreichen Gebiet der Allgemeinen Luftfahrt werden Reise- und Mehrzweckflugzeuge dargestellt, die geeignet erscheinen, das nach Anzahl der Luftfahrzeuge und Flugbewegungen größte Segment der zivilen Luftfahrt zu repräsentieren. Wie so häufig lassen sich Trennungslinien nicht immer scharf ziehen: So gibt es zahlreiche Typen, die sowohl im Liniendienst großer Gesellschaften stehen, als auch privat im Rahmen der Allgemeinen Luftfahrt genutzt werden; so kennt man von manchem Verkehrsflugzeug abgeleitete Fracht- und Transportversionen und man weiß von der militärischen Nutzung ursprünglich ziviler Flugzeuge und umgekehrt. Nach Möglichkeit – das bestimmte die Auswahl – wurden Entwicklungslinien und Flugzeug-Familien in ihrem inneren Zusammenhang belassen, auch wenn das einer strengen Systematik gelegentlich zuwiderläuft.

152 (Dresden 152)

Vierstrahliges Passagierflugzeug in Schulterdecker-Auslegung (Erstflug des ersten Prototyps am 04.12.1958). Die 152 (auch BB-152 für die Konstrukteure Baade/Bonin oder Dresden 152) war das erste deutsche Passagierflugzeug mit Strahlantrieb, über dessen Entwicklung die DEFA sogar einen Spielfilm („Menschen mit Flügeln") drehte. Der Entwurf ging aus einer militärischen Konstruktion hervor, die ehemalige Junkers-Mitarbeiter unter Leitung von Brunolf Baade in der Sowjetunion entwickelt hatten. Ab 1958 wurden in Dresden drei Prototypen gebaut. Nach dem Absturz des ersten Prototyps (04.03.1959) geriet das Projekt immer mehr in Zeitverzug. Der zweite – an Bug, Triebwerksgondeln und Fahrwerk deutlich veränderte – Prototyp (152/II V4) wurde in der Luft erprobt (Erstflug 26.08.1960), der dritte (152/II V5) nur noch am Boden. Die Serienproduktion war 1961 angelaufen, wurde aber im selben Jahr wieder eingestellt, ohne dass weitere flugfähige Maschinen ausgeliefert werden konnten. Die Sowjetunion hatte ihr anfänglich signalisiertes Kaufinteresse zurückgezogen und auch andere Länder und Luftfahrtgesellschaften orderten keine Flugzeuge.

Typ: 152/II V4
Herkunftsland: DDR
Verwendung: Passagierflugzeug
Spannweite: 27,00 m
Länge: 31,42 m
Antrieb: 4 Pirna 014 mit je 31 kN (3150 kp) Schub
max. Startmasse: 46 500 kg
Reisegeschwindigkeit: 800 km/h
Reichweite: max. 2500 km
Gipfelhöhe: 10 700 m
Passagiere: 58–72

AASI Jetcruzer 450/500 P

Einmotoriges Reiseflugzeug (Erstflug am 11.01.1989). Optisch am auffälligsten sind die Konstruktion als „Entenflugzeug", das ohne konventionelles Leitwerk auskommt, und der Druckpropeller am Rumpfheck. Die FAA klassifizierte den Typ 450 als erstes trudelsicheres Flugzeug. Die 450 ging nicht in Serie, diente aber als Ausgangsmuster für den Typ 500 P, der mit einer Druckkabine ausgerüstet ist (Erstflug 22.08.1997).

Typ: AASI Jetcruzer 500 P
Herkunftsland: USA
Verwendung: Reiseflugzeug
Spannweite: 12,86 m (Vorflügel: 5,77 m)
Länge: 9,20 m
Antrieb: 1 Propellerturbine Pratt & Whitney Canada PT6A 66A mit 1200 kW (1572 PS)
max. Startmasse: 2495 kg
Höchstgeschwindigkeit: 593 km/h
Reichweite: 3000 km
Gipfelhöhe: 9140 m
Passagiere: 5 + 1 Pilot

Adam A500

Zweimotoriges Reiseflugzeug (Erstflug 11.07.2002), Flugeigenschaften durch Motorisierung an Bug und Heck denen einmotoriger Flugzeuge ähnlich. Die Karbon-Tragflächen sind über zwei Leitwerksträger mit Seiten- und Höhenleitwerk verbunden. Für die Struktur verwendet man weitgehend Karbonwerkstoffe.

Typ: Adam A500
Herkunftsland: USA
Verwendung: Reiseflugzeug
Spannweite: 13,41 m
Länge: 11,15 m
Antrieb: 2 Teledyne Continental TSIO-550 E mit je 255 kW (346 PS)
max. Startmasse: 4420 kg
Reisegeschwindigkeit: 427 km/h
Reichweite: 2920 km
Gipfelhöhe: 7620 m
Passagiere: 4 + 2 Piloten

Aero Ae270

Einmotoriges Passagier- und Frachtflugzeug (Erstflug 25.07.2000) mit Druckkabine und zusätzlichem Gepäckraum. In der Version Executive Transport sitzen fünf Passagiere in Club-Anordnung. Die Aero Ae270 kann auch als Fracht-/Passagier-Kombiversion, als Ambulanzflugzeug oder mit Schwimmern geordert werden.

Typ: Aero Ae270 Ibis
Herkunftsland: Tschechoslowakei
Verwendung: Mehrzweckflugzeug
Spannweite: 13,80 m
Länge: 12,24 m
Antrieb: 1 Pratt & Whitney Canada PT6A-42A Triebwerk mit 634 kW (860 PS)
max. Startmasse: 3300 kg
Reisegeschwindigkeit: 330 km/h
Reichweite: 2200 km
Gipfelhöhe: 9300 m
Passagiere: 5–8 + 2 Piloten

Aerospatiale/BAe Concorde

Vierstrahliges Überschall-Verkehrsflugzeug für Langstrecken in Tiefdecker-Auslegung, das für Flüge mit zweifacher Schallgeschwindigkeit konstruiert wurde (Erstflug des Prototyps 001 am 02.03.1969). Das Flugzeug wurde gemeinsam von der französischen und britischen Luftfahrtindustrie entwickelt und 1976 in den Liniendienst gestellt. Das Flugzeug besteht zu großen Teilen aus Aluminium, ergänzt um eine hitzebeständige Nickellegierung sowie Edelstahl und Titan. Die „Nase" kann bei Start und Landung abgesenkt werden. Die Concorde kommt ohne Höhenleitwerk am Heck aus, Ruder und kombinierte Höhen- und Querruder befinden sich an den Abrisskanten der Tragflächen. Die Flugzeit über den Atlantik betrug etwa 3 bis 3,5 Stunden, daraus ergab sich in der Westrichtung der Effekt, dass die Concorde zu einer früheren Uhrzeit landete, als sie in Europa gestartet war. Der wirtschaftliche Erfolg der Concorde blieb jedoch aus. Schon 1979 wurde der Bau nach insgesamt nur 20 Flugzeugen eingestellt. Nach dem Absturz einer Concorde beim Start in Paris (am 25.07.2000) mussten Sicherheitsmängel an Fahrwerk und Treibstofftanks nachgebessert werden. Die Supersonic-Flüge wurden danach noch unwirtschaftlicher. Der letzte Flug einer Air-France-Concorde fand am 24.06.2003 statt, bei British Airways endete die Concorde-Ära am 24.10.2003.

Typ: Concorde
Herkunftsland: Frankreich, Großbritannien
Verwendung: Überschall-Passagierflugzeug
Spannweite: 25,56 m
Länge: 62,74 m
Antrieb: 4 Rolls-Royce Olympus 593-Mk-610 Turbojets mit Nachbrenner mit je 189,4 kN (19 312 kp) Schub
max. Startmasse: 185 000 kg
Reisegeschwindigkeit: max. 2190 km/h
Reichweite: 6667 km
Gipfelhöhe: 19 000 m
Passagiere: 100–125

Aerospatiale ATR 72

Zweimotoriges Passagierflugzeug in Hochdecker-Auslegung für Kurzstrecken auf der Basis der ATR 42, bei deren Konstruktion bereits die gestreckte Version (4,5 m länger) berücksichtigt wurde. Auf die ATR 72-200 (1989) folgten die ATR 72-210 (1992) mit stärkerem Antrieb und die ATR 72-500 (1997) mit vergrößerter Reichweite, Lärmdämmung und modernisierter Kabinenausstattung. Über eine APU verfügt die ATR 72 nicht, dafür kann das rechte Triebwerk am Boden, bei ausgekuppeltem Propeller, weiterlaufen und als „Hilfsaggregat" verwendet werden.

Typ: Aerospatiale ATR 72-200
Herkunftsland: Frankreich, Italien
Verwendung: Passagierflugzeug
Spannweite: 27,05 m
Länge: 27,17 m
Antrieb: 2 Pratt & Whitney Canada PW124 mit je 1610 kW (2190 WPS)
max. Startmasse: 22 500 kg
Reisegeschwindigkeit: 510 km/h
Reichweite: 1400 km
Gipfelhöhe: 8000 m
Passagiere: 66–72

Airbus A300

Zweistrahliges Großraumflugzeug für Mittel- und Langstrecken (Erstflug des Typs A300 B1 1972). Airbus Industrie gab damit dem Markt für Großraumflugzeuge, der um 1970 von Boeing beherrscht wurde, neue Impulse. Die Entwurfsarbeiten begannen bereits 1965 als britisch-französisches Gemeinschaftsprojekt, dem die Bundesrepublik Deutschland mit dem Abkommen vom 26.09.1967 beitrat. Seit 1984 wurden nur noch die modernisierten Modelle A300-600 und A300-600R (mit verlängerter Reichweite) gebaut. Außerdem gibt es eine Frachtversion A300-600F.

Typ: Airbus A300-600R
Herkunftsland: EU
Verwendung: Passagierflugzeug
Spannweite: 44,48 m
Länge: 54,08 m
Antrieb: 2 Turbofans mit je 249 kN bis 273,6 kN (25 390 kp bis 27 900 kp)
max. Startmasse: 165 000 kg (mit PW4156-Triebwerken)
Reisegeschwindigkeit: 865 km/h
Reichweite: 7686 km (bei 267 Passagieren)
Gipfelhöhe: 12 200 m
Passagiere: 247–375

Airbus A310

Zweistrahliges Passagierflugzeug; verkürzte Version des Airbus A300 (Erstflug am 03.04.1982). Neu waren das voll digitalisierte Cockpit und die Tragflächen mit Winglets. Die erste Version war der A310-200 für Mittel- und Kurzstrecken. Seit 1985 gibt es die Langstreckenversion A310-300 (Zusatztank im Höhenleitwerk).

Typ: Airbus A310-200
Herkunftsland: EU
Verwendung: Passagierflugzeug
Spannweite: 43,91 m
Länge: 46,65 m
Antrieb: 2 Pratt & Whitney PW4000 oder General Electric CF6-80C2 mit je 222,3 kN (22 675 kp) Schub
max. Startmasse: 142 000 kg
Reisegeschwindigkeit: 860 km/h
Reichweite: 7400 km
Gipfelhöhe: 12 500 m
Passagiere: 218–262

Airbus A320

Zweistrahliges Passagierflugzeug für Kurz- und Mittelstrecken (Erstflug 1987) – das Ausgangsmodell der gesamten A320-Familie. Der A320 war nach der Concorde das erste Zivilflugzeug, das nicht mehr mechanisch mithilfe klassischer Steuerhörner, sondern im Fly-by-Wire-Verfahren elektronisch gesteuert wurde. Die verbesserte Version A-320-200 führt mehr Treibstoff mit und verfügt über stärkere Triebwerke.

Typ: Airbus A320-200
Herkunftsland: EU
Verwendung: Passagierflugzeug
Spannweite: 33,91 m
Länge: 37,57 m
Antrieb: 2 Turbofans General Electric/SNECMA CFM56-5 oder IAE V2500 mit je 110 kN (11 216 kp) Schub
max. Startmasse: 73 500–77 000 kg
Reisegeschwindigkeit: 845 km/h
Reichweite: 7400 km
Gipfelhöhe: 12 500 m
Passagiere: 153–179

Airbus A321

Zweistrahliges Passagierflugzeug für Kurz- und Mittelstrecken (Erstflug März 1993). Das Modell A321 ist als gestreckte Variante des A320 anzusehen. Gegenüber dem Ausgangsmodell mussten der Flügel, das Fahrwerk und tragende Teile der Zelle verstärkt werden. Die Entwicklung der Modellvariante A321-200 begann 1995, der Erstflug erfolgte am 12.12.1996.

Typ: Airbus A321-200
Herkunftsland: EU
Verwendung: Passagierflugzeug
Spannweite: 34,10 m
Länge: 44,50 m
Antrieb: 2 Turbofans General Electric/ SNECMA CFM56-5B1 oder IAE V2500-A5 mit je 133 kN (13 561 kp) Schub
max. Startmasse: 89 000 kg
Reisegeschwindigkeit: max. 900 km/h
Reichweite: 5500 km
Gipfelhöhe: 12 500 m
Passagiere: 188–220

Airbus A319

Zweistrahliges Passagierflugzeug (Erstflug am 25.08.1995) für Kurz- und Mittelstrecken. Der Typ A319 wurde gegenüber dem Ausgangsmodell verkürzt. Die Betreiber können bei der Startmasse zwischen verschiedenen Auslegungen wählen, was entsprechend Einfluss auf die Reichweite hat.

Typ: Airbus A319
Herkunftsland: EU
Verwendung: Passagierflugzeug
Spannweite: 33,91 m
Länge: 32,84 m
Antrieb: 2 Turbofans CFMI CFM56-5A oder IAE V2527-A5 mit je 99,7 kN (10 166 kp) Schub
max. Startmasse: 56 000–75 000 kg
Reisegeschwindigkeit: 840 km/h
Reichweite: 3400–7000 km
Gipfelhöhe: 11 280 m
Passagiere: 124–156

Airbus A318

Zweistrahliges Passagierflugzeug (Erstflug 15.01.2002). Diese Modellabwandlung wurde gegenüber dem A319 nochmals verkürzt. Derzeit fliegt der sogenannte „Baby-Bus" überwiegend im Kurzstreckenverkehr. Die Betreiber haben bei der Startmasse mehrere Optionen. Ende 2005 präsentierte Airbus Industrie den modifizierten A318 Elite im Verbund der Airbus Corporate Jetliner-Familie.

Typ: Airbus A318
Herkunftsland: EU
Verwendung: Passagierflugzeug
Spannweite: 34,10 m
Länge: 31,44 m
Antrieb: 2 Turbofans General Electric/ SNECMA CFM56 oder P & W PW6000 mit je 98 kN (9996 kp) Schub
max. Startmasse: 59 000–68 000 kg
Reisegeschwindigkeit: 860 km/h
Reichweite: max. 3700 km
Gipfelhöhe: 12 500 m
Passagiere: 107–117

Airbus Corporate Jetliner (ACJ)

Zweistrahliges Reiseflugzeug für Langstreckenflüge, das auf dem Modell A319 basiert. Die ACJ werden besonders von großen international tätigen Firmen, aber auch von Regierungen als VIP-Maschinen genutzt. Im November 2005 kündigte Airbus den A318 Elite als kleineren, sowie den A320 Prestige als größeren ACJ an.

Typ: Airbus A319ACJ
Herkunftsland: EU
Verwendung: Reiseflugzeug
Spannweite: 33,91 m
Länge: 32,84 m
Antrieb: 2 IAE V2527-A5 mit je 99,7 kN (10 166 kp) Schub
max. Startmasse: 75 500 kg
Reisegeschwindigkeit: 840 km/h
Reichweite: 8325 km
Gipfelhöhe: 11 280 m
Passagiere: 124–156

Airbus A330

Zweistrahliges Passagierflugzeug für Langstrecken (Erstflug Version A330-200 am 01.11.1992, Version A330-300 am 13.08.1997). Der A330 wurde gemeinsam mit dem Typ A340 entwickelt. Ausgangspunkt war der Rumpf des A300, den man verlängerte. Die Versionen A330-200 (Langstrecken) und A330-300 weisen unterschiedliche Rumpflängen (und Passagierkapazitäten) auf.

Typ: Airbus A330-300
Herkunftsland: EU
Verwendung: Passagierflugzeug
Spannweite: 60,30 m
Länge: 63,60 m
Antrieb: 2 Turbofans CF6-80E1 oder PW4000 oder RR Trent 700 mit je 303–320 kN (30 900–32 630 kp) Schub
max. Startmasse: 217 000 kg
Reisegeschwindigkeit: 900 km/h
Reichweite: 10 500 km
Gipfelhöhe: 12 500 m
Passagiere: 295–335

Airbus A340

Vierstrahliges Passagierflugzeug für Langstrecken (Erstflug A340-300 am 25.10.1991). Gegenüber dem A330 wurden vor allem die Tragflächen im Bereich der äußeren Triebwerke verstärkt. Die Versionen A340-200 (Langstrecken, Erstflug 01.04.1992) und A340-300 weisen unterschiedliche Rumpflängen auf. Der A340-500 (Erstflug 11.01.2002) und A340-600 (Erstflug 23.03.2001) haben einen nochmals verlängerten Rumpf und eine größere Spannweite und können bis zu 440 Passagiere befördern.

Typ: Airbus A340-200
Herkunftsland: EU
Verwendung: Passagierflugzeug
Spannweite: 60,30 m
Länge: 59,39 m
Antrieb: 4 Turbofans CFM56-5C4 mit je 140 kN (14 275 kp) Schub
max. Startmasse: 257 000 kg
Reisegeschwindigkeit: 880 km/h
Reichweite: 14 800 km
Gipfelhöhe: 12 500 m
Passagiere: 239–375

Airbus A350 XWB

Airbus-Zweistrahlerfamilie für Mittel- und Langstrecken. Ursprünglich als Weiterentwicklung des A330-200 geplant, wird inzwischen eine weitgehend neu entworfene Serie vorbereitet. Die endgültige Formgebung und Detaildaten wurden Ende 2008 festgeschrieben. Große Segmente werden aus Kohlefaser gefertigt. Beginn der Endmontage: Anfang 2011; geplanter Erstflug A350-900: Mitte 2013.

Typ: Airbus A350-900
Herkunftsland: EU
Verwendung: Passagierflugzeug
Spannweite: 64,75 m
Länge: 66,90 m
Antrieb: 2 Rolls-Royce Turbofans Trent XWB mit je 370 kN (37 730 kp) Schub
max. Startmasse: 268 000 kg
Reisegeschwindigkeit: 890 km/h
Reichweite: 15 750 km
Passagiere: max. 350

Airbus A300-600ST Beluga

Zweistrahliges Transportflugzeug in Tiefdecker-Auslegung für großvolumige Lasten. Mit der Beluga ist es möglich, verschiedene Airbus-Großteile zwischen den einzelnen Fertigungsstandorten der Airbus Industrie zu transportieren. Der Laderaum besitzt über 1400 m³ Nutzraumvolumen. Als die Spezialversionen der Boeing B-377 (Super Guppy) dafür nicht mehr ausreichten, entwickelte man einen eigenen Spezialtransporter auf der Basis des A300-600. Der Beiname Beluga spielt auf die Ähnlichkeit der Rumpfform mit einem Belugawal an. Fünf Exemplare des Typs Airbus A300-600ST wurden produziert, sie fliegen überwiegend für Airbus Industrie.

Typ: Airbus Super Transporter
Herkunftsland: EU
Verwendung: Transportflugzeug
Spannweite: 44,84 m
Länge: 54,16 m
Antrieb: 2 Turbofans General Electric CF6-80C2A1 mit je 262,4 kN (26 756 kp) Schub
max. Startmasse: 155 000 kg
Reisegeschwindigkeit: 750 km/h
Reichweite: 1700 km
Gipfelhöhe: 10 760 m
Zuladung: 47 000 kg

Airbus A380

Vierstrahliges Großraumflugzeug (Erstflug 27.04.2005, Eröffnung des Liniendienstes bei Singapore Airlines am 25.10.2007). Auch als „Superjumbo" (werksintern: Macro-Body) bekannt, übertrifft der A380 als größtes bisher seriengefertigtes Passagierflugzeug bei Weitem die Dimensionen der Boeing 747. Abhängig von der Kabinenauslegung finden 525–850 Fluggäste auf zwei Passagierdecks Platz. Das mit allen technischen Raffinessen ausgestattete Cockpit ist vom unteren Deck zugänglich. Am Boden liefern zwei Kameras den Piloten in Echtzeit Position und Fahrweg auf Monitore im Cockpit. Durch Verwendung moderner kohle-, glas- oder quarzfaserverstärkter Kunststoffe konnten die Betriebskosten im Vergleich mit der Boeing 747 um 20 Prozent gesenkt und die Reichweite um fast 2000 km gesteigert werden. Die Entwicklung einer Frachtversion ist seit dem 01.03.2007 auf unbestimmte Zeit unterbrochen.

Typ: Airbus A380-800
Herkunftsland: EU
Verwendung: Passagierflugzeug
Spannweite: 79,80 m
Länge: 73,00 m
Antrieb: 4 Rolls-Royce Trent 900 oder Engine Alliance GP7200 mit je 311 kN (31 715 kp) Schub
max. Startmasse: 562 000 kg
Reisegeschwindigkeit: 890 km/h
Reichweite: 15 000 km (bei max. Nutzlast)
Reiseflughöhe: 13 100 m
Passagiere: 525–850

Airspeed AS 57 Ambassador

Zweimotoriges britisches Mittelstrecken-Verkehrsflugzeug (Erstflug Mai 1950). Auf Kurzstrecken zeichnete sich der Typ durch niedrige Betriebskosten aus. Die Maschinen waren außerdem sehr wartungsfreundlich. Gute Kurzstarteigenschaften und überdurchschnittliche Flugleistungen mit einem Triebwerk machten sie zu einem der sichersten und beliebtesten Flugzeuge ihrer Zeit.

Typ: Airspeed AS 57 Ambassador
Herkunftsland: Großbritannien
Verwendung: Passagierflugzeug
Spannweite: 35,05 m
Länge: 25,05 m
Antrieb: 2 Bristol Centaurus 661 18-Zylinder-Sternmotoren mit je 1929 kW (2625 PS)
max. Startmasse: 23 800 kg
Reisegeschwindigkeit: 415 km/h
Reichweite: 2200 km
Gipfelhöhe: 7600 m
Passagiere: 47–60

Albatros L 73

Zweimotoriges Passagierflugzeug, das wegen der für die damaligen Verhältnisse sehr komfortablen Passagierkabine als „Schlafwagenflugzeug" bezeichnet wurde. Die Kabine mit acht Sitzplätzen konnte für vier Schlafplätze umgerüstet werden. Ab 1927 flog die L 73 als Nachtflugzeug auf der Linie Berlin – Moskau, außerdem auf den Linien Berlin – Lübeck – Kopenhagen – Malmö sowie Berlin – Brünn – Wien.

Typ: Albatros L 73
Herkunftsland: Deutschland
Verwendung: Passagierflugzeug
Spannweite: 19,70 m
Länge: 14,60 m
Antrieb: 2 BMW IV mit je 230 kW (312 PS) und andere
max. Startmasse: 4600 kg
Reisegeschwindigkeit: 158 km/h
Reichweite: 600 km
Gipfelhöhe: 3000 m
Passagiere: 8 oder 4 Schlafplätze + 2 Besatzung

Antonow An-2

Einmotoriges Passagier- und Frachtflugzeug mit STOL-Fähigkeit und guten Langsamflugeigenschaften; vielfach als Doppeldecker, aufgrund der unterschiedlich großen Tragflächen auch als Anderthalbdecker bezeichnet (Erstflug 31.08.1947). Die Tragflächen sind mit Stoff bespannt. Die An-2 wurde sowohl für zivile als auch für militärische Zwecke genutzt; schätzungsweise wurden mehr als 18 000 Stück gebaut.

Typ: Antonow An-2P
Herkunftsland: Sowjetunion
Verwendung: Passagier- und Transportflugzeug
Spannweite: oben 18,18 m; unten 14,24 m
Länge: 12,74 m
Antrieb: 1 Schwezow 9-Zylinder-Sternmotor ASch-62IR mit 736 kW (1000 PS)
max. Startmasse: 5500 kg
Höchstgeschwindigkeit: 258 km/h
Reichweite: 900 km
Gipfelhöhe: 4400 m
Passagiere: 8–12 + 2 Besatzung

Antonow An-12

Viermotoriges sowjetisches Transportflugzeug, das ursprünglich aus der Passagiermaschine An-10 für militärische Transporte entwickelt worden war (Erstflug 16.12.1956). Im Heck war keine feste Fahrzeugrampe eingebaut, die militärische Version trug als Heckbewaffnung zwei 23-mm-Kanonen. Über 200 der insgesamt 1250 gebauten Exemplare wurden zivil genutzt, zahlreiche Maschinen wurden exportiert.

Typ: Antonow An-12BP
Herkunftsland: Sowjetunion
Verwendung: Transportflugzeug
Spannweite: 38,00 m
Länge: 33,10 m
Antrieb: 4 Iwtschenko AI-20M Propellerturbinen mit je 3126 kW (4250 PS)
max. Startmasse: ca. 61 000 kg
Reisegeschwindigkeit: 670 km/h
Reichweite: 3600 km
Gipfelhöhe: 10 200 m
Passagiere: 132 (oder 22 t Nutzlast) + 5 Besatzung

Antonow An-22 Antäus

Viermotoriges Transportflugzeug, freitragender Schulterdecker (Erstflug 27.02.1965), zum Zeitpunkt des Erstflugs das größte Flugzeug der Welt, das als Transporter für große Lasten und große Entfernungen konzipiert war. 68 Maschinen wurden von 1965 bis Februar 1976 ausgeliefert. Das Flugzeug besitzt ein Heckladetor mit hydraulischer Fahrzeugrampe und kann auf Behelfspisten operieren.

Typ: Antonow An-22
Herkunftsland: Sowjetunion
Verwendung: Transportflugzeug
Spannweite: 64,40 m
Länge: 57,80 m
Antrieb: 4 Kusnezow NK-12MA Turboprop-Triebwerke mit je 11 185 kW (15 200 PS)
max. Startmasse: 250 000 kg
Reisegeschwindigkeit: 580 km/h
Reichweite: 5000–10 950 km
Gipfelhöhe: 11 000 m
Passagiere: 29 + 5 Besatzung (80 t Zuladung)

Antonow An-124 Ruslan

Vierstrahliges Transportflugzeug, als Militärtransporter entwickelt; beim Erstflug 26.12.1982 das größte Flugzeug der Welt. Es kann auf unvorbereiteten Pisten operieren. Die Beladung erfolgt über den hochklappbaren Rumpfbug oder über die Heckrampe. Seit den 1990er-Jahren fliegen einige An-124 Ruslan für zivile Unternehmen.

Typ: Antonow An-124
Herkunftsland: Sowjetunion
Verwendung: Transportflugzeug
Spannweite: 73,30 m
Länge: 69,10 m
Antrieb: 4 Lotarew D-18T Turbofans mit je 229,5 kN (23 350 kp) Schub
max. Startmasse: 392 000 kg (zivil)
Reisegeschwindigkeit: 800–850 km/h
Reichweite: 4800 km bei 120 t Nutzlast
Gipfelhöhe: 11 600 m
Passagiere: 88 + 6 Besatzung (max. 150 t)

Antonow An-225 Mrija

Sechsstrahliges Transportflugzeug, freitragender Schulterdecker; Weiterentwicklung der An-124 Ruslan. Es sollte die Raumfähre Buran auf dem Rücken transportieren. Dafür wurden Rumpf und Tragflächen um jeweils rund 15 Meter verlängert. Die Tragflächen erhielten eine neue Mittelsektion, auf jeder Seite wurde ein zusätzliches Triebwerk angebracht und ein Doppelleitwerk gebaut: derzeit größtes Flugzeug der Welt.

Typ: Antonow An-225
Herkunftsland: Sowjetunion/Ukraine
Verwendung: Transportflugzeug
Spannweite: 88,40 m
Spannweite Heckleitwerk: 32,65 m
Länge: 84,00 m
Antrieb: 6 Lotarew D-18T mit je 229,5 kN (23 409 kp) Schub
max. Startmasse: 600 000 kg
Höchstgeschwindigkeit: 850 km/h
Reichweite: max. 15 400 km
Gipfelhöhe: 11 000 m
Besatzung: 7 (max. 250 t Nutzlast)

Antonow An-24

Zweimotoriges Kurzstrecken-Passagier- und Transportflugzeug (Erstflug April 1960). Die Maschine sollte die Typen Iljuschin Il-12 und Il-14 sowie die Lissunow Li-2 ersetzen und von kleinen und schlecht befestigten Plätzen aus operieren können. Insgesamt wurden über 1300 Einheiten gebaut. Neben dem Basismodell wurde u. a. die Version An-24T als Frachtflugzeug und die Version An-24P als Löschflugzeug entwickelt.

Typ: Antonow An-24
Herkunftsland: Sowjetunion
Verwendung: Passagierflugzeug
Spannweite: 29,20 m
Länge: 23,50 m
Antrieb: 2 Iwtschenko AI-24 mit je 1875 kW (2550 PS)
max. Startmasse: 21 000 kg
Reisegeschwindigkeit: 450 km/h
Reichweite: 750 km
Gipfelhöhe: 8400 m
Passagiere: 44–50 + 4 Besatzung

Antonow An-26

Zweimotoriges Transportflugzeug, freitragender Hochdecker, der aus der An-24 entwickelt wurde (Erstflug 1967). Das Rumpfheck wurde hochgezogen, sodass eine Laderampe eingebaut werden konnte. Einige Versionen erlauben den gleichzeitigen Transport von Personen und Fracht. Die rechte Triebwerksgondel enthält ein zusätzliches Strahltriebwerk (Startturbine/Hilfstriebwerk).

Typ: Antonow An-26
Herkunftsland: Sowjetunion
Verwendung: Transportflugzeug
Spannweite: 29,20 m
Länge: 28,30 m
Antrieb: 2 Iwtschenko AI-24WT mit je 2103 kW + RU 19A-300 Hilfstriebwerk mit 7,85 kN (801 kp)
max. Startmasse: 24 000 kg
Reisegeschwindigkeit: 440 km/h
Reichweite: 1100–2350 km
Gipfelhöhe: 8400 m
Besatzung: 4–5
Zuladung: 5500–6300 kg oder 39 Passagiere/30 Fallschirmjäger

Antonow An-72

Zweistrahliges Transportflugzeug für Kurz- und Mittelstrecken mit STOL-Eigenschaften (Erstflug 31.08.1977), freitragender Hochdecker, Triebwerke auf dem Flügelmittelstück aufsitzend. Die Maschine mit einziehbarem Bugradfahrwerk und kurzem, robustem Hauptfahrwerk am Rumpf kann auch auf unbefestigten Flugplätzen operieren. Die beiden hoch angebrachten Turbofans führen den Luftstrom über die Tragflächen und erhöhen so den Auftrieb. Unter dem T-Leitwerk befindet sich im Rumpfheck eine Laderampe. Als Varianten wurden später Versionen für den VIP-Transport (An-72S) und für die Seeüberwachung (An-72P) gefertigt.

Typ: Antonow An-72
Herkunftsland: Sowjetunion/Ukraine
Verwendung: Transportflugzeug
Spannweite: 31,89 m
Länge: 28,07 m
Antrieb: 2 ZMKB Progress D36 mit je 63,7 kN (6425 kp) Schub
max. Startmasse: 34 500 kg
Reisegeschwindigkeit: 550–600 km/h
Reichweite: 2000 (mit 7,5 t Nutzlast) bis 4800 km
Gipfelhöhe: 11 800 m
Passagiere: bis zu 68

Antonow An-140

Zweimotoriges Kurzstrecken-Passagierflugzeug (Erstflug 17.09.1997) mit APU und klimatisierter Druckkabine. Es zeigt gute Leistungen bei hoch gelegenen Flughäfen (über 1700 m) oder heißem Klima (45 °C). Die Maschine kann auf unbefestigten Pisten operieren. Sie soll die An-24 und deren Varianten ersetzen.

Typ: Antonow An-140
Herkunftsland: Ukraine
Verwendung: Passagierflugzeug
Spannweite: 25,50 m
Länge: 22,60 m
Antrieb: 2 Klimow TW3-117WMA-SBM1 mit je 1838 kW (2500 PS) oder andere
max. Startmasse: 21 500 kg
Reisegeschwindigkeit: 575 km/h
Reichweite: 1380–3050 km
Gipfelhöhe: 7200 m
Passagiere: 52

Antonow An-148

Zweistrahliges Passagierflugzeug in Hochdecker-Auslegung mit T-Leitwerk (Erstflug Prototyp 17.12.2004), mit APU und klimatisierter Druckkabine. Die Maschine soll als Regionalflugzeug die veralteten Tu-134 und Jak-42 ersetzen. Sie kann dank moderner Avionik auf schlecht ausgebauten Flughäfen und unter allen Wetterbedingungen operieren und wird in verschiedenen Versionen angeboten.

Typ: Antonow An-148-100E
Herkunftsland: Ukraine
Verwendung: Passagierflugzeug
Spannweite: 28,91 m
Länge: 29,13 m
Antrieb: 2 Progress D-436-148 mit je 65,6 kN (6600 kp) Schub
max. Startmasse: 42 600 kg
Höchstgeschwindigkeit: 870 km/h
Reichweite: 5100 km
Gipfelhöhe: 12 500 m
Passagiere: 75

Armstrong Whitworth AW 650/660 Argosy

Viermotoriges Frachtflugzeug (Erstflug am 08.01.1959) in Hochdecker-Auslegung. Aus Kostengründen wurden bereits vorhandene Module verwendet: die Tragflächen des Bombers Avro Shackleton und die Triebwerksgondeln der Vickers Viscount 800. Das Frachtdeck mit Druckkabine war sowohl von vorn wie von hinten zu beladen und das Cockpit war – optisch sehr auffällig – in erhöhter Position über dem Frachtdeck angebracht worden. 56 Maschinen der militärischen Version AW 660 (Erstflug März 1961) flogen 1961–1975 für die Royal Air Force (siehe Abbildung) – vornehmlich in Aden und am Persischen Golf.

Typ: Armstrong Whitworth AW 650-100 Argosy
Herkunftsland: Großbritannien
Verwendung: Transportflugzeug
Spannweite: 35,05 m
Länge: 26,44 m
Antrieb: 4 Rolls-Royce Dart RDa.7/2 526 mit je1567 kW (2130 PS)
max. Startmasse: 39 917 kg
Höchstgeschwindigkeit: 476 km/h
Reichweite: 4345 km
Gipfelhöhe: 6900 m
Besatzung: 2–3

Typ: Armstrong Whitworth AW 660 Argosy
Herkunftsland: Großbritannien
Verwendung: Transportflugzeug
Spannweite: 35,05 m
Länge: 27,12 m
Antrieb: 4 Rolls-Royce Dart RDa.8 Mk 101 mit je 1820 kW (2475 PS)
max. Startmasse: 46 720 kg
Höchstgeschwindigkeit: 431 km/h
Reichweite: 5230 km
Gipfelhöhe: 5500 m
Zuladung: bis 69 Soldaten (oder 13 t Fracht) + 4–5 Besatzung

Aviation Traders Limited ATL-98

Viermotoriges britisches Frachtflugzeug in Tiefdecker-Auslegung, das auf der Basis der Douglas DC-4 entwickelt und gebaut wurde (Erstflug 21.06.1961). Beim Umbau der DC-4 wurde das Cockpit nach oben (in einen Buckel über der Ladefläche) verlegt, der Rumpf verlängert und das Seitenleitwerk erhöht. Insgesamt wurden zwischen 1961 und 1969 21 DC-4 umgebaut.

Typ: Aviation Traders Limited ATL-98
Herkunftsland: Großbritannien
Verwendung: Transportflugzeug
Spannweite: 35,81 m
Länge: 31,27 m
Antrieb: 4 PW R-2000-7M2 Twin Wasp mit je 1081 kW (1470 PS)
max. Startmasse: 33 475 kg
Höchstgeschwindigkeit: 402 km/h
Reichweite: 3700 km
Gipfelhöhe: 5700 m
Besatzung: 4
Zuladung: 8035 kg

Avro 548

Einmotoriges Passagierflugzeug in Doppeldecker-Auslegung, das als zivile Variante des militärischen Typs Avro 504 nach dem 1. Weltkrieg entwickelt wurde (Erstflug im Oktober 1919). Avro fertigte bis 1924 sieben Maschinen, andere Hersteller bauten in Lizenz den Typ 504 zum Typ 548 um (ca. 30 Exemplare). Die einzelnen Maschinen unterschieden sich in Ausstattung und Motorisierung.

Typ: Avro 548
Herkunftsland: Großbritannien
Verwendung: Passagierflugzeug
Spannweite: 10,97 m
Länge: 8,97 m
Antrieb: 1 PD Renault Reihenmotor mit 60 kW (81 PS)
max. Startmasse: 880 kg
Höchstgeschwindigkeit: 129 km/h
Reichweite: 280 km
Gipfelhöhe: 3000 m
Passagiere: 2 + 1 Pilot

Avro 688/689 Tudor

Viermotoriges Passagier- und Transportflugzeug und das erste britische Transportflugzeug mit einer Druckkabine (Erstflug Juni 1945). Bei der Konstruktion wurden die Tragflächen der Avro 694 Lincoln verwendet. Die Avro Tudor gehörte mit ihren 9,3 t Nutzlast zu den schwersten Flugzeugen der Berliner Luftbrücke 1948/49.

Typ: Avro 688 Tudor IV
Herkunftsland: Großbritannien
Verwendung: Passagier- und Transportflugzeug
Spannweite: 36,58 m
Länge: 25,99 m
Antrieb: 4 Rolls-Royce Merlin 621 mit je 1267 kW (1723 PS)
max. Startmasse: 36 288 kg
Reisegeschwindigkeit: 338 km/h
Reichweite: 6440 km
Gipfelhöhe: 8350 m
Passagiere: 32

Avro 748

Zweimotoriges Kurzstrecken-Verkehrsflugzeug (Erstflug 24.06.1960) – ein Ganzmetall-Tiefdecker mit Druckkabine und Turboprop-Antrieb. Im Jahre 1958 begann man mit den Entwürfen für einen Ersatz der DC-3. Nachdem die erste Serie von 18 Maschinen ausgeliefert worden war, wurde Avro von Hawker-Siddeley übernommen: Der Typ wurde als Hawker-Siddeley HS 748 weiter produziert. Ab 1961 wurde eine Serie 2 mit höherer Startmasse gebaut und 198 Einheiten verkauft, anschließend die kleineren Serien 2A (71 Stück) und 2C (25 Stück). Mitte der 1970er-Jahre wurde Hawker-Siddeley in das Unternehmen British Aerospace eingegliedert und die einstige Avro 748 als BAe 748 weitergebaut.

Typ: Avro 748
Herkunftsland: Großbritannien
Verwendung: Passagierflugzeug
Spannweite: 30,02 m
Länge: 20,42 m
Antrieb: 2 Rolls-Royce Dart RDa.7 Mk 536-2 mit je 1700 kW (2310 PS)
max. Startmasse: 23 133 kg
Reisegeschwindigkeit: 450 km/h
Reichweite: 1456 km
Gipfelhöhe: 7620 m
Passagiere: 48

Avro RJ100

Vierstrahliges Kurzstrecken-Passagierflugzeug (Erstflug 13.05.1992); bis 1992 unter der Bezeichnung BAe 146-300. Die British-Aerospace-Tochter Avro International Aerospace produzierte den 1992 überarbeiteten Typ nun als Avro RJ (für Regio-Jet) weiter. Gegenüber dem Ausgangsmuster von BAe erhielt der RJ100 neue leisere Triebwerke und eine moderne digitale Avionik. Im Vergleich zum RJ85 wurde der Rumpf nochmals um 2,39 m verlängert.

Typ: Avro 146-RJ100
Herkunftsland: Großbritannien
Verwendung: Passagierflugzeug
Spannweite: 26,21 m
Länge: 30,99 m
Antrieb: 4 Textron Lycoming LF507 Turbofans mit je 31,1 kN (3160 kp) Schub
max. Startmasse: 44 225–46 000 kg
Reisegeschwindigkeit: 763 km/h
Reichweite: max. 2760 km
Passagiere: 100–120

BAC 1-11

Zweistrahliges Passagierflugzeug in Tiefdecker-Auslegung mit T-Leitwerk (Erstflug des Prototyps 20.08.1963). Die Maschine entstand (im ersten Entwurf noch bei der Hunting Percival Aircraft, die später Teil der BAC wurde) als „Wachablösung" für das Turboprop-Muster Vickers Viscount. 1965 wurden neben der Serie 200 auch die Serie 300 mit stärkeren Triebwerken und größerer Nutzlast sowie die Serie 400 (für den amerikanischen Markt) bei ansonsten gleichen Abmessungen zugelassen. Die Serie 500 (1968) hatte einen längeren Rumpf (+ 4,11 m) und vergrößerte Spannweite (+ 1,20 m) und konnte bis zu 97 (in enger Bestuhlung sogar 119) Passagiere aufnehmen. Die Serie 475 hatte den Rumpf der 400 und das Tragwerk der 500. Die Serienproduktion der 1-11 endete in Großbritannien 1980. Danach wurden noch neun Maschinen in Rumänien in Lizenz gefertigt.

Typ: BAC 1-11 Series 500
Herkunftsland: Großbritannien
Verwendung: Passagierflugzeug
Spannweite: 28,50 m
Länge: 32,61 m
Antrieb: 2 Rolls-Royce Spey 512DW Turbofans mit je 55,8 kN (5690 kp) Standschub
max. Startmasse: 47 700 kg
Reisegeschwindigkeit: 790 km/h
Reichweite: 2740 km mit max. Nutzlast
Gipfelhöhe: 9000 m
Passagiere: 98–119

Beechcraft 18/Super 18

Zweimotoriges Passagier- und Transportflugzeug, Tiefdecker in Ganzmetall-Halbschalenbauweise (Erstflug 1937). Die Baureihe 18 wurde über 30 Jahre mit ständigen Verbesserungen gebaut. Am 10.12.1953 hatte die grundlegend überarbeitete Super 18 ihren Erstflug. Ab 1963 wurde die Super 18 mit Bugradfahrwerk und serienmäßigem Radar ausgeliefert.

Typ: Beechcraft Super 18
Herkunftsland: USA
Verwendung: Passagierflugzeug
Spannweite: 1[illegible],10 m
Länge: 10,70 m
Antrieb: 2 Pratt & Whitney R-985 AN-14 mit je 330 kW (450 PS)
max. Startmasse: 4490 kg
Reisegeschwindigkeit: 350 km/h
Reichweite: max. 2400 km
Gipfelhöhe: 6500 m
Passagiere: 5–7 + 2 Besatzung

Beechcraft Bonanza

Einmotoriges Reise- und Geschäftsflugzeug in Ganzmetall-Halbschalenbauweise (Erstflug 06.12.1945), das nach dem 2. Weltkrieg als erstes viersitziges Ganzmetall-Reiseflugzeug mit gehobenem Komfort auf den Markt kam. Die Bonanza bietet in den Versionen V35 und F33 4–5 Personen Platz, in der Version A36/A36TC sogar 6 Personen. Die Version F33A diente u. a. als Ausbildungsflugzeug der Deutschen Lufthansa.

Typ: Beechcraft Bonanza A36
Herkunftsland: USA
Verwendung: Reiseflugzeug
Spannweite: 10,21 m
Länge: 8,38 m
Antrieb: 1 Teledyne-Continental IO-550-B mit 220 kW (300 PS)
max. Startmasse: 1415 kg
Reisegeschwindigkeit: 305 km/h
Reichweite: 850 km
Gipfelhöhe: 5630 m
Passagiere: 5 + 1 Pilot

Beechcraft 99

Zweimotoriges Passagier- und Transportflugzeug, freitragender Tiefdecker (Erstflug des Prototyps Juli 1966, Serienproduktion seit 1968), das als Zubringerflugzeug konzipiert war. Der Typ 99 sollte die Beechcraft 18 ersetzen. Seit 1969 wurde auch die Version Executive als besonders komfortabel ausgestattetes Reiseflugzeug geliefert. Ein Teil der 239 gebauten Maschinen wurde später zu Fracht-Transportern umgerüstet.

Typ: Beechcraft C99 Commuter
Herkunftsland: USA
Verwendung: Passagierflugzeug
Spannweite: 13,98 m
Länge: 13,58 m
Antrieb: 2 Pratt & Whitney Canada PT6A-36 mit je 405 kW (550 PS)
max. Startmasse: 5126 kg
Reisegeschwindigkeit: 462 km/h
Reichweite: max. 1687 km
Gipfelhöhe: 6100 m
Passagiere: 16 + 2 Besatzung

Beechcraft King Air B200GT

Zweimotorig und dank druckbelüfteter, lärmgedämpfter, großer Komfortkabine (wahlweise mit zwei klappbaren Zusatzsitzen) ist die B200GT das ideale Geschäftsreiseflugzeug. Speziell für dieses Modell entwickelt, ermöglichen die leistungsstarken Propellerturbinen eine hohe Reisegeschwindigkeit und schnellen Steigflug – auch von höher gelegenen Flugplätzen an heißen Sommertagen. Cockpitgestaltung und Avionikausrüstung entsprechen dem modernsten Stand der Technik.

Typ: Beechcraft King Air B200GT
Herkunftsland: USA
Verwendung: Geschäftsreiseflugzeug
Spannweite: 16,61 m
Länge: 13,36 m
Antrieb: 2 Pratt & Whitney Canada PT6A-52 mit je 625 kW (850 PS)
max. Startmasse: 5670 kg
Reisegeschwindigkeit: 565 km/h
Reichweite: 3341 km
Gipfelhöhe: 10 668 m
Passagiere: 7–9

Beechcraft Premier IA

Zweistrahliges, größtes und schnellstes für Einzelpilotenbetrieb zugelassenes Geschäftsreiseflugzeug der Welt. Auch die außergewöhnlich ruhige und große Komfortkabine gilt als die größte aller vergleichbaren Light Jets. Die Premier war der erste Business Jet, dessen Rumpf aus Verbundwerkstoffen (mehr als 6000 passgerecht zugeschnittene Lagen Kohlefasermaterial) gefertigt wurde und die Musterzulassung der US-Luftfahrtbehörde FAA erhielt.

Typ: Beechcraft Premier IA
Herkunftsland: USA
Verwendung: Geschäftsreiseflugzeug
Spannweite: 13,56 m
Länge: 14,02 m
Antrieb: 2 Turbofans Williams FJ44-2A mit je 10,23 kN (1043 kp) Schub
max. Startmasse: 5670 kg
Reisegeschwindigkeit: 835 km/h
Reichweite: 2759 km
Gipfelhöhe: 12 497 m
Passagiere: 6

Berijew Be-30

Zweimotoriges Passagierflugzeug in Hochdecker-Auslegung mit STOL-Eigenschaften (Erstflug 03.03.1967 noch mit Sternmotoren; 13.07.1968 mit Propellerturbinen). Der Tragflügel besteht etwa zur Hälfte aus wabenartigem Verbundmaterial. Auffallend sind die großen rechteckigen Fenster der Passagierkabine. Insgesamt wurden nur drei Serienmaschinen hergestellt.

Typ: Berijew Be-30
Herkunftsland: Sowjetunion
Verwendung: Passagierflugzeug
Spannweite: 17,00 m
Länge: 15,70 m
Antrieb: 2 Gluschenko TVD-10 mit je 698 kW (950 PS) Startleistung
max. Startmasse: 5860 kg
Reisegeschwindigkeit: 460 km/h
Reichweite: max. 1300 km
Passagiere: 15 + 1–2 Besatzung

Blériot SPAD S.33

Einmotoriges Passagierflugzeug, einstieliger verspannter Doppeldecker (Erstflug 12.12.1920). Die Passagiere fanden in der geschlossenen Kabine in Korbstühlen Platz. Das offene Cockpit (außer dem Pilotensitz noch mit einem weiteren Sitzplatz) befand sich etwa in Rumpfmitte hinter dem oberen Tragflügel. 41 Serienmaschinen wurden gebaut. Lange flog die S.33 bei verschiedenen kleineren Luftverkehrsgesellschaften. Sie war auch Grundmuster für eine Reihe erfolgreicher Entwicklungen einmotoriger Flugzeuge.

Typ: Blériot SPAD S.33
Herkunftsland: Frankreich
Verwendung: Passagierflugzeug
Spannweite: 11,66 m
Länge: 9,08 m
Antrieb: 1 Salmson-CM.9-Sternmotor mit 191 kW (260 PS)
max. Startmasse: 2062 kg
Reisegeschwindigkeit: 160 km/h
Reichweite: max. 1080 km
Gipfelhöhe: 13 700 m
Passagiere: 4–5 + 1 Pilot

Bloch 120

Dreimotoriges Passagier- und Transportflugzeug, Schulterdecker in Ganzmetallbauweise (Erstflug 1932). Seit Ende 1934 flog die Maschine bei der Air France. Sie konnte auch als Frachtmaschine verwendet werden und war für den Verkehr in den Kolonialgebieten Frankreichs vorgesehen.

Typ: Bloch MB-120
Herkunftsland: Frankreich
Verwendung: Passagierflugzeug
Spannweite: 20,54 m
Länge: 15,30 m
Antrieb: 3 Lorraine 9Na Algol mit je 220 kW (300 PS)
max. Startmasse: 6000 kg
Reisegeschwindigkeit: 200 km/h
Reichweite: 1000 km
Gipfelhöhe: 6300 m
Passagiere: 10

Blohm & Voss Ha 139

Viermotoriges Transportflugzeug mit Knickflügel (Erstflug 1936). Der Mittelflügel (mit Treibstofftanks) war metallbeplankt, die Außenflügel stoffbespannt. Das Flugzeug war katapultstartfähig und als Postflugzeug für den transatlantischen Dienst konzipiert. Die Spezifikation sah vor, 400–500 kg Fracht über eine Entfernung von 5000 km bei 250 km/h zu transportieren. Gebaut wurden die Muster Ha 139 V1 Nordwind und Ha 139 V2 Nordmeer (Auslieferung Sommer 1937 an die Luft Hansa). Die Flugzeuge starteten von ihren Mutterschiffen Friesenland und Schwabenland. Die letzte Maschine (Auslieferung Ende 1938) mit der Bezeichnung Ha 139B Nordstern wies eine leicht veränderte Flügelgeometrie auf, was zu einer etwas niedrigeren Anbringung der Motoren führte.

Typ: Blohm & Voss Ha 139
Herkunftsland: Deutschland
Verwendung: Postflugzeug
Spannweite: 27,00 m
Länge: 19,50 m
Antrieb: 4 Jumo 205C Zweitakt-Dieselmotoren mit je 447 kW (600 PS)
max. Startmasse: 17 500 kg
Reisegeschwindigkeit: 260 km/h
Reichweite: max. 5300 km
Gipfelhöhe: 6600 m
Besatzung: 4–5

Boeing 247

Zweimotoriges Passagierflugzeug, freitragender Ganzmetall-Tiefdecker (Erstflug 08.02.1933). Das Flugzeug war bereits mit Autopilot, Echolot, Peilanlage und Blindfluginstrumenten ausgerüstet. Die Tiefdeckerbauweise, Enteisungsanlage, Verstellpropeller und ein einziehbares Fahrwerk waren Neuerungen in dieser Klasse. Insgesamt wurden 76 Exemplare gebaut. Wegen eines Exklusivvertrags mit United Airlines wurden nur relativ wenige Maschinen dieses Typs verkauft.

Typ: Boeing 247
Herkunftsland: USA
Verwendung: Passagierflugzeug
Spannweite: 22,56 m
Länge: 15,72 m
Antrieb: 2 Pratt & Whitney R-1340-Wasp Sternmotoren mit je 404 kW (550 PS)
max. Startmasse: 6192 kg
Reisegeschwindigkeit: 304 km/h
Reichweite: ca. 1200 km
Gipfelhöhe: 7700 m
Passagiere: 10 + 2–3 Besatzung

Boeing 307 Stratoliner

Viermotoriges Passagierflugzeug, freitragender Tiefdecker mit konventionellem Leitwerk (Erstflug 31.12.1938); das erste zivile Flugzeug mit einer druckbelüfteten Kabine. Beim Bau der B-307 in den Jahren 1938 bis 1940 nutzte man die konstruktiven Erfahrungen mit dem Bombenflugzeug B-17. Tragflächen, Motoren und das Leitwerk der B-17 blieben faktisch unverändert; der Rumpf mit der Druckkabine wurde neu konstruiert. Lediglich zehn Stratoliner wurden gebaut. Der Eintritt der USA in den 2. Weltkrieg verhinderte einen umfangreicheren Einsatz dieses modern ausgelegten Flugzeugs.

Typ: Boeing 307
Herkunftsland: USA
Verwendung: Passagierflugzeug
Spannweite: 32,61 m
Länge: 22,66 m
max. Startmasse: 19 050 kg
Antrieb: 4 Wright GR-1820-Cyclone Sternmotoren mit je 671 kW (912 PS)
Höchstgeschwindigkeit: 396 km/h
Reichweite: 3840 km
Gipfelhöhe: 7985 m
Passagiere: 33

Boeing 377 Stratocruiser

Viermotoriges Passagierflugzeug. Die Konstruktion verband Tragflächen, Leitwerk und Motoren des Bombenflugzeugs B-29 mit einem neu konstruierten geräumigen Rumpf mit zwei Decks. Die B-377 – 1947 bis 1950 gebaut – stellte erstmals die Nonstop-Verbindung von New York nach London her. Einige Maschinen dieses Typs wurden später zum sogenannten Guppy umgebaut.

Typ: Boeing 377
Herkunftsland: USA
Verwendung: Passagierflugzeug
Spannweite: 43,05 m
Länge: 33,63 m
Antrieb: 4 Pratt & Whitney R-4360B-Wasp-Major 28 Sternmotoren mit je 2610 kW (3500 PS)
max. Startmasse: 66 134 kg
Reisegeschwindigkeit: 547 km/h
Reichweite: 6750 km
Gipfelhöhe: 9750 m
Passagiere: 55–112

Boeing 707

Vierstrahliges Verkehrsflugzeug für Langstrecken, freitragender Tiefdecker mit konventionellem Leitwerk (Erstflug 20.12.1957). Im Oktober 1958 nahm die PanAm den Liniendienst auf der Strecke New York – Paris mit der 707 auf. Im Laufe der Produktionszeit bis 1992 wurden 1012 Maschinen unterschiedlicher Versionen gefertigt. Der grundlegende Typ war die 707-120. Die Baureihen 707-320 und -420 hatten größere Flügel und Reichweiten.

Typ: Boeing 707-120
Herkunftsland: USA
Verwendung: Passagierflugzeug
Spannweite: 39,87 m
Länge: 44,04 m
Antrieb: 4 Pratt & Whitney PW JT3C-6 mit je 62,3 kN (6322 kp) Schub
max. Startmasse: 116 575 kg
Reisegeschwindigkeit: 896 km/h
Reichweite: 6800 km
Gipfelhöhe: 12 800 m
Passagiere: 181

Boeing 720

Vierstrahliges Passagierflugzeug für längere Mittelstrecken (Erstflug 23.11.1959). Es wurde aus der Boeing 707 abgeleitet (Werksbezeichnung 707-020), viele Systeme blieben unverändert; es gab aber auch einige Neuerungen. Die veränderte Tragflächengeometrie verbesserte das Langsamflugverhalten und verkürzte die Start- und Landestrecke. Das kam dem Operieren der Boeing 720 auf kleineren Flugplätzen entgegen.

Typ: Boeing 720B
Herkunftsland: USA
Verwendung: Passagierflugzeug
Spannweite: 39,88 m
Länge: 41,68 m
Antrieb: 4 Pratt & Whitney JT3D-1 mit je 75,6 kN (7711 kp) Schub
max. Startmasse: 103 874 kg
Reisegeschwindigkeit: 871 km/h
Reichweite: 6760 km
Gipfelhöhe: 12 200 m
Passagiere: 140–156

Boeing 727

Dreistrahliges Verkehrsflugzeug für Kurz- und Mittelstrecken, ein freitragender Tiefdecker mit T-Leitwerk (Erstflug 06.02.1963). Die Triebwerksanordnung am Heck ermöglichte einen „sauberen" Flügel mit diversen Auftriebshilfen. Während der Produktionszeit (bis 1984) wurde der Typ beständig weiterentwickelt. Zuletzt wurde 1981 die Version als Frachtflugzeug 727-200F vorgestellt.

Typ: Boeing 727-100
Herkunftsland: USA
Verwendung: Passagierflugzeug
Spannweite: 32,92 m
Länge: 40,59 m
Antrieb: 3 Pratt & Whitney JT8D-1 zu je 62,3 kN (6322 kp) Schub
max. Startmasse: 68 946 kg
Reisegeschwindigkeit: 926 km/h
Reichweite: 3050 km
Gipfelhöhe: 11 400 m
Passagiere: 131

Boeing 737

Zweistrahliges Verkehrsflugzeug für Kurz- und Mittelstrecken (Erstflug 09.04.1967). Seit 1964 entwickelt, wurden bisher 4000 Flugzeuge aller Versionen und Generationen dieses Typs verkauft. Seit 1993 fliegen die Versionen der „Next Generation". Die 737-600 erschien 1998 als kleinste Version dieser modernisierten Baureihe; mit höherem Fahrwerk, geänderter Tragflächengeometrie und Glascockpit. Die Boeing 737-700C (Convertible) kann in weniger als einer Stunde vom Passagier- zum Frachtflugzeug umgerüstet werden.

Typ: Boeing 737-600
Herkunftsland: USA
Verwendung: Passagierflugzeug
Spannweite: 43,05 m
Länge: 33,63 m
Antrieb: 2 CFMI CFM56-7 Turbofans mit je 101 kN (10 300 kp) Schub
max. Startmasse: 66 000 kg
Reisegeschwindigkeit: 850 km/h
Reichweite: 5648 km
Gipfelhöhe: 11 000 m
Passagiere: 110

Boeing 757

Zweistrahliges Verkehrsflugzeug in Tiefdecker-Auslegung für Mittelstrecken (Erstflug 19.02.1982). Die Version 757-200 wurde gemeinsam mit der Boeing 767 entwickelt, was den wirtschaftlichen Betrieb beider Typen innerhalb einer Flotte optimiert. 1998 kam die Version 757-300 mit einem um 7,10 m verlängerten Rumpf dazu (Erstflug 02.08.1998). Im April 2005 wurde die letzte 757 (Version 200) ausgeliefert und die Produktion mangels Nachfrage eingestellt.

Typ: Boeing 757-200
Herkunftsland: USA
Verwendung: Passagierflugzeug
Spannweite: 38,05 m
Länge: 47,32 m
Antrieb: 2 Rolls-Royce RB211-535E4B mit je 193,5 kN (19 680 kp) Schub
max. Startmasse: 115 680 kg
Reisegeschwindigkeit: 880 km/h
Reichweite: 5800–7300 km
Gipfelhöhe: 11 600 m
Passagiere: 170–228

Boeing 747

Vierstrahliges Großraum-Passagierflugzeug für Langstrecken in Tiefdecker-Auslegung mit konventionellem Leitwerk (Erstflug 09.02.1969). Die Luftfahrtgeschichte verdankt diesen Jet der Tatsache, dass Boeing im Wettbewerb um einen militärischen Großtransporter der Lockheed C-5 Galaxy unterlag. Weltweit bekannt und wiedererkennbar machte die 747 ihr „Buckel", der ihr den Kosenamen „Jumbo-Jet" eintrug. Der Buckel beherbergt, über dem unteren Fluggastdeck, das Cockpit. Der ans Cockpit anschließende Ruheraum wurde im Laufe der Entwicklung zu einem zweiten Fluggastdeck (mit Sitzplätzen der First- oder Business-Class) ausgebaut. Vom Zeitpunkt des Erstflugs bis zur Vorstellung des Airbus A380 war die Boeing 747 das größte Passagierflugzeug der Welt. Die erste Baureihe 747-100 war kommerziell noch nicht erfolgreich. Umso erfolgreicher war die Baureihe 747-200, die – mit verbesserten Triebwerken, größeren Treibstofftanks und höherer Reichweite – bis 1992 gefertigt wurde. Bei der Baureihe 747-400 (seit 1988, die mit über 650 Exemplaren am meisten verkaufte Version) wurde das Cockpit stark überarbeitet. Zusätzlich vergrößerte man die Spannweite, die Flügelspitzen erhielten Winglets.

Typ: Boeing 747-400ER
Herkunftsland: USA
Verwendung: Passagierflugzeug
Spannweite: 64,40 m
Länge: 70,70 m
Antrieb: 4 GE CF6-80 mit je 274 kN (27 940 kp) Schub
max. Startmasse: 412 800 kg
Reisegeschwindigkeit: 920 km/h
Reichweite: 14 200 km (mit max. Zuladung)
Reiseflughöhe: 12 800 m
Passagiere: 366–524

Boeing 767

Zweistrahliges Verkehrsflugzeug in Tiefdecker-Auslegung für Mittel-und Langstrecken (Erstflug 26.09.1981). Drei Grundversionen wurden gebaut: Die 767-200 war das Basismodell. Die 767-300 und die 767-400 ER (vergrößerte Reichweite) hatten abweichende Längen, Spannweiten und unterschiedliche Triebwerke. Seit 2003 gibt es militärische Adaptionen dieses Typs als Aufklärungs-, Tank- und Führungsflugzeug.

Typ: Boeing 767-400 ER
Herkunftsland: USA
Verwendung: Passagierflugzeug
Spannweite: 51,90 m
Länge: 61,40 m
Antrieb: 2 General Electric CF6-80C2B8F Turbofans mit je 282,5 kN (28 807 kp) Schub
max. Startmasse: 204 120 kg
Reisegeschwindigkeit: 850 km/h
Reichweite: max. 10 450 km
Gipfelhöhe: 13 145 m
Passagiere: 250–305

Boeing 777

Zweistrahliges Verkehrsflugzeug für Langstrecken (Erstflug 14.06.1994). Die 777-200 ist das Basismodell, die 777-200 ER das Basismodell mit vergrößerter Reichweite; die 777-100 ist eine Kurzversion des Basismodells. Die 777-200 LR (Long Range) wird als „Worldliner" vermarktet (Reichweite 17 446 km). Die 777-300 ist die verlängerte Grundversion (mit bis zu 550 Sitzplätzen).

Typ: Boeing 777-200
Herkunftsland: USA
Verwendung: Passagierflugzeug
Spannweite: 60,90 m
Länge: 63,70 m
Antrieb: 2 Pratt & Whitney 4090 Turbofans mit je 349 kN (35 588 kp) Schub
max. Startmasse: 247 210 kg
Reisegeschwindigkeit: 892 km/h
Reichweite: 9649 km
Reiseflughöhe: 13 110 m
Passagiere: 305

Boeing 717

Zweistrahliges Verkehrsflugzeug für den Verkehr auf Kurzstrecken (Erstflug 02.09.1998). Die Planungen reichen bis 1995 zu McDonnell Douglas zurück. Nach deren Übernahme durch Boeing 1997 wurde das MD-95-Projekt als Boeing 717 weitergeführt, bisher wurden etwa 120 Einheiten ausgeliefert. Wegen mangelnder Nachfrage wurde die Produktion 2006 eingestellt.

Typ: Boeing 717
Herkunftsland: USA
Verwendung: Passagierflugzeug
Spannweite: 28,45 m
Länge: 37,81 m
Antrieb: 2 Rolls-Royce BR715-A1-30 mit je 82,3 kN (8360 kp) Schub
max. Startmasse: 49 845 kg
Reisegeschwindigkeit: 810 km/h
Reichweite: 2547 km
Gipfelhöhe: 11 200 m
Passagiere: 106

Boeing BBJ

Boeings Familie der VIP-Geschäftsreisejets umfasst gegenwärtig drei Mitglieder: BBJ1, 2 und 3. Zur Realisierung dieses Projekts gründeten Boeing und General Electric die Arbeitsgemeinschaft Boeing Business Jet Corporation. Als Grundlage der BBJ (Erstflug am 04.11.1996), später BBJ1 genannt, dienten der Rumpf der 737-700 sowie die modifizierten Flügel und das verstärkte Fahrwerk der 737-800 (Reichweite mit neun Zusatztanks 11 500 km). Im Herbst 1999 begann die Entwicklung der BBJ2 auf Basis der 737-800 (Erstflug 28.02.2001) und im Oktober 2006 kündigte Boeing als neues und größtes Modell die BBJ3 (Erstflug Juni 2008) auf Basis der 737-900ER an (Reichweite bis 10 066 km). Auf der Geschäftsluftfahrtmesse in Genf folgte im Mai 2009 die Ankündigung der BBJ-C (Convertible), die binnen Stunden vom VIP-Jet zum Frachter umgebaut werden kann.

Typ: Boeing BBJ 2
Herkunftsland: USA
Verwendung: VIP-Geschäftsreiseflugzeug
Spannweite: 34,32 m
Länge: 39,48 m
Antrieb: 2 CFM56-7B24 Turbofans mit je 106,75 kN (10 885 kp) Startleistung
max. Startmasse: 80 130 kg
Reisegeschwindigkeit: 920 km/h
Reichweite: 10 240 km
Reiseflughöhe: max. 11 300 m
Passagiere: 20–80

Boeing 787

Zweistrahliges Großraumflugzeug (offizieller Programmstart am 26.04.2004). Die Boeing 787 wurde zum Programmstart in drei Varianten auf den Markt gebracht: die Mittelstreckenversion 787-3 und die Langstreckenversionen 787-8 und 787-9 mit vergrößerter Spannweite. Am 8. Juli 2007 beim Rollout als „Dreamliner" vorgestellt und mit Vorschusslorbeeren überhäuft, geriet das Projekt schnell in schwere Turbulenzen. Immer wieder verzögerten konstruktive Fertigungsmängel die Erstflug- und Auslieferungstermine. Kunden drohten mit Stornierung ihrer Bestellungen – der Traum vom Dreamliner wurde vorerst zum Albtraum.

Typ: Boeing 787-8
Herkunftsland: USA
Verwendung: Passagierflugzeug
Spannweite: 58,80 m
Länge: 56,69 m
Antrieb: 2 General Electric GEnx oder Rolls-Royce Trent 1000 mit je 236–333 kN (24 065–33 957 kp) Schub
max. Startmasse: 233 000 kg
Reisegeschwindigkeit: 903 km/h
Reichweite: 14 200–15 200 km
Reiseflughöhe: ca. 13 100 m
Passagiere: 210–250

Bombardier Challenger 850

Zweistrahliges Geschäftsreiseflugzeug (Erstflug im August 2006 bei Lufthansa Technik) und Flaggschiff der Challenger-Baureihe. Die Challenger 850 ist die modifizierte Version des Regionalflugzeugs CRJ200 (CRJ = Canadair Regional Jet). Während die CRJ200 noch 50 Passagieren Platz bot, ist die Komfortkabine der Challenger 850 für 14 Fluggäste ausgelegt. Entwurf und Gestaltung der Kabine bei Lufthansa Technik.

Typ: Bombardier Challenger 850
Herkunftsland: Kanada
Verwendung: Geschäftsreiseflugzeug
Spannweite: 21,21 m
Länge: 26,77 m
Antrieb: 2 Turbofans General Electric CF34-3B1 mit je 38,84 kN (3961 kp) Startschub
max. Startmasse: 24 040 kg
Reisegeschwindigkeit: 850 km/h
Reichweite: 5129 km
Gipfelhöhe: 12 497 m
Passagiere: 14

Bombardier Global 5000

Zweistrahliges Reiseflugzeug in Tiefdecker-Auslegung mit T-Leitwerk. Das Flugzeug lehnt sich an das Muster Global Express an, ist allerdings etwa 80 cm kürzer und für kürzere und mittlere Reichweiten konzipiert. Das Flugzeug ist mit moderner Avionik ausgestattet. Das Kabineninterieur kann in unterschiedlichen Bestuhlungsvarianten geordert werden.

Typ: Bombardier Global 5000
Herkunftsland: Kanada
Verwendung: Reiseflugzeug
Spannweite: 28,65 m
Länge: 29,49 m
Antrieb: 2 BMW/Rolls-Royce BR710-A2-20 mit je 65,6 kN (6690 kp) Standschub
max. Startmasse: 39 780 kg
Reisegeschwindigkeit: 904 km/h
Reichweite: 8890 km
Gipfelhöhe: 15 545 m
Passagiere: 8–19

Bombardier Global Express XRS

Zweistrahliges Reiseflugzeug in Tiefdecker-Auslegung mit T-Leitwerk (Dienstbeginn 2006). Die Maschine ist eine Weiterführung des Global-Konzepts, das mit der Global 5000 begonnen wurde; entwickelt für besonders lange Strecken. Der Jet zielt auf Firmen- und Privatkunden ab.

Typ: Bombardier Global Express XRS
Herkunftsland: Kanada
Verwendung: Reiseflugzeug
Spannweite: 28,60 m
Länge: 30,30 m
Antrieb: 2 Rolls-Royce BR710A2-20 Turbofans mit je 65,6 kN (6690 kp) Schub
max. Startmasse: 44 450 kg
Reisegeschwindigkeit: 904 km/h
Reichweite: 11 389 km
Gipfelhöhe: 15 545 m
Passagiere: 8–19

Breguet 941

Viermotoriges Passagier- und Transportflugzeug mit STOL-Eigenschaften (Erstflug des Prototyps 01.06.1961), freitragender Hochdecker mit konventionellem Leitwerk. Große Propeller und strömungslenkende Klappen über die gesamte Spannweite bewirkten gute Langsamflugeigenschaften, die besonders eindrucksvoll durch Starts und Landungen auf innerstädtischen Straßen demonstriert wurden.

Typ: Breguet 941
Herkunftsland: Frankreich
Verwendung: Passagier- und Transportflugzeug
Spannweite: 43,00 m
Länge: 29,90 m
Antrieb: 4 Turmo III D-3 Propellerturbinen mit je 1105 kW (1500 PS)
max. Startmasse: 26 500 kg
Reisegeschwindigkeit: 480 km/h
Reichweite: max. 3100 km
Gipfelhöhe: 8500 m
Passagiere: 55-60

Bristol Britannia

Viermotoriges britisches Verkehrsflugzeug (Erstflug 16.08.1952). Vorgesehen war ursprünglich ein Viermotorer mit 48 Sitzplätzen, dessen Dimension jedoch bald vergrößert wurde. Zehn Exemplare der Serie 102 wurden an die BOAC verkauft. 1956 entstand die Serie 310 mit höherer Reichweite, die bereits einen Nonstopflug über den Nordatlantik in beiden Richtungen erlaubte. Militärische Transport-Versionen (Serien 252 und 253) flogen für die RAF.

Typ: Bristol Type 175 Britannia (Serie 310)
Herkunftsland: Großbritannien
Verwendung: Passagierflugzeug
Spannweite: 43,36 m
Länge: 37,87 m
Antrieb: 4 Bristol Proteus 765 Propellerturbinen mit je 2775 kW (3770 PS)
max. Startmasse: 88 915 kg
Reisegeschwindigkeit: 652 km/h
Reichweite: 6870 km
Gipfelhöhe: 9700 m
Passagiere: 84–139

British Aerospace ATP

Zweimotoriges Passagier- und Transportflugzeug in Tiefdecker-Auslegung, entstanden als verlängerte Weiterentwicklung (5,50 m längerer Rumpf) der Avro/HS-748 (Erstflug 06.08.1986). Die ATP (Advanced Technology turboProp) ist mit moderner Avionik und einem EFIS-Glascockpit ausgestattet. Die langsam laufenden Sechsblatt-Propeller sorgen für eine niedrige Lärmbelastung.

Typ: British Aerospace ATP
Herkunftsland: Großbritannien
Verwendung: Passagierflugzeug
Spannweite: 30,62 m
Länge: 26,00 m
Antrieb: 2 Pratt & Whitney Canada PW124A mit je 1852 kW (2518 PS)
max. Startmasse: 22 450 kg
Reisegeschwindigkeit: 490 km/h
Reichweite: 2300–3600 km
Gipfelhöhe: 8100 m
Passagiere: 64–72 + 1 Pilot

British Aerospace BAe 125

Zweistrahliges leichtes Mehrzweckflugzeug, ursprünglich von De Havilland entworfen (Erstflug 1962), von Hawker Siddeley übernommen und nach dem Aufgehen dieses Herstellers in British Aerospace seit 1977 unter neuer Firma weiterproduziert. Die BAe HS 125 wird in vielen Modifikationen zivil und militärisch genutzt: so als Reise- und Zubringerflugzeug, für medizinische Dienste und als Schulungsmaschine.

Typ: British Aerospace BAe 125
Herkunftsland: Großbritannien
Verwendung: Mehrzweckflugzeug
Spannweite: 12,00 m
Länge: 8,60 m
Antrieb: 2 BS Viper 521 mit je 13,9 kN (1417 kp)
max. Startmasse: 9300 kg
Reisegeschwindigkeit: 757 km/h
Reichweite: 2780 km
Gipfelhöhe: 11 000 m
Passagiere: 8 + 1 Pilot

Britten-Norman BN-2 Islander

Zweimotoriges britisches Mehrzweckflugzeug, freitragender Schulterdecker in Aluminiumbauweise mit STOL-Fähigkeiten. Die Maschine wurde Anfang der 1960er-Jahre insbesondere für die Anbindung schlecht erschlossener Regionen mit unbefestigten Flugplätzen entwickelt. Sie bewährte sich sowohl im Passagierdienst als auch im Frachtverkehr in Einsatzräumen, die anderen Flugzeugen nicht zugänglich waren. So galt die Islander bald als das ideale „Buschflugzeug", das z. B. als Ambulanzmaschine zwei liegende Patienten gleichzeitig befördern kann. In den rund 40 Jahren ihrer Produktionsgeschichte wurde die Maschine mehrfach verbessert (von 1979 bis 1998 unter dem Dach der Schweizer Pilatus AG als Pilatus Britten-Norman). Mit über 1500 produzierten Einheiten gehört sie zu den erfolgreichsten europäischen Flugzeugentwicklungen überhaupt.

Typ: Britten-Norman BN-2 Islander
Herkunftsland: Großbritannien
Verwendung: Mehrzweckflugzeug
Spannweite: 14,94 m
Länge: 10,86 m
Antrieb: 2 Lycoming O-540-E4C mit je 195 kW (265 PS)
max. Startmasse: 2993 kg
Reisegeschwindigkeit: max. 273 km/h
Reichweite: 1400 km
Gipfelhöhe: 4024 m
Passagiere: max. 9

Britten-Norman BN-2A Mk III Trislander

Dreimotoriges britisches Passagierflugzeug für Kurzstrecken (Erstflug 11.09.1970). Der Typ ist von der Britten-Norman BN-2 Islander abgeleitet. Offensichtlich von den dreistrahligen Passagierjets, wie der DC-10 oder der Lockheed L1011, inspiriert, wurde ein drittes Propellertriebwerk hoch am Heck montiert, das das leere Flugzeug, trotz des im Vergleich zum Islander gestreckten Rumpfes, so stark hecklastig macht, dass es mit einer Heckstütze gesichert werden muss. Wegen eines fehlenden Mittelgangs erfolgt der Passagiereinstieg über jeweils drei Türen an jeder Rumpfseite.

Typ: BN-2A Mk III Trislander
Herkunftsland: Großbritannien
Verwendung: Passagierflugzeug
Spannweite: 16,15 m
Länge: 15,01 m
Antrieb: 3 Lycoming O-540-E4C5 mit je 195 kW (265 PS)
max. Startmasse: 4500 kg
Reisegeschwindigkeit: 267 km/h
Reichweite: 1600 km
Gipfelhöhe: 4000 m
Passagiere: 18

Canadair CRJ 100

Zweistrahliges Regionalverkehrsflugzeug (Erstflug 10.05.1991). Die Flugzeuge der Modellreihe RJ wurden aus dem bewährten Reiseflugzeug Challenger (Rumpf verlängert, Tragwerk vergrößert) entwickelt. In der Flugzeugfamilie ist der Typ CRJ 100 für lange Regionalstrecken und schwach ausgelastete Routen konzipiert.

Typ: CRJ 100
Herkunftsland: Kanada
Verwendung: Regionalverkehrsflugzeug
Spannweite: 21,21 m
Länge: 26,77 m
Antrieb: 2 General Electric CF34-3A1 mit je 40,7 kN (4150 kp) Schub
max. Startmasse: 24 000 kg
Reisegeschwindigkeit: 850 km/h
Reichweite: 1566 km
Gipfelhöhe: 12 500 m
Passagiere: 50 + 2 Besatzung

Canadair (Bombardier) CRJ 900

Zweistrahliges Regionalverkehrsflugzeug (Erstflug 21.02.2001) in Tiefdecker-Auslegung; es ist die gestreckte Ableitung aus der CRJ 700 mit erhöhter Startmasse. Die Version CRJ 900ER (mit einer vergrößerten Reichweite) und die Langstreckenversion CRJ 900LR werden ebenfalls angeboten.

Typ: CRJ 900
Herkunftsland: Kanada
Verwendung: Regionalverkehrsflugzeug
Spannweite: 23,24 m
Länge: 36,40 m
Antrieb: 2 General Electric CF34-8C5 mit je 63,4 kN (6424 kp) Schub
max. Startmasse: 36 514 kg
Reisegeschwindigkeit: 829 km/h
Reichweite: 2774 km
Gipfelhöhe: 12 500 m
Passagiere: 86

Cessna Citation X (Model 750)

Zweistrahliges Geschäftsreiseflugzeug. Als die US-Luftfahrtbehörde FAA 1996 die Musterzulassung erteilte, war die Citation X das schnellste Zivilflugzeug und bei einer Reichweite von 5700 km bei Betrieb und Unterhalt außerordentlich wirtschaftlich. Ihre Kabine war die komfortabelste und größte aller bis dahin gebauten Cessna-Maschinen. Fünf große Kathodenstrahlbildschirme präsentieren den beiden Piloten alle flugrelevanten Informationen. Abgerundet wird die Avionik durch GPS-Navigation, ein Verkehrswarn- und Kollisionsvermeidungs- sowie ein Bodenannäherungssystem.

Typ: Cessna Citation X (Model 750)
Herkunftsland: USA
Verwendung: Geschäftsreiseflugzeug
Spannweite: 19,48 m
Länge: 22,04 m
Antrieb: 2 Turbofans Rolls-Royce AE3007C1 mit je 30,09 kN (3068 kp) Schub
max. Startmasse: 16 375 kg
Reisegeschwindigkeit: 972 km/h
Reichweite: 5686 km
Gipfelhöhe: 15 545 m
Passagiere: 8

Cessna CitationJet

Baureihe zweistrahliger Geschäftsreiseflugzeuge (Erstflug am 29.04.1991) der Muster CJ1 und CJ2 und ihren leistungsgesteigerten Varianten CJ1+ und CJ2+ sowie den 2002 bzw. 2006 präsentierten CJ3 bzw. CJ4 (Erstflüge am 05.05.2008 bzw. 19.08.2008). Es handelt sich um Tiefdecker mit hoch angesetztem T-Leitwerk, ständig verbesserten Flugleistungen, komfortablen Kabinen, modernster Avionik und hoher Wirtschaftlichkeit.

Typ: Cessna CJ4
Herkunftsland: USA
Verwendung: Geschäftsreiseflugzeug
Spannweite: 15,49 m
Länge: 16,26 m
Antrieb: 2 Turbofans Williams International FJ44-4A mit je 15,12 kN (1542 kp) Schub
max. Startmasse: 7688 kg
Reisegeschwindigkeit: 835 km/h
Reichweite: 3635 km
Gipfelhöhe: 13 716 m
Passagiere: 8

Cessna Corvalis

Einmotorige Geschäftsreiseflugzeuge. Die 2007 aus der Konkursmasse der Columbia Manufacturing Company übernommenen Columbia 350 und Columbia 400 werden bei Cessna seit Ende 2007 als Cessna 350 Corvalis und Cessna 400 Corvalis (seit Januar 2009: 400 Corvalis TT) seriengefertigt. Trotz der starren Fahrwerke sind beide Modelle sehr schnell und bieten exzellente Flugleistungen. Die Kabine ist komfortabel ausgestattet, das Glas-Cockpit voll digitalisiert.

Typ: Cessna 400 Corvalis TT
Herkunftsland: USA
Verwendung: Geschäftsreiseflugzeug
Spannweite: 10,91 m
Länge: 7,72 m
Antrieb: 2 Kolbenflugmotoren Teledyne Continental TSIO-550-C(1) mit je 228 kW (310 PS) Startleistung
max. Startmasse: 1633 kg
Reisegeschwindigkeit: 435 km/h
Reichweite: 2315 km
Gipfelhöhe: 7620 m
Passagiere: 2 + Pilot und Copilot oder 3 + Pilot

Convair CV 440 Metropolitan

Zweimotoriges Passagierflugzeug in Tiefdecker-Auslegung mit konventionellem Leitwerk (Erstflug 06.10.1955). Die Convair CV 440 Metropolitan ist eine Weiterentwicklung der Convair CV 340. Der verlängerte Rumpf nahm eine Wetterradar-Ausrüstung auf. Dank neuer Abgasanlage (Schubdüse) sank der Geräuschpegel in der Kabine.

Typ: Convair CV 440 Metropolitan
Herkunftsland: USA
Verwendung: Passagierflugzeug
Spannweite: 32,12 m
Länge: 24,84 m
Antrieb: 2 Pratt & Whitney R-2800 CB16 oder CB17 18-Zylinder-Doppelsternmotoren mit je 1865 kW (2535 PS)
max. Startmasse: 22 540 kg
Reisegeschwindigkeit: 465 km/h
Reichweite: 2800 km
Gipfelhöhe: 7700 m
Passagiere: 50

Convair CV 880

Vierstrahliges Passagierflugzeug in Tiefdecker-Auslegung mit konventionellem Leitwerk (Erstflug 27.01.1959). Anders als die beiden Konkurrenten Boeing und Douglas hatte die Convair CV 880 aufgrund ihres schlankeren Rumpfes eine geringere Passagierkapazität, erreichte aber eine höhere Geschwindigkeit. Damit konnte sie sich aber gegen die wirtschaftlicher fliegenden Typen von Boeing und Douglas letztlich nicht durchsetzen. Ab 1960 flog das Modell 880 M 31 mit vergrößertem Kraftstofftank.

Typ: Convair CV 880
Herkunftsland: USA
Verwendung: Passagierflugzeug
Spannweite: 36,58 m
Länge: 39,42 m
Antrieb: 4 General Electric CJ-805-3 mit je 49,8 kN (5080 kp) Schub
max. Startmasse: 87 900 kg
Reisegeschwindigkeit: 895 km/h
Reichweite: 7500 km
Gipfelhöhe: 10 600 m
Passagiere: 80–130

Dassault Falcon 900

Dreistrahliges Reiseflugzeug für Langstrecken (Erstflug 21.09.1984). Die Falcon 900 wird in verschiedenen Versionen angeboten, Version 900C hat im Jahr 2000 die fast zehn Jahre lang produzierte Version 900B abgelöst. Haupteinsatzgebiete sind Geschäfts- und Erlebnisreisen, Kreuzfahrt-Austauschflüge und Frachttransporte. Die Maschine wird häufig von Chartergesellschaften genutzt.

Typ: Dassault Falcon 900C
Herkunftsland: Frankreich
Verwendung: Reise- und Frachtflugzeug
Spannweite: 19,30 m
Länge: 20,20 m
Antrieb: 3 Allied Signal TFE 731 5AR mit je 19,6 kN (2000 kp) Schub
max. Startmasse: 20 640 kg
Reisegeschwindigkeit: 830 km/h
Reichweite: 7000 km
Gipfelhöhe: 15 500 m
Passagiere: 19 + 2 Besatzung

De Havilland DH.84 Dragon

Zweimotoriges Transport- und Passagierflugzeug in Doppeldecker-Auslegung (Erstflug am 24.11.1932), das für den Passagierverkehr zwischen Südengland und Paris konzipiert worden war. In Schottland ermöglichte es erstmals den kommerziellen Luftverkehr in den Highlands und zu abgelegenen Inseln. 115 Maschinen wurden in England gebaut, 87 in Australien. Einige Maschinen wurden, aufgerüstet als Polizeiflugzeuge, in den Kolonialgebieten eingesetzt.

Typ: De Havilland DH.84 Dragon
Herkunftsland: Großbritannien
Verwendung: Transport- und Reiseflugzeug
Spannweite: 14,43 m
Länge: 10,52 m
Antrieb: 2 De Havilland Gipsy Major mit je 97 kW (132 PS)
max. Startmasse: 2041 kg
Reisegeschwindigkeit: 183 km/h
Reichweite: 877 km
Gipfelhöhe: 4420 m
Passagiere: 6 + 1 Pilot

De Havilland DH.89 Dragon Rapide

Zweimotoriges Passagierflugzeug in Doppeldecker-Auslegung (Erstflug 17.04.1934). Nach dem Erfolg der DH.84 Dragon entwarf De Havilland die verkleinerte Version der DH.86. In Kanada wurden einige Exemplare mit Schwimmern und Schneekufen ausgerüstet. Im 2. Weltkrieg wurden Maschinen dieses Typs für die Ausbildung, zur Küstenüberwachung und als Aufklärer eingesetzt. Die Produktion lief 1946 aus. Einige Maschinen flogen bis in die 1960er-Jahre.

Typ: De Havilland DH.89 Dragon Rapide
Herkunftsland: Großbritannien
Verwendung: Passagierflugzeug
Spannweite: 14,63 m
Länge: 10,51 m
Antrieb: 2 De Havilland Gipsy Six mit je 149 kW (202 PS)
max. Startmasse: 2495 kg
Höchstgeschwindigkeit: 250 km/h
Reichweite: 850 km
Gipfelhöhe: 5800 m
Passagiere: 8 + 2 Besatzung

De Havilland DH.106 Comet

Vierstrahliges Passagierflugzeug in Tiefdecker-Auslegung, das erste strahlgetriebene Passagierflugzeug der Welt (Erstflug am 27.07.1949). Die BOAC nahm 1952 den regelmäßigen Liniendienst mit der Comet 1 auf. Drei schwere Unfälle 1954 – sie waren auf Materialermüdungen an der Druckkabine, besonders an den quadratischen Fenstern, und daraus folgendem plötzlichen Druckabfall zurückzuführen – ruinierten den Ruf dieses Typs. Obwohl die anfälligen Versionen der Comet bereits aus dem Verkehr gezogen worden waren und mit der Comet 4 (Erstflug am 27.04.1958) ein sehr zuverlässiges Flugzeug zur Verfügung stand (mit runden Fenstern übrigens – wie heute bei fast allen Jets üblich), war De Havilland der Konkurrenz durch die Boeing 707 und die DC 8 nicht mehr gewachsen. Auf Basis der Comet wurde der Seeaufklärer Nimrod entwickelt.

Typ: De Havilland DH.106 Comet 4
Herkunftsland: Großbritannien
Verwendung: Transport- und Passagierflugzeug
Spannweite: 34,98 m
Länge: 33,98 m
Antrieb: 4 Rolls-Royce Avon 524 mit je 46,7 kN (4760 kp) Schub
max. Startmasse: 73 480 kg
Reisegeschwindigkeit: 805 km/h
Reichweite: 5190 km
Gipfelhöhe: 12 200 m
Passagiere: 56–109

DHC-2 Beaver

Einmotoriges Transport- und Verbindungsflugzeug, abgestrebter Schulterdecker (Erstflug 16.08.1947). Die robuste Maschine – für das Operieren auf unbefestigten Plätzen gebaut – konnte auch mit Schwimmern ausgerüstet werden (siehe Abbildung) und wurde damit den Anforderungen kanadischer „Buschflieger" gerecht.

Typ: De Havilland Canada DHC-2 Beaver
Herkunftsland: Kanada
Verwendung: Transport- und Verbindungsflugzeug
Spannweite: 14,63 m
Länge: 9,22 m
Antrieb: 1 Pratt & Whitney-895 Wasp 9-Zylinder-Sternmotor mit 330 kW (450 PS)
max. Startmasse: 2350 kg
Reisegeschwindigkeit: 220 km/h
Reichweite: 1200 km
Gipfelhöhe: 5500 m
Passagiere: 4 + 2 Besatzung

DHC-4 Caribou

Zweimotoriges Transport- und Passagierflugzeug mit STOL-Eigenschaften (Erstflug 30.07.1958). Das Flugzeug vereinigt die STOL-Eigenschaften der Beaver und Otter mit einer Ladekapazität, die etwa der einer DC-3 entspricht. Die Maschine – auch in der militärischen Version – wurde erfolgreich exportiert; die Produktion endete 1973 nach 307 Einheiten.

Typ: De Havilland Canada DHC-4A Caribou
Herkunftsland: Kanada
Verwendung: Mehrzweckflugzeug
Spannweite: 29,15 m
Länge: 22,13 m
Antrieb: 2 Pratt & Whitney R-2000-7M2 Twin Wasp mit je 1080 kW (1470 PS)
max. Startmasse: 12 930 kg
Reisegeschwindigkeit: 293 km/h
Reichweite: 390–2100 km
Gipfelhöhe: 7560 m
Passagiere: 30 (oder 3630 kg Fracht)

DHC-7

Viermotoriges Regionalflugzeug in Hochdecker-Auslegung mit T-Leitwerk und STOL-Eigenschaften (Erstflug am 27.03.1975). Die Maschine qualifiziert sich dank ihrer hohen Steigrate für topographisch problematische Flugplätze und dank des geringen Lärmpegels (durch die langsam drehenden Propeller) für stadtnahe Flughäfen.

Typ: De Havilland Canada DHC Dash 7
Herkunftsland: Kanada
Verwendung: Regionalverkehrsflugzeug
Spannweite: 28,40 m
Länge: 24,60 m
Antrieb: 4 Pratt & Whitney Canada PT6A-55 Propellerturbinen mit je 904 kW (1230 PS) Startleistung
max. Startmasse: 21 319 kg
Reisegeschwindigkeit: 400 km/h
Reichweite: 1500–2200 km
Gipfelhöhe: 6400 m
Passagiere: 50–54

DHC Dash 8Q-200

Zweimotoriges Regionalverkehrsflugzeug. Diese Version bekam neue Triebwerke, eine höhere Geschwindigkeit und mehr Reichweite. Mittlerweile wird die Dash 8 von Bombardier Aerospace gefertigt, in das De Havilland Canada 1992 eingegliedert wurde. Vom 2. Quartal 1996 an wurde auch die 8-200 als Q-Typ (für quiet) mit aktiver Geräusch- und Vibrationsdämmung ausgeliefert.

Typ: De Havilland Canada DHC-8Q-200
Herkunftsland: Kanada
Verwendung: Regionalverkehrsflugzeug
Spannweite: 25,90 m
Länge: 22,30 m
Antrieb: 2 Pratt & Whitney Canada PW123 mit je 1581 kW (2150 PS)
max. Startmasse: 19 500 kg
Reisegeschwindigkeit: 550 km/h
Reichweite: 2200 km
Reiseflughöhe: 7600 m
Passagiere: 37–39

Dewoitine D-338

Dreimotoriges französisches Passagierflugzeug (Erstflug 1935). Das Flugzeug wurde wie die D-333 aus dem Typ D-332 abgeleitet. Der Rumpf wurde gegenüber der D-333 um knapp 3 m verlängert, die Spannweite noch etwas vergrößert. 31 Maschinen flogen für die Air France u. a. von Paris nach Cannes, Damaskus, Hanoi, Dakar und Hongkong. Nach dem 2. Weltkrieg flogen die neun verbliebenen D-338 noch einige Zeit auf der Linie Paris–Nizza.

Typ: Dewoitine D-338
Herkunftsland: Frankreich
Verwendung: Passagierflugzeug
Spannweite: 29,35 m
Länge: 22,13 m
Antrieb: 3 Hispano-Suiza 9V-10 mit je 423 kW (575 PS)
max. Startmasse: 11 100 kg
Reisegeschwindigkeit: 260 km/h
Reichweite: 1950 km
Gipfelhöhe: 5000 m
Passagiere: 22

Dornier Do B Merkur

Einmotoriges Passagierflugzeug, verspannter Schulterdecker mit konventionellem Leitwerk und starrem Fahrwerk (Erstflug September 1925). Die Passagiere reisten bereits in einer geschlossenen Kabine, während der Pilot noch über der Passagierkabine in einem offenen Cockpit saß. Dank ihrer kurzen Start- und Landestrecken war sie gut für kleine Flugplätze geeignet.

Typ: Dornier Do B Merkur
Herkunftsland: Deutschland
Verwendung: Passagierflugzeug
Spannweite: 19,60 m
Länge: 12,80 m
Antrieb: 1 BMW VI mit 500 kW (680 PS)
max. Startmasse: 3700 kg
Reisegeschwindigkeit: 175 km/h
Reichweite: 1000 km
Gipfelhöhe: 5200 m
Passagiere: 6–8

Dornier Do 228

Zweimotoriges STOL-Mehrzweckflugzeug. Bemerkenswert ist der „Tragflügel neuer Technologie" (TNT), der dank superkritischem, widerstandsarmem und deshalb auftriebsförderndem Profil eine Treibstoffersparnis von fast 30 Prozent bewirkt. Von 1981 bis 1998 wurde die Do 228 im Dornier-Werk Oberpfaffenhofen in zahlreichen Varianten gebaut und in Indien als HAL 228-101/201 lizenzgefertigt. Als Dornier 1998 in Konkurs ging und von Fairchild übernommen wurde, endete die Produktion der Do 228. Nachdem auch Fairchild-Dornier insolvent wurde, sicherte sich die schweizerische RUAG Aerospace 2003 alle Rechte an der Do 228 und beschloss im Oktober 2007 die neue Do 228 NG zu bauen. Während die wichtigsten Baugruppen von Hindustan Aeronautics Limited (HAL) in Indien gefertigt werden, erfolgt die Endmontage in Oberpfaffenhofen.

Typ: Dornier Do 228-200
Herkunftsland: Deutschland
Verwendung: Mehrzweckflugzeug
Spannweite: 16,97 m
Länge: 16,56 m
Antrieb: 2 Garrett TPE331-10 mit je 570 kW (775 PS)
max. Startmasse: 6400 kg
Reisegeschwindigkeit: 430 km/h
Reichweite: 1000 km
Reiseflughöhe: 3000 m
Passagiere: 19

Dornier Do 328

Regional-Passagierflugzeug. TNT (Tragflügel neuer Technologie) und neue Propeller verliehen der Dornier 328 zwar verbesserte Flugeigenschaften, aber nicht den kommerziellen Erfolg. Konsequenterweise reagierte Fairchild-Dornier mit der strahlgetriebenen 328-300 (328JET). Als sich der Markttrend zu größeren Jets verlagerte, suchte Fairchild-Dornier den Erfolg mit den gestreckteren 428Jet, 528JET, 728JET und 928JET. Aber auch diese Modelle scheiterten an der schwachen Nachfrage und am Konkurs der Firma Fairchild-Dornier im Jahr 2002.

Typ: Dornier Do 328-100
Herkunftsland: Deutschland
Verwendung: Passagierflugzeug
Spannweite: 20,98 m
Länge: 21,11 m
Antrieb: 2 Pratt & Whitney Canada PW119B Propellerturbinen mit je 1380 kW (1877 PS)
max. Startmasse: 13 900 kg
Reisegeschwindigkeit: max. 620 km/h
Reichweite: 1350 km
Gipfelhöhe: 9450 m
Passagiere: 33

Douglas DC-1

Prototyp eines zweimotorigen Verkehrsflugzeugs (Erstflug am 01.07.1933); das Kürzel DC steht für Douglas Commercial und gab der gesamten Baureihe den Namen. Nur eine einzige DC-1 wurde gebaut und von der TWA im Liniendienst erprobt. Sie war aber der Ausgangspunkt der berühmten Reihe erfolgreicher Entwicklungen. Für den Serienbau streckte man das Modell: So entstand die DC-2.

Typ: Douglas DC-1
Herkunftsland: USA
Verwendung: Passagierflugzeug
Spannweite: 25,91 m
Länge: 18,29 m
Antrieb: 2 Pratt & Whitney Hornet SDG-1690D mit je 515 kW (700 PS)
max. Startmasse: 7938 kg
Reisegeschwindigkeit: 306 km/h
Reichweite: 1609 km
Gipfelhöhe: 7010 m
Passagiere: 12

Douglas DC-3

Zweimotoriges Verkehrsflugzeug in Tiefdecker-Auslegung (Erstflug 17.12.1935). In der Zeit vor dem 2. Weltkrieg dominierte sie – sicher, wartungsfreundlich und wirtschaftlich – im zivilen Luftverkehr der USA. In der militärischen Version (von der RAF „Dakota" genannt, bei der USAF als C-47 bekannt) war sie seit dem 2. Weltkrieg ein weit verbreitetes Transportflugzeug. Von der DC-3 wurden 10 655 Einheiten im Original und 4937 in Lizenz gebaut.

Typ: Douglas DC-3
Herkunftsland: USA
Verwendung: Passagier- und Transportflugzeug
Spannweite: 28,90 m
Länge: 19,70 m
max. Startmasse: 11 431 kg
Antrieb: 2 Pratt & Whitney Twin Wasp S1C3-G mit je 895 kW (1217 PS)
Höchstgeschwindigkeit: 300 km/h
Reichweite: 2170 km
Gipfelhöhe: 6620 m
Passagiere: 32 + 2 Besatzung

Douglas DC-5

Zweimotoriges Passagierflugzeug in Hochdecker-Auslegung, das für den Kurzstreckenverkehr konzipiert war (Erstflug 12.02.1939). Wegen des 2. Weltkriegs blieben die Bestellungen aus. Nur 16 Maschinen dieses Typs wurden gebaut. Aber sogar der Hauptkonkurrent William Boeing erwarb 1940 eine DC-5 als Privatflugzeug.

Typ: Douglas DC-5
Herkunftsland: USA
Verwendung: Passagier- und Transportflugzeug
Spannweite: 23,77 m
Länge: 19,07 m
Antrieb: 2 Pratt & Whitney R-1690 oder Wright Cyclone GR-1820-F62 mit je 634 kW (862 PS)
max. Startmasse: 9072 kg
Höchstgeschwindigkeit: 356 km/h
Reichweite: max. 2575 km
Gipfelhöhe: 5790 m
Passagiere: 16–22

Douglas DC-6

Viermotoriges Passagier- und Transportflugzeug mit Druckkabine (Erstflug des Prototyps 26.06.1945). Von 1946 bis 1959 wurden gefertigt: die Transportversion DC-6A (Erstflug 29.09.1949), die Passagierversion DC-6B (Erstflug 02.02.1951) sowie eine kombinierte Fracht/Passagier-Version DC-6C. Zum Beladen der Transportversion ST (Swing Tail) konnte die komplette Hecksektion inklusive Leitwerk aufgeklappt werden.

Typ: Douglas DC-6B
Herkunftsland: USA
Verwendung: Passagier- und Transportflugzeug
Spannweite: 35,81 m
Länge: 32,18 m
max. Startmasse: 48 534 kg
Antrieb: 4 R-2800CB16 mit je 1765 kW (2400 PS)
Reisegeschwindigkeit: max. 509 km/h
Reichweite: max. 7590 km
Gipfelhöhe: 7620 m
Passagiere: 82–107

Douglas DC-7

Viermotoriges Passagierflugzeug in Tiefdecker-Auslegung, eine Weiterentwicklung der DC-6 (Erstflug 18.05.1953). Die DC-7 war in der Grundversion 2,44 m länger als die DC-6 und hatte stärkere Motoren. Außerdem wurden die Interkontinental-Version DC-7B mit vergrößerten Tanks, die Version DC-7C (Rumpf verlängert, Spannweite vergrößert, innere Motoren weiter von der Kabine entfernt), auch als „Seven Seas" bezeichnet, und eine Frachtversion DC-7F gefertigt. Insgesamt entstanden 366 DC-7.

Typ: Douglas DC-7C
Herkunftsland: USA
Verwendung: Passagier- und Frachtflugzeug
Spannweite: 38,36 m
Länge: 34,21 m
max. Startmasse: 64 864 kg
Antrieb: 4 Wright R-3350-988 TC-18-EA4 mit je 2500 kW (3400 PS)
Reisegeschwindigkeit: 580 km/h
Reichweite: 8400 km
Gipfelhöhe: 9200 m
Passagiere: 104

Douglas (McDonnell Douglas) DC-8

Vierstrahliges Passagierflugzeug (Erstflug am 30.05.1958), in Tiefdecker-Auslegung. Knapp ein Jahr nach der Boeing 707 in Dienst gestellt, wurden 1959 bis 1972 insgesamt 556 Maschinen verschiedener Versionen ausgeliefert. Mitte der 1960er-Jahre wurde die DC-8 weiterentwickelt. Die sogenannte Super Sixty konnte bis zu 259 Passagiere über extrem lange Distanzen befördern. Bemerkenswert: Am 21.08.1961 erreichte eine DC-8-43 als erster Passagierjet im Sinkflug Überschallgeschwindigkeit (Mach 1,012).

Typ: Douglas DC-8-50
Herkunftsland: USA
Verwendung: Passagierflugzeug
Spannweite: 43,41 m
Länge: 45,87 m
max. Startmasse: 147 415 kg
Antrieb: 4 Pratt & Whitney JT3D3 mit je 80,1 kN (8170 kp) Schub
Reisegeschwindigkeit: max. 933 km/h
Reichweite: 9200–11 260 km
Passagiere: 132, 144 oder 179

Douglas (McDonnell Douglas) DC-9

Zweistrahliges Verkehrsflugzeug für Kurzstrecken in Tiefdecker-Auslegung mit T-Leitwerk (Erstflug am 25.02.1965). Ähnlich wie bei der französischen Caravelle waren die beiden Triebwerke am Heck angebracht. Das ermöglichte einen „sauberen" Tragflügel. Im Laufe der Produktionszeit (bis 1982) wurden verschiedene zivile und militärische Versionen gebaut. 1980 absolvierte die Nachfolgerin MD-80 (als DC-9-80 entwickelt) ihren Erstflug. Sie löste den Typ DC-9 seit 1982 in der Produktion ab. Auf die MD-80-Versionen folgten später die Flugzeuge der Baureihen MD-90.

Typ: Douglas DC-9-50
Herkunftsland: USA
Verwendung: Passagierflugzeug
Spannweite: 28,47 m
Länge: 40,72 m
Antrieb: 2 JT8D-15 mit je 69 kN (7040 kp) oder JT8D-17 mit je 71,2 kN (7260 kp) Schub
max. Startmasse: 54 885 kg
Reisegeschwindigkeit: max. 898 km/h
Reichweite: max. 3325 km
Reiseflughöhe: 10 000 m
Passagiere: max. 139

Douglas (McDonnell Douglas) DC-10

Dreistrahliges Verkehrsflugzeug für Langstrecken (Erstflug am 29.08.1970). Mit der DC-10 stieg McDonnell Douglas in den Markt für Großraumflugzeuge ein. Neben der Hauptversion DC-10-10 bot der Hersteller zahlreiche weitere Passagier-, Fracht- und Militärversionen an, von denen besonders die Langstreckenversion DC-10-30 erfolgreich war. Die Langstreckenversion DC-10-40 bekam neue Triebwerke. Im Dezember 1988 wurde die DC-10-Produktion nach 446 Einheiten zugunsten der MD-11 eingestellt. Die charakteristische Triebwerksanordnung wurde von verschiedenen anderen Flugzeugherstellern nachgeahmt.

Typ: Douglas DC-10-30
Herkunftsland: USA
Verwendung: Passagier- und Frachtflugzeug
Spannweite: 50,39 m
Länge: 55,06 m
Antrieb: 3 General Electric CF6-50C2 mit je 226,8 kN (23 127 kp) Startleistung
max. Startmasse: 251 815 kg
Höchstgeschwindigkeit: 960 km/h
Reichweite: 7400 km (volle Nutzlast) bis 10 500 km
Gipfelhöhe: 9965 m
Passagiere: 256–380

EADS Socata TB 20 Trinidad

Einmotoriges Reiseflugzeug mit Doppelsteuerung, das auch für Schulungszwecke geeignet ist. Die TB 20 Trinidad GT verfügt über ein vollausgestattetes Cockpit für IFR-Flüge. Auf Wunsch ist auch ein „Electronic Flight Instrument System" (EFIS) erhältlich.

Typ: EADS Socata TB 20
Herkunftsland: Frankreich
Verwendung: Reiseflugzeug
Spannweite: 9,97 m
Länge: 7,75 m
Antrieb: 1 Textron Lycoming IO-540 C4D5D mit 184 kW (250 PS)
max. Startmasse: 1400 kg
Reisegeschwindigkeit: 300 km/h
Reichweite: 2050 km
Gipfelhöhe: 6100 m
Passagiere: 3–4 + 1 Pilot

Embraer EMB 110 Bandeirante

Zweimotoriges Passagierflugzeug für den Regionalverkehr (Erstflug am 09.08.1972). Insgesamt wurden bis 1990 ca. 500 Einheiten in verschiedenen Versionen gebaut. Viele der Flugzeuge sind noch heute im Einsatz, vor allem in Brasilien, im pazifischen Raum und in Kanada. Eine militärische Version, die EMB 111 M, wurde als Marinepatrouillenflugzeug gebaut.

Typ: Embraer EMB 110P
Herkunftsland: Brasilien
Verwendung: Passagierflugzeug
Spannweite: 15,32 m
Länge: 15,10 m
Antrieb: 2 Pratt & Whitney PT6A-34 mit je 560 kW (760 PS)
max. Startmasse: 5700 kg
Reisegeschwindigkeit: max. 417 km/h
Reichweite: 1964 km
Passagiere: 18 + 2 Besatzung

Embraer EMB 120

Zweimotoriges Passagierflugzeug in Tiefdecker-Auslegung mit T-Leitwerk für den Regionalverkehr (Erstflug 27.07.1983). Als Zubringerflugzeug entwickelt, hat sich das Flugzeug auch auf dem europäischen und dem US-amerikanischen Markt durchsetzen können.

Typ: Embraer EMB 120
Herkunftsland: Brasilien
Verwendung: Passagierflugzeug
Spannweite: 19,80 m
Länge: 20,00 m
Antrieb: 2 Pratt & Whitney Canada 115 mit je 872 kW (1185 WPS)
max. Startmasse: 11 500 kg
Reisegeschwindigkeit: max. 550 km/h
Reichweite: 1750 km
Gipfelhöhe: 9085 m
Passagiere: 28–30 + 2 Besatzung

Embraer ERJ 140

Zweistrahliges Regionalverkehrsflugzeug in Tiefdecker-Auslegung mit T-Leitwerk (Erstflug 27.06.2000). Der Typ ist mit seinen „Verwandten", der kleinen ERJ 135 und der großen ERJ 145, weitgehend baugleich. Gegenüber der ERJ 135 wurde der Rumpf um 2,20 m verlängert.

Typ: Embraer ERJ 140 ER
Herkunftsland: Brasilien
Verwendung: Regionalverkehrsflugzeug
Spannweite: 20,04 m
Länge: 28,45 m
Antrieb: 2 Rolls-Royce/Allison AE3007A1/3 mit je 33,2 kN (3385 kp) Startleistung
max. Startmasse: 20 100 kg
Höchstgeschwindigkeit: 850 km/h
Reichweite: 3056 km
Gipfelhöhe: 11 200 m
Passagiere: 44

Embraer EMB 175

Zweistrahliges Verkehrsflugzeug (Erstflug 14.06.2003); gegenüber dem Typ EMB 170 wurde es um 1,78 m gestreckt: Vor und hinter den Tragflächen hat man jeweils ein Rumpfsegment eingefügt. Mit der EMB 170 ist die gestreckte Version ansonsten zu 95 Prozent baugleich. In der EMB 175 werden unterschiedliche Bestuhlungsvarianten angeboten.

Typ: Embraer EMB 175
Herkunftsland: Brasilien
Verwendung: Mittelstrecken-Verkehrsflugzeug
Spannweite: 26,00 m
Länge: 31,68 m
Antrieb: 2 General Electric CF34-8E mit je 62,3 kN (6350 kp) Startleistung
max. Startmasse: 35 990 kg
Reisegeschwindigkeit: 870 km/h
Reichweite: 3334 km
Gipfelhöhe: 10 700 m
Passagiere: 78–86

Embraer EMB 195

Zweistrahliges Verkehrsflugzeug; gestreckte Version der EMB 190: Zwei Rumpfsegmente wurden vor und hinter den Tragflächen eingefügt (Erstflug Dezember 2004). Neben der Standardversion wird auch die Langstreckenversion (LR) gefertigt. Außerdem wird die LR-Version mit vergrößerter Treibstoffzuladung und um 550 km verlängerter Reichweite angeboten.

Typ: Embraer EMB 195 LR
Herkunftsland: Brasilien
Verwendung: Mittelstrecken-Verkehrsflugzeug
Spannweite: 28,72 m
Länge: 38,65 m
Antrieb: 2 General Electric CF34-10E mit je 82,3 kN (8390 kp) Startleistung
max. Startmasse: 48 790 kg
Reisegeschwindigkeit: 870 km/h
Reichweite: 3334 km
Gipfelhöhe: 10 700 m
Passagiere: 108–118

Embraer CBA 123 Vector

Zweimotoriges Passagier- und Transportflugzeug für den Regional- und Reiseverkehr (Erstflug 1991). Die Maschine in Tiefdecker-Auslegung mit T-Leitwerk wird von zwei Druckpropellern angetrieben, die am Heck des Flugzeugs angebracht sind.

Typ: Embraer CBA 123
Herkunftsland: Brasilien
Verwendung: Passagierflugzeug
Spannweite: 17,93 m
Länge: 18,09 m
Antrieb: 2 Propellerturbinen TPF 351 20 mit je 713 kW (970 WPS)
max. Startmasse: 9500 kg
Reisegeschwindigkeit: 600 km/h
Reichweite: 1400 km
Gipfelhöhe: 12 200 m
Passagiere: 19 + 2 Besatzung

Focke-Wulf A 17 Möwe

Einmotoriges Passagierflugzeug in Schulterdecker-Auslegung (Erstflug 1927). Die A 17 übertraf hinsichtlich ihrer Wirtschaftlichkeit nahezu alle damals eingesetzten Verkehrsflugzeuge. Die Möwe stand bis 1937 in Dienst (u. a. auf den Linien Berlin–Zürich und Berlin–Paris). Im Laufe der Bauzeit wurde das Flugzeug mit stärkeren Motoren ausgerüstet.

Typ: Focke-Wulf A 17
Herkunftsland: Deutschland
Verwendung: Passagierflugzeug
Spannweite: 20,00 m
Länge: 13,00 m
Antrieb: 1 Gnome-Rhône Jupiter mit 310 kW (420 PS)
max. Startmasse: 3610 kg
Reisegeschwindigkeit: 160 km/h
Reichweite: 700 km
Gipfelhöhe: 4300 m
Passagiere: 8–9 + 2 Besatzung

Focke-Wulf Fw 200 Condor

Viermotoriges Passagierflugzeug, freitragender Tiefdecker. Schon die ersten Erprobungen 1937 versprachen Erfolg und die Lufthansa gab sofort die erste Serie in Auftrag. So folgten neun Fw 200A und die ersten Exportaufträge: je zwei Maschinen für Dänemark (Abbildung) und Brasilien. Anschließend wurde mit der Fw 200B die erste größere Serienversion mit stärkeren BMW-Motoren gebaut. Die zur Langstreckenmaschine (Fw 200S-1) umgebaute V-1 flog im August 1938 die Strecke New York–Berlin in knapp 20 Stunden.

Typ: Fw 200A (Serie)
Herkunftsland: Deutschland
Verwendung: Passagierflugzeug
Spannweite: 32,84 m
Länge: 23,85 m
Antrieb: 4 BMW 132G-1 mit je 530 kW (720 PS)
max. Startmasse: 14 600 kg
Reisegeschwindigkeit: 335 km/h
Reichweite: 1450 km
Gipfelhöhe: 7200 m
Passagiere: 26 + 4 Besatzung

Fokker F.III

Einmotoriges Passagierflugzeug in Hochdecker-Auslegung (Erstflug 1921) nach einer Konstruktion des Chefkonstrukteurs Reinhold Platz. Die F.III war das erste eigenständige Passagierflugzeug von Fokker. Mit diesen Flugzeugen wurden zahlreiche Linien in Europa bedient (etwa Amsterdam–London seit April 1921). Am 30.04.1922 startete von Königsberg aus eine Fokker F.III zum Flug nach Moskau und eröffnete damit eine regelmäßige Flugverbindung zwischen Deutschland und der Sowjetunion.

Typ: Fokker F.III
Herkunftsland: Niederlande
Verwendung: Passagierflugzeug
Spannweite: 17,60 m
Länge: 11,07 m
Antrieb: 1 Armstrong Siddeley Puma mit 176 kW (240 PS)
max. Startmasse: 1900 kg
Reisegeschwindigkeit: 135 km/h
Reichweite: 1000 km
Gipfelhöhe: 3200 m
Passagiere: 5 + 1 Besatzung

Fokker F.XXXVI

Viermotoriges Passagier- und Transportflugzeug in Hochdecker-Auslegung (Erstflug 22.06.1934). Auffallend sind die für die damalige Zeit sehr großen Räder des Fahrwerks mit 1,80 m Durchmesser. Der großflächige Tragflügel bestand aus Holz. Die vier Abteile für 32 Passagiere konnten in Schlafabteile mit 16 Betten umgebaut werden.

Typ: Fokker F.XXXVI
Herkunftsland: Niederlande
Verwendung: Passagierflugzeug
Spannweite: 32,92 m
Länge: 23,60 m
Antrieb: 4 Wright Cyclone F2 mit je 569 kW (760 PS)
max. Startmasse: 16 500 kg
Reisegeschwindigkeit: 280 km/h
Reichweite: 1350 km
Gipfelhöhe: 4400 m
Passagiere: 32 + 4 Besatzung

Fokker/Fairchild F.27 Friendship

Zweimotoriges Verkehrsflugzeug in Hochdecker-Auslegung (Erstflug des ersten Prototyps 24.11.1955), das ursprünglich als Ersatz für die weit verbreitete DC-3 entwickelt wurde. Es entstand ein multifunktionales Flugzeug mit Druckkabine in unterschiedlichen (zivilen und militärischen Versionen). Mittels Rumpfverlängerung erweiterte man die Passagierkapazität von 44 auf 52. 1956 schloss Fokker einen Vertrag mit Fairchild zur Produktion des Flugzeugs in den USA. Die erste dort gebaute Maschine (Abbildung) flog 1958. Mit über 800 gebauten und verkauften Einheiten war die Fokker F.27 eine der erfolgreichsten Turboprop-Maschinen aller Zeiten.

Typ: Fokker F.27-200
Herkunftsland: Niederlande, USA
Verwendung: Passagier- und Transportflugzeug
Spannweite: 29,00 m
Länge: 23,50 m
Antrieb: 2 Rolls-Royce Dart Mk.528 Propellerturbinen mit je 1730 kW (2350 PS)
max. Startmasse: 19 050 kg
Reisegeschwindigkeit: max. 483 km/h
Reichweite: 1470 km
Gipfelhöhe: 9935 m
Passagiere: 44 + 2 Besatzung

Fokker F.28 Fellowship

Zweistrahliges Verkehrsflugzeug für Kurzstrecken in Tiefdecker-Auslegung mit T-Leitwerk (Erstflug 09.05.1967). Die Produktion, in Kooperation mit MMB und Short bei Endmontage in Amsterdam, endete 1987 nach 241 Einheiten. Gebaut wurden die Versionen -1000, die um 2,5 m verlängerte -2000 für 79 Passagiere, -5000 und -6000 mit stärkeren Triebwerken und Vorflügeln und -3000 und -4000 mit verlängerten Tragflächen.

Typ: Fokker F.28-3000
Herkunftsland: Niederlande
Verwendung: Passagierflugzeug
Spannweite: 25,07 m
Länge: 27,40 m
Antrieb: 2 Rolls-Royce RB1832 Spey Mk.55515P mit je 44 kN (4486 kp) Schub
max. Startmasse: 33 110 kg
Reisegeschwindigkeit: max. 850 km/h
Reichweite: 2443 km
Gipfelhöhe: 10 675 m
Passagiere: 64

Fokker 50

Zweimotoriges Passagierflugzeug (Erstflug 1985). Obwohl äußerlich der F-27 ähnlich, ist die Fokker 50 dennoch ein überwiegend neu konstruiertes Flugzeug für den Regional- und Kurzstreckenverkehr (in den Versionen 50-100 und 50-300 – auch Konfigurationen für den kombinierten Passagier- und Frachtverkehr). Die Produktion der Fokker 50 endete 1997 nach 205 Einheiten.

Typ: Fokker 50-100
Herkunftsland: Niederlande
Verwendung: Passagierflugzeug
Spannweite: 29,00 m
Länge: 25,25 m
Antrieb: 2 Pratt & Whitney Canada PW125B mit je 1864 kW (2535 PS)
max. Startmasse: 19 950 kg
Reisegeschwindigkeit: max. 532 km/h
Reichweite: 2055 km
Gipfelhöhe: 4400 m
Passagiere: 50–58 + 2 Besatzung

Fokker 100

Zweistrahliges Passagierflugzeug in Tiefdecker-Auslegung mit T-Leitwerk (Erstflug 30.11.1986), Weiterentwicklung der F-28 von Fokker. Sie fiel durch eine für damalige Verhältnisse sensationell niedrige Lärmbelastung auf („Flüsterjet") positiv auf. Seit 1994 gab es eine Version mit Frachttür an der linken Rumpfvorderseite, die schnell vom Passagier- auf den Frachtverkehr umzurüsten war.

Typ: Fokker 100
Herkunftsland: Niederlande
Verwendung: Passagierflugzeug
Spannweite: 28,08 m
Länge: 35,31 m
Antrieb: 2 Rolls-Royce Tay Mk.650-15 mit je 68 kN (6934 kp) Schub
max. Startmasse: 44 500 kg
Reisegeschwindigkeit: 755 km/h
Reichweite: 4300 km
Gipfelhöhe: 11 900 m
Passagiere: 95–107

(Grumman G-159) Gulfstream I

Zweimotoriges Reiseflugzeug mit Turboprop-Antrieb (Erstflug am 14.08.1958). Die komfortable Maschine bietet 10–14 Passagieren Platz und ist für lange Strecken ausgelegt. Eine Version als Verkehrsflugzeug kann 19–24 Passagiere aufnehmen. Außerdem wurden noch zwei militärische Versionen – für die US-Navy und für die Küstenwache – gefertigt.

Typ: Grumman G-159 Gulfstream I
Herkunftsland: USA
Verwendung: Reiseflugzeug
Spannweite: 23,90 m
Länge: 19,40 m
Antrieb: 2 Rolls-Royce RDa-7/2 mit je 1485 kW (2020 PS)
max. Startmasse: 15 935 kg
Reisegeschwindigkeit: 560 km/h
Reichweite: 4086 km
Gipfelhöhe: 10 760 m
Passagiere: 10–14 (oder 19–24) + 2 Besatzung

Gulfstream G 550

Zweistrahliges Reiseflugzeug für lange Strecken, ebenso wie die G 500 aus dem Vorläufertyp (Gulfstream V-SV) entwickelt. Die G 550 verfügt über eine neue Honeywell-Avionik mit LCD-Displays, Cursor Control Devices, Enhanced Vision System (IR) und hat ein Kabinenfenster mehr; außerdem verfügt sie über eine größere Startmasse und eine längere Reichweite. Auch Muster für militärische Anwendungen (etwa als Aufklärer) werden gefertigt.

Typ: Gulfstream G 550
Herkunftsland: USA
Verwendung: Reiseflugzeug
Spannweite: 28,50 m
Länge: 29,40 m
Antrieb: 2 Rolls Royce BR 710 mit je 68,4 kN (6975 kp) Schub
max. Startmasse: 41 277 kg
Reisegeschwindigkeit: 904 km/h
Reichweite: 12 500 km
Gipfelhöhe: 15 545 m
Passagiere: 14–18 + 2 Besatzung

Guppy

Viermotoriges Transportflugzeug auf der Basis der Boeing 377. Die einzelnen Maschinen wurden in unterschiedlichen Modifikationen und Motorisierungen von Conroy Aircraft umgebaut. Die Super Guppy Turbine (sie war anstelle der Kolbenmotoren nun mit Propellerturbinen ausgerüstet worden), die der NASA zum Transport von Raketenteilen (zum Beispiel Stufen der Saturn-V-Rakete) gedient hatte, wurde nach dem Ende des Apollo-Programms an Aerospatiale in Frankreich verkauft. Dort wurde die Maschine bis zur Entwicklung eines eigenen Großtransporters (siehe Airbus A300ST Beluga) zum Transport von Flugzeugteilen zwischen den einzelnen Produktionsstandorten der Airbus Industrie genutzt.

Typ: Boeing 377 SGT-201 Super Guppy Turbine
Herkunftsland: USA
Verwendung: Transportflugzeug
Spannweite: 47,61 m
Länge: 46,84 m
Antrieb: 4 Allison 501 D22C mit je 3610 kW (4910 PS)
max. Startmasse: 77 100 kg
Reisegeschwindigkeit: 460 km/h
Reichweite: 813 km
Gipfelhöhe: 7600 m
Zuladung: 24 500 kg

Hamburger Flugzeugbau HFB 320 Hansa Jet

Zweistrahliges Geschäftsreise- und Zubringerflugzeug in Mitteldecker-Auslegung mit T-Leitwerk der Hamburger Flugzeugbau GmbH (Erstflug 21.04.1964); das erste deutsche strahlgetriebene Verkehrsflugzeug, das tatsächlich in Serie gebaut (seit 1967 in Hamburg-Finkenwerder) und ausgeliefert wurde. Als Besonderheit fallen die Tragflächen mit ihrer negativen Pfeilung von 15° auf. Nach der Übernahme durch Messerschmitt-Boelkow-Blohm (MBB) wurde die Maschine weiterproduziert, aber insgesamt nur 45 Einheiten verkauft.

Typ: HFB 320
Herkunftsland: Deutschland
Verwendung: Geschäftsreise- und Zubringerflugzeug
Spannweite: 14,49 m
Länge: 16,61 m
Antrieb: 2 General Electric CJ610-9 mit je 12,7 kN (1295 kp) Schub
max. Startmasse: 9200 kg
Reisegeschwindigkeit: 700 km/h
Reichweite: max. 2300 km
Gipfelhöhe: 11 600 m
Passagiere: 12 + 2 Besatzung

Handley Page Hermes

Viermotoriges britisches Passagierflugzeug für Mittelstrecken (Erstflug 02.09.1947). Die Hermes ging aus dem Truppentransportflugzeug Hastings hervor. Der Prototyp Hermes I stürzte beim Erstflug 1945 ab. Erst der Typ IV ging in Serie und stand bei der BOAC im Dienst. Da in den USA aber bereits leistungsfähigere Maschinen angeboten wurden, stieß man die Hermes bald an „zweitrangige" Fluggesellschaften ab.

Typ: Handley Page H.P.81 Hermes IV
Herkunftsland: Großbritannien
Verwendung: Passagierflugzeug
Spannweite: 34,44 m
Länge: 29,52 m
Antrieb: 4 Bristol Hercules 763 mit je 1566 kW (2130 PS)
max. Startmasse: 39 000 kg
Reisegeschwindigkeit: 435 km/h in 6100 m
Reichweite: 3220 km
Gipfelhöhe: 7670 m
Passagiere: 82

Hawker Siddeley Trident

Dreistrahliges Passagierflugzeug (Erstflug der Version 2E 27.07.1967). Die Entwicklung führte über die Versionen Trident 1 (103 Passagiere, 1962) und Trident 1E zur Version Trident 2E. Mit 50 gebauten Einheiten ist sie die kommerziell erfolgreichste Trident. Das verlängerte Nachfolgemodell Trident 3B (1970) hatte ein zusätzliches Hecktriebwerk als Starthilfe.

Typ: Hawker Siddeley HS 121 Trident 2E
Herkunftsland: Großbritannien
Verwendung: Passagierflugzeug
Spannweite: 29,87 m
Länge: 34,98 m
Antrieb: 3 Rolls-Royce RB163-25 Spey 512 mit je 53,15 kN (5420 kp) Schub
max. Startmasse: 65 000 kg
Reisegeschwindigkeit: max. 960 km/h
Reichweite: 4148 km
Gipfelhöhe: 8990 m
Passagiere: 128 + 3 Besatzung

Heinkel He 70 Blitz

Einmotoriges Schnellverkehrsflugzeug (Erstflug 01.12.1932), Konkurrenzmuster zur Lockheed Orion 9 C. Die He 70 war schneller als die zu ihrer Zeit in Dienst befindlichen Jagdflugzeuge und besaß als erstes Verkehrsflugzeug der Welt ein Einziehfahrwerk. 1933 stellte sie acht internationale Geschwindigkeitsrekorde auf. Vier Passagiere nahmen einander gegenüber auf je zwei Doppelsitzen Platz.

Typ: Heinkel He 70
Herkunftsland: Deutschland
Verwendung: Passagierflugzeug
Spannweite: 14,80 m
Länge: 11,70 m
Antrieb: 1 BMW VI 7,3 mit 552 kW (750 PS)
max. Startmasse: 3310 kg
Reisegeschwindigkeit: 323 km/h
Reichweite: max. 2100 km
Gipfelhöhe: max. 5500 m
Passagiere: 4 + 2 Besatzung

Iljuschin Il-12

Zweimotoriges Passagier- und Transportflugzeug (Erstflug am 07.01.1946). Die Maschine sollte die Li-2 ablösen, mit der sie konstruktive Ähnlichkeiten aufweist. Gebaut wurden insgesamt etwa 3000 Einheiten, die unter den unterschiedlichsten Wetter- und Einsatzbedingungen flogen. Sie wurden im Liniendienst der Aeroflot und auch in Polen und der Tschechoslowakei eingesetzt.

Typ: Iljuschin Il-12
Herkunftsland: Sowjetunion
Verwendung: Passagierflugzeug
Spannweite: 31,70 m
Länge: 21,30 m
Antrieb: 2 ASch-82 FN mit je 1360 kW (1850 PS)
max. Startmasse: 17 000 kg
Reisegeschwindigkeit: 320 km/h
Reichweite: 1900 km
Gipfelhöhe: 6700 m
Passagiere: 24 (bis max. 32) + 4–5 Besatzung

Iljuschin Il-18

Viermotoriges Passagierflugzeug für Mittel- und Langstrecken (Erstflug 04.06.1957). Die Maschine wurde von Propellerturbinen angetrieben und besaß eine Druckkabine. Die Grundversion (ab 1959) war für 75 Passagiere ausgelegt. Die Version Il-18B bot 84 Passagieren Platz. Die Versionen D und E besaßen eine verlängerte Kabine; die Version D außerdem Zusatztanks für Langstreckenflüge. Die Maschine galt als robust und zuverlässig und war weit verbreitet.

Typ: Iljuschin Il-18D
Herkunftsland: Sowjetunion
Verwendung: Passagierflugzeug
Spannweite: 35,90 m
Länge: 37,40 m
Antrieb: 4 Iwtschenko AI-20M mit je 3125 kW (4250 PS)
max. Startmasse: 64 000 kg
Reisegeschwindigkeit: 625 km/h
Reichweite: 4270 km
Gipfelhöhe: 9000 m
Passagiere: 110–122 + 5 Besatzung

Iljuschin Il-76

Vierstrahliges Transportflugzeug in Schulterdecker-Auslegung (Erstflug 25.03.1971). In der militärischen Version kann es schweres Gerät transportieren und auch auf unbefestigten Plätzen landen. Außer in der Sowjetunion und deren Nachfolgestaaten flog oder fliegt die Il-76 in diversen Modifikationen (u. a. auch in einer Löschflugzeug-Version). Die neueste modernisierte Version ist die IL-76-TD mit Triebwerken Perm PS-90A-76 (Erstflug 05.08.2005).

Typ: Iljuschin Il-76
Herkunftsland: Sowjetunion
Verwendung: Transportflugzeug
Spannweite: 50,30 m
Länge: 46,30 m
Antrieb: 4 Solowjow D-30KP mit je 120 kN (12 236 kp) Schub
max. Startmasse: 190 000 kg
Reisegeschwindigkeit: 850 km/h
Reichweite: 4800 km
Gipfelhöhe: 13 000 m
Zuladung: 47 t
Besatzung: 7

Iljuschin Il-96

Vierstrahliges Großraum-Passagierflugzeug (Erstflug 30.08.1988) für Langstrecken. Äußerlich unterscheidet sich die Il-96 von der Il-86 durch ihre größere Spannweite, ihr höheres Seitenleitwerk und durch die auffallenden Winglets. Der Rumpfquerschnitt entspricht dem der Il-86. Gefertigt wurden neben der Grundversion noch weitere Versionen (u. a. für den Frachttransport). Projektiert ist eine Doppeldeckrumpf-Version für bis zu 550 Passagiere.

Typ: Iljuschin Il-96-300
Herkunftsland: Russland
Verwendung: Passagierflugzeug
Spannweite: 60,10 m
Länge: 55,30 m
Antrieb: 4 Aviadvigatel PS-90A mit je 156,9 kN (16 000 kp) Schub
max. Startmasse: 216 000 kg
Reisegeschwindigkeit: 980 km/h
Reichweite: 8900 km mit max. Nutzlast
Reiseflughöhe: 12 000 m
Passagiere: 235–270; max. 300

Jakowlew Jak-42

Dreistrahliges sowjetisches Passagierflugzeug in Tiefdecker-Auslegung mit T-Leitwerk (Erstflug 07.03.1975). Die Jak-42, auf der Basis der Jak-40 entwickelt, sollte Typen wie Tu-124, Tu-134 oder Il-18 im Kurz- und Mittelstreckenverkehr ersetzen. Sie nahm 1980 den Flugbetrieb auf. Die größere Jak-42D (für 120 Passagiere) erschien 1989. Seit 1993 ist die neueste Version – mit Avionik von Allied Signal – als Jak-142 im Dienst.

Typ: Jakowlew Jak-42D (Jak-142)
Herkunftsland: Sowjetunion
Verwendung: Passagierflugzeug
Spannweite: 34,88 m
Länge: 36,38 m
Antrieb: 3 Turbofans Lotarew D-36 mit je 63,7 kN (6500 kp) Schub
max. Startmasse: 56 500 kg
Reisegeschwindigkeit: max. 810 km/h
Reichweite: max. 4000 km
Gipfelhöhe: 9600 m
Passagiere: 104–120

Junkers F 13

Einmotoriges Passagierflugzeug in Tiefdecker-Auslegung – das erste Ganzmetallflugzeug der zivilen Luftfahrt (Erstflug 25.06.1919) und das erste Flugzeug der Welt, das eigens für den Passagier-Luftverkehr entworfen wurde. Für die Struktur wurden genietete Duralumin-Streben verwendet. Die geschlossene Kabine war mit Polster- oder Korbsesseln, mit Heizung und Innenbeleuchtung ausgestattet. Die Maschine konnte auch mit Schwimmern oder Kufen ausgerüstet werden. Die anfänglich bescheidene Motorleistung von 118 kW steigerte sich im Laufe der Bauzeit (insgesamt über 60 Varianten der F 13a bis F 13k) bis auf 420 kW. Etwa ein Drittel der 330 gebauten F 13 flogen mit deutschem Kennzeichen.

Typ: Junkers F 13a
Herkunftsland: Deutschland
Verwendung: Passagierflugzeug
Spannweite: 17,80 m
Länge: 10,50 m
Antrieb: 1 Junkers L2 mit 170 kW (230 PS) ab 1924
max. Startmasse: 1850 kg
Höchstgeschwindigkeit: 170 km/h
Gipfelhöhe: 4000 m
Reichweite: 1200 km
Passagiere: 4 + 2 Besatzung

Junkers G 23/G 24

Dreimotoriges Passagierflugzeug, freitragender Tiefdecker in Ganzmetallbauweise (Erstflug 18.09.1924). Die Junkers G 23 (Abbildung) ist eine nahe Verwandte der G 24. Obwohl die Maschine für die zivile Luftfahrt konzipiert worden war, mussten wegen der alliierten Beschränkungen für den deutschen Flugzeugbau in Deutschland die schwächeren Motoren Mercedes D IIIa eingebaut werden. Die meisten Maschinen wurden nach Schweden überführt, dort auf den technischen Stand der G 24 gebracht und mit schwedischer Zulassung wieder nach Deutschland reimportiert. Ab Mai 1926 durfte die G 24 auch in Dessau montiert werden und die schwedische Umbaupraxis wurde eingestellt.

Typ: Junkers G 23
Herkunftsland: Deutschland
Verwendung: Passagierflugzeug
Spannweite: 28,50 m
Länge: 15,28 m
Antrieb: 1 Junkers L2, 2 Mercedes D IIIa mit zus. 378 kW (515 PS)
max. Startmasse: 5500 kg
Höchstgeschwindigkeit: 170 km/h
Gipfelhöhe: 4000 m
Passagiere: 9 + 2 Besatzung

Typ: Junkers G 24a
Herkunftsland: Deutschland
Verwendung: Passagierflugzeug
Spannweite: 28,50 m
Länge: 15,23 m
Antrieb: 3 Junkers L2 mit je 170 kW (230 PS)
max. Startmasse: 5500 kg
Höchstgeschwindigkeit: 175 km/h
Reichweite: 1300 km
Gipfelhöhe: 4000 m
Passagiere: 9 + 2 Besatzung

Junkers W 33/W 34

Die W 33 war ursprünglich als Fracht- und Postflugzeug entwickelt worden und als freitragender Tiefdecker eine Weiterentwicklung der F 13 (Erstflug 17.06.1926). Die Maschine konnte aber auch Passagiere befördern. Die W 33 und die W 34 unterschieden sich durch unterschiedliche Motorisierung und Flügelspannweite. In Schweden wurde auch eine dreisitzige Bomber- und Aufklärervariante gebaut.

Typ: Junkers W 34hi
Herkunftsland: Deutschland
Verwendung: Transport- und Passagierflugzeug
Spannweite: 17,75 m
Länge: 10,27 m
Antrieb: 1 BMW 132 A mit 485 kW (660 PS)
max. Startmasse: 3200 kg
Höchstgeschwindigkeit: 265 km/h
Reichweite: 900 km
Gipfelhöhe: 6300 m
Passagiere: 6 + 2 Besatzung

Junkers G 38

Viermotoriges Verkehrsflugzeug in Mitteldecker-Auslegung mit Kastenleitwerk (Erstflug 06.11.1929). Im sogenannten „dicken Flügel" (an der Flügelwurzel 2 m dick), einem Junkers-Patent, fanden neben Motoren und Treibstoff auch Passagiere Platz. Später wurden die Motoren mehrfach gegen stärkere ausgetauscht. Die erste von nur zwei gebauten G 38 ging 1936 in Dessau bei der Landung zu Bruch. Die zweite G 38 wurde im 2. Weltkrieg als Transportflugzeug eingesetzt und im Mai 1941 bei Athen durch einen britischen Luftangriff am Boden zerstört.

Typ: Junkers G 38
Herkunftsland: Deutschland
Verwendung: Passagierflugzeug
Spannweite: 44,00 m
Länge: 23,20 m
Antrieb: 2 L55 12-Zylinder-V-Motoren mit je 441 kW (600 PS) und 2 L8 6-Zylinder-Reihenmotoren mit je 294 kW (400 PS)
max. Startmasse: 21 500–23 000 kg
Reisegeschwindigkeit: 210 km/h
Reichweite: 3500 km
Passagiere: 30–34 + 7 Besatzung

Junkers Ju 52/3m

Dreimotoriges Verkehrsflugzeug, freitragender Tiefdecker in Ganzmetallbauweise (Erstflug 07.05.1932). Der Zellaufbau entsprach im Wesentlichen der einmotorigen Vorgängerin Ju 52/1m. In der komfortablen Kabine mit Warmluftheizung, Lüftung, Waschraum und Toilette sowie Stauräumen für Gepäck und Postfracht fanden regulär 15 Passagiere (mit Notsitzen 17) Platz. Die Frachtversionen erhielten ein großes Frachttor rechts im hinteren Rumpfbereich. Für das Cockpit war die Doppelsteuerung der Ju 52/1m beibehalten worden und eine Funkausrüstung installiert. Bis 1945 betrieb die Deutsche Lufthansa mehr als 200 allwettertaugliche „Tante Ju" als Standardflugzeug.

Typ: Junkers Ju 52/3m
Herkunftsland: Deutschland
Verwendung: Passagierflugzeug
Spannweite: 29,25 m
Länge: 18,90 m
Antrieb: 3 Pratt & Whitney Hornet S1E-G mit je 526 kW (715 PS)
max. Startmasse: 9200 kg
Höchstgeschwindigkeit: 290 km/h
Reichweite: max. 1300 km
Gipfelhöhe: 6300 m
Passagiere: 15 (17) + 2 Besatzung

Junkers Ju 60

Einmotoriges Passagierflugzeug, freitragender Tiefdecker in Ganzglattblech-Bauweise (Erstflug 08.11.1932). Die Ju 60 – das letzte Modell unter Hugo Junkers direkter Mitwirkung – erfüllte die Erwartungen an ein Schnellverkehrsflugzeug nicht, so dass nur drei Prototypen gebaut wurden. Eine Maschine flog zunächst auf Frachtrouten, dann 1934 bis 1936 im Passagierverkehr. Der dritte Prototyp diente als Baumuster für die Ju 160.

Typ: Junkers Ju 60
Herkunftsland: Deutschland
Verwendung: Schnellverkehrsflugzeug
Spannweite: 14,30 m
Länge: 11,84 m
Antrieb: 1 Sternmotor Pratt & Whitney Hornet mit 404 kW (550 PS)
max. Startmasse: 3090 kg
Höchstgeschwindigkeit: 282 km/h
Reichweite: 1000 km
Gipfelhöhe: 5200 m
Passagiere: 6 + 2 Besatzung

Junkers Ju 160

Einmotoriges Passagierflugzeug (Erstflug 1934). Gestützt auf die Erfahrungen mit der Ju 60, entstand die Ju 160 als freitragender Tiefdecker in Ganzglattblech-Schalenbauweise mit durchgehendem, spitzem, stark gepfeiltem Doppelflügel. Die Außenoberfläche war bündig und aerodynamisch optimal gestaltet.

Typ: Junkers Ju 160
Herkunftsland: Deutschland
Verwendung: Schnellverkehrsflugzeug
Spannweite: 14,30 m
Länge: 12,30 m
Antrieb: 1 BMW-132A mit 490 kW (666 PS)
max. Startmasse: 3540 kg
Höchstgeschwindigkeit: 340 km/h
Reichweite: 1100 km
Gipfelhöhe: 5200 m
Passagiere: 6 + 2 Besatzung

Junkers Ju 90

Viermotoriges Passagierflugzeug mit doppeltem Seitenleitwerk (Erstflug 28.08.1937), das aus der Planung für einen strategischen Bomber (Ju 89, Entwicklung abgebrochen) hervorging. Es sollte als Passagierflugzeug mit der Douglas DC-3 konkurrieren. Nach ihrem Herstellungsort wurde sie auch „Der Große Dessauer" genannt. Bei der Erprobung stürzten zwei Muster ab. Bis Kriegsbeginn wurden aber noch sechs Einheiten an die Lufthansa ausgeliefert.

Typ: Junkers Ju 90
Herkunftsland: Deutschland
Verwendung: Passagierflugzeug
Spannweite: 35,30 m
Länge: 26,42 m
Antrieb: 4 BMW-132h-Sternmotoren mit je 550 kW (750 PS)
max. Startmasse: 23 000 kg
Höchstgeschwindigkeit: 350 km/h
Reichweite: 2092 km
Gipfelhöhe: 5750 m
Passagiere: 40 + 4 Besatzung

Kalinin K 5

Einmotoriges Passagierflugzeug, abgestrebter Schulterdecker mit elliptischem Tragflügel (Erstflug April 1929). Die Maschine hatte eine komfortable Passagierkabine. Insgesamt wurden 260 Einheiten gebaut.

Typ: Kalinin K 5
Herkunftsland: Sowjetunion
Verwendung: Passagierflugzeug
Spannweite: 20,50 m
Länge: 15,80 m
Antrieb: 1 M22-Motor mit 355 kW (482 PS)
max. Startmasse: 4000 kg
Reisegeschwindigkeit: 172 km/h
Reichweite: 1020 km
Gipfelhöhe: 5560 m
Passagiere: 6 + 2 Besatzung

Learjet 23

Zweistrahliges Reiseflugzeug in Tiefdecker-Auslegung (Erstflug 07.10.1963). Mit dieser Maschine schuf William P. Lear auf der Basis einer schweizerischen Konstruktion einen völlig neuen Flugzeugtypus. Er diente als Vorbild für eine ganze Reihe ähnlicher Flugzeuge, die in der Allgemeinen Luftfahrt eingesetzt wurden. Die Kabine bietet bis zu sechs Passagieren (typischerweise vier) Platz. Bis 1966 wurden von diesem Modell 104 Serienmaschinen gebaut.

Typ: Learjet 23
Herkunftsland: USA
Verwendung: Reiseflugzeug
Spannweite: 10,84 m
Länge: 13,18 m
Antrieb: 2 General Electric CJ-610-4 mit je 12,7 kN (1295 kp) Schub
max. Startmasse: 5675 kg
Reisegeschwindigkeit: 817 km/h
Reichweite: 2660 km
Gipfelhöhe: 13 750 m
Passagiere: 4–6 + 2 Besatzung

Learjet (Bombardier) 45

Zweistrahliges Reiseflugzeug in Tiefdecker-Auslegung mit T-Leitwerk, das vom kanadischen Hersteller Bombardier in Kooperation vieler beteiligter Firmen hergestellt wird (Erstflug 07.10.1995). Anders als die Ableitungen aus dem Ur-Typ Learjet 23 ist der Typ 45 völlig neu konstruiert worden. Eine Langstreckenversion 45 XR (mit erhöhter Startmasse und Reichweite) wird ebenfalls gefertigt.

Typ: Learjet 45
Herkunftsland: Kanada
Verwendung: Reiseflugzeug
Spannweite: 14,56 m
Länge: 17,68 m
Antrieb: 2 Allied Signal TFE731-20 mit je 15,7 kN (1586 kp) Schub
max. Startmasse: 9163 kg
Reisegeschwindigkeit: 859 km/h
Reichweite: 3865 km
Gipfelhöhe: 14 545 m
Passagiere: 8–9

Learjet (Bombardier) 60

Zweistrahliges Reiseflugzeug für mittlere Strecken (Erstflug am 15.06.1992); basierend auf dem Modell 55 von 1979, aber mit gestrecktem Rumpf. Zur Ausstattung dieser Jets gehören u. a. Satellitentelefon/Fax /Internet (Satcom), Monitor mit Airshow 400, Kabinen-Videosystem, DVD/CD-Player, separate Toilette mit Waschgelegenheit. Der Standard-Kabinenaufbau lässt sich für Nachtflüge leicht zur Kabine mit Schlafplätzen umgestalten. Im Oktober 2006 genehmigte das FAA (Europas EASA zertifizierte ein Jahr später) die Langstreckenversion XR. Sie unterscheidet sich von ihrem Vorgänger durch modernere Avionik und eine neu gestaltete Kabine.

Typ: Learjet 60 XR
Herkunftsland: Kanada
Verwendung: Reiseflugzeug
Spannweite: 13,35 m
Länge: 17,89 m
Antrieb: 2 Pratt & Whitney PW305A mit je 20,46 kN (2086 kp) Startschub
max. Startmasse: 10 319 kg
Reisegeschwindigkeit: 846 km/h
Reichweite: max. 4625 km
Gipfelhöhe: 15 545 m
Passagiere: 8–10 + 2 Besatzung

Learjet (Bombardier) 85

Zweistrahliges Geschäftsreiseflugzeug. Es ist geplant, dieses jüngste und größte Mitglied der Learjet-Familie auch als Verkehrsflugzeug zuzulassen. Der Learjet 85 wird der erste Jet aus dem Hause Bombardier sein, dessen gesamte Struktur aus Verbundwerkstoffen gefertigt wird. Seine Kabine ist 7,54 m lang, 1,85 m breit, 1,80 m hoch und bietet Bordküche, Toilette und Waschraum. Das Projekt wurde Ende Oktober 2007 gestartet und die ersten Kunden sollen ab dem Jahr 2013 beliefert werden.

Typ: Learjet 85
Herkunftsland: Kanada
Verwendung: Geschäftsreiseflugzeug
Spannweite: 18,75 m
Länge: 20,84 m
Antrieb: 2 Turbofans Pratt & Whitney 307B mit je 27,13 kN (2766 kp) Schub
max. Startmasse: 15 195 kg
Reisegeschwindigkeit: max. 870 km/h
Reichweite: 5556 km
Gipfelhöhe: 14 935 m
Passagiere: 8 + 2 Besatzung

Let L-200 Morava

Zweimotoriges Mehrzweckflugzeug in Tiefdecker-Auslegung mit Doppel-Seitenleitwerk (Erstflug des Prototyps 08.04.1957), das als Reise-, Zubringer- und Sanitätsflugzeug (mit zwei Tragen) und in vielen anderen Funktionen der Allgemeinen Luftfahrt genutzt wurde und wird. Die Zahl der produzierten Moravas lag bei über 1000.

Typ: Let L-200 A Morava
Herkunftsland: Tschechoslowakei
Verwendung: Mehrzweckflugzeug
Spannweite: 12,00 m
Länge: 8,60 m
Antrieb: 2 Walter Minor M 337 mit je 154 kW (210 PS)
max. Startmasse: 1950 kg
Reisegeschwindigkeit: 296 km/h
Reichweite: 1700 km
Gipfelhöhe: 6400 m
Passagiere: 4 + 1 Pilot

Let L-410 Turbolet

Zweimotoriges Verkehrsflugzeug für Passagier- und Frachtverkehr auf Kurzstrecken (Erstflug des Prototyps 16.04.1969). Es kann auf Grasplätzen starten und landen. Die L-410 wurde in zahlreichen Versionen (erfolgreichste Version ist die L-410UVP mit gestrecktem Rumpf und größerer Spannweite) und mit Spezialausstattungen (etwa als Sanitäts- oder Vermessungsflugzeug) ausgeliefert. Bislang wurden über 1100 Exemplare aller Versionen der L-410 gebaut.

Typ: Let L-410 UVP
Herkunftsland: Tschechoslowakei
Verwendung: Mehrzweckflugzeug
Spannweite: 19,48 m
Länge: 14,47 m
Antrieb: 2 Walter M601B mit je 544 kW (740 PS)
max. Startmasse: 5800 kg
Reisegeschwindigkeit: 375 km/h
Reichweite: 1700 km
Gipfelhöhe: 1040 m
Passagiere: 17–19 + 1 Pilot

Let L-610

Zweimotoriges Passagierflugzeug in Schulterdecker-Auslegung mit T-Leitwerk, das als Kurzstrecken- und Zubringerflugzeug genutzt wird (Erstflug 28.12.1988). Die Weiterentwicklung der Let L-410 wurde für extreme klimatische Bedingungen entworfen. Nach dem Ende der Sowjetunion wurde sie den Bedürfnissen des westlichen Marktes angepasst (Erstflug der Version L-610G am 18.12.1992).

Typ: Let L-610
Herkunftsland: Tschechoslowakei
Verwendung: Mehrzweckflugzeug
Spannweite: 28,50 m
Länge: 29,40 m
Antrieb: 2 Motolet M-602 mit je 1340 kW (1820 PS)
max. Startmasse: 14 000 kg
Reisegeschwindigkeit: 400 km/h
Reichweite: 2400 km
Gipfelhöhe: 10 250 m
Passagiere: 40 + 2 Besatzung

Lockheed Vega

Einmotoriges Passagierflugzeug in Hochdecker-Auslegung und Holzschalenbauweise (Erstflug 04.07.1927). Der Pilot und die Passagiere saßen in einer geschlossenen Kabine. Amelia Earhart absolvierte in der Vega 5B NC7952 den ersten Alleinflug rund um die Welt. Als die Produktion auslief, waren insgesamt 128 Vega gebaut worden.

Typ: Lockheed Vega 5C
Herkunftsland: USA
Verwendung: Reiseflugzeug
Spannweite: 12,50 m
Länge: 8,38 m
Antrieb: 1 Sternmotor Pratt & Whitney Wasp SC-1 mit 330 kW (450 PS)
max. Startmasse: 2155 kg
Höchstgeschwindigkeit: 298 km/h
Reichweite: 885 km
Gipfelhöhe: 5485 m
Passagiere: 6 + 1 Pilot

Lockheed 10/12 Electra

Zweimotoriges Passagierflugzeug in Tiefdecker-Auslegung mit doppeltem Seitenleitwerk (Erstflug am 23.02.1934). Die Maschine fasste zehn Passagiere und Gepäck. Eine verkleinerte Version als Zubringer- und Reiseflugzeug wurde als Modell 12 bezeichnet und bot in der verkürzten Kabine sechs Fluggästen Platz.

Typ: Lockheed 10 Electra
Herkunftsland: USA
Verwendung: Passagierflugzeug
Spannweite: 16,76 m
Länge: 11,76 m
Antrieb: 2 Pratt & Whitney R985-SB mit je 335 kW (456 PS)
max. Startmasse: 4773 kg
Höchstgeschwindigkeit: 353 km/h
Reichweite: 1520 km
Gipfelhöhe: 6100 m
Passagiere: 10 + 2 Besatzung

Lockheed Constellation

Viermotoriges Verkehrsflugzeug für Langstrecken mit Dreifach-Seitenleitwerk und Druckkabine (Erstflug des Prototyps am 09.01.1943). Die anfangs militärisch genutzten Maschinen (C-69) wurden später an zivile Betreiber verkauft (L.049). Am 19.10.1946 startete mit der L.649 die erste für den zivilen Luftverkehr gebaute Constellation. 1947 folgte die L.749 mit größerer Reichweite.

Typ: Lockheed Constellation L.749A
Herkunftsland: USA
Verwendung: Passagierflugzeug
Spannweite: 37,90 m
Länge: 29,00 m
Antrieb: 4 18-Zylinder-Doppelsternmotoren Curtiss-Wright R-3350-BD1 mit je 1838 kW (2500 PS)
max. Startmasse: 48 535 kg
Reisegeschwindigkeit: 520 km/h
Reichweite: 6400 km
Gipfelhöhe: 8300 m
Passagiere: 44–80 + 6–8 Besatzung

Lockheed Super Constellation

Viermotoriges Verkehrsflugzeug (Erstflug 13.10.1950) mit verlängertem Rumpf der Constellation (Einbau zusätzlicher Segmente vor und hinter dem Flügel) und mit rechteckigen Kabinenfenstern. Die Triebwerke verstärkte man mittels Abgasturbine. 1954 entstand die Frachtversion L.1049D. Die Version L.1049G (seit Ende 1954) war am erfolgreichsten.

Typ: Lockheed Super Constellation L.1049G
Herkunftsland: USA
Verwendung: Passagierflugzeug
Spannweite: 37,50 m
Länge: 34,60 m
Antrieb: 4 18-Zylinder-Doppelsternmotoren Curtiss-Wright R3350-972TC-18DA mit je 2389 kW (3250 PS)
max. Startmasse: 62 370 kg
Reisegeschwindigkeit: 482 km/h
Reichweite: 6480 km
Gipfelhöhe: 7050 m
Passagiere: 76–99 + 7–10 Besatzung

Lockheed L.188 Electra

Viermotoriges Passagierflugzeug (Erstflug des ersten Prototyps am 06.12.1957). Im Oktober 1958 gingen die ersten Serienmaschinen an die Airlines. Nach einer Unfallserie 1959 mussten Veränderungen vorgenommen werden. Insgesamt wurden 170 Serienmaschinen gefertigt, u. a. in den Versionen L.180A und L.180C.

Typ: Lockheed L.188A Electra
Herkunftsland: USA
Verwendung: Passagierflugzeug
Spannweite: 30,18 m
Länge: 31,81 m
Antrieb: 4 Allison Turboprop 501 D-13 mit je 2800 kW (3800 PS) oder 501 D-15 mit je 3022 kW (4110 PS)
max. Startmasse: 52 665 kg
Reisegeschwindigkeit: 650 km/h
Reichweite: 4450 km
Gipfelhöhe: 8650 m
Passagiere: 67–85 + 3 Besatzung

Lockheed L.1011 Tristar

Dreistrahliges Passagierflugzeug in Tiefdecker-Auslegung mit konventionellem Leitwerk (Erstflug 16.11.1970). Dieses mittelgroße Großraumflugzeug sollte verlorene Marktanteile zurückerobern. Es gab auch Langstreckenversionen und eine Version mit um 4,11 m verkürztem Rumpf. Lockheed beendete die Serie nach 250 Einheiten und zog sich danach aus der Zivilluftfahrt zurück.

Typ: Lockheed L.1011-1 Tristar
Herkunftsland: USA
Verwendung: Passagierflugzeug
Spannweite: 47,35 m
Länge: 54,35 m
Antrieb: 3 Rolls-Royce RB211-22-02 mit je 180,6 kN (18 416 kp) Schub
max. Startmasse: 195 000 kg
Reisegeschwindigkeit: max. 948 km/h
Reichweite: 5290 km
Gipfelhöhe: 12 800 m
Passagiere: max. 400

Martin 2-0-2

Zweimotoriges Passagierflugzeug in Tiefdecker-Auslegung (Erstflug 22.11.1946). Nach einem Unfall 1948 mussten strukturelle Fehler behoben werden. Die verbesserte Version flog 1950, aber es wurden nur noch zwölf Maschinen ausgeliefert. Eine um einen Meter verlängerte Version mit stärkeren Motoren lief danach als M 4-0-4 103-mal vom Band (im Foto: M 4-0-4).

Typ: Martin 2-0-2
Herkunftsland: USA
Verwendung: Passagierflugzeug
Spannweite: 28,24 m
Länge: 21,80 m
Antrieb: 2 Pratt & Whitney R2800 CA mit je 1765 kW (2400 PS)
max. Startmasse: 18 100 kg
Reisegeschwindigkeit: 440 km/h
Reichweite: 2500 km
Gipfelhöhe: 6890 m
Passagiere: 36 + 2 Besatzung

McDonnell Douglas MD-83

Zweistrahliges Verkehrsflugzeug für Mittelstrecken (Erstflug am 17.12.1984). Zwischen 1979 und 1999 wurden über 1190 Einheiten der 80er-Baureihe in fünf Versionen (u. a. eine Frachtversion) gefertigt. Die Version MD-83 verfügt über eine höhere Startmasse und eine größere Reichweite; ansonsten ist sie bis auf die Triebwerke mit der MD-82 weitgehend baugleich.

Typ: McDonnell Douglas MD-83
Herkunftsland: USA
Verwendung: Passagierflugzeug
Spannweite: 32,87 m
Länge: 45,09 m
Antrieb: 2 Pratt & Whitney JT8D-219 mit je 93,4 kN (9525 kp) Schub
max. Startmasse: 72 560 kg
Reisegeschwindigkeit: 810 km/h
Reichweite: 4630 km
Reiseflughöhe: 10 670 m
Passagiere: 137–172

McDonnell Douglas MD-11

Dreistrahliges Passagierflugzeug in Tiefdecker-Auslegung mit konventionellem Leitwerk für Langstrecken (Erstflug 10.01.1990). Die MD-11 wurde als Nachfolgerin für die DC-10 konzipiert. Sie hat einen längeren Rumpf, aerodynamische Verbesserungen (u. a. die Winglets) und ein sogenanntes Glascockpit. 2001 ließ Boeing die Produktion (nach der Übernahme von McDonnell Douglas) nach etwa 200 Einheiten auslaufen. Viele MD-11 wurden inzwischen zu Frachtflugzeugen umgerüstet.

Typ: McDonnell Douglas MD-11
Herkunftsland: USA
Verwendung: Passagierflugzeug
Spannweite: 16,76 m
Länge: 61,21 m
Antrieb: 3 Pratt & Whitney PW 4450 mit je 267 kN (27 216 kp) Schub
max. Startmasse: 273 290 kg
Reisegeschwindigkeit: 933 km/h
Reichweite: max. 15 250 km
Gipfelhöhe: 13 100 m
Passagiere: 323–405 + 2 Piloten

Messerschmitt M 20

Einmotoriges Verkehrsflugzeug für Passagier- oder Frachttransport, freitragender Hochdecker in Duraluminium-Ganzmetallbauweise (Erstflug des Prototyps 26.02.1928, endete mit Absturz). Die M 20 wurde insgesamt 15-mal gebaut und war bis in die Vierzigerjahre bei der Luft Hansa im Einsatz. Die Frachtversion hatte keine rechteckigen Kabinenfenster, sondern kleine runde „Bullaugen".

Typ: Messerschmitt M 20 a
Herkunftsland: Deutschland
Verwendung: Passagierflugzeug
Spannweite: 25,50 m
Länge: 14,90 m
Antrieb: 1 BMW VI mit 500 kW (680 PS)
max. Startmasse: 4500 kg
Reisegeschwindigkeit: 160 km/h
Reichweite: 950 km
Gipfelhöhe: 4700 m
Passagiere: 8–10 + 2 Besatzung

NAMC YS-11

Zweimotoriges Verkehrsflugzeug in Tiefdecker-Auslegung (Erstflug 1962) für Kurzstrecken, das auf Initiative der japanischen Regierung entworfen und gebaut wurde. Die Hersteller- und Vertriebsfirma wurde eigens für dieses Flugzeug gegründet. Von diesem japanischen Turboprop-Flugzeug wurden insgesamt 182 Einheiten hergestellt und zahlreiche Maschinen exportiert.

Typ: NAMC YS-11
Herkunftsland: Japan
Verwendung: Passagierflugzeug
Spannweite: 32,00 m
Länge: 26,30 m
Antrieb: 2 Rolls-Royce Dart mit je 2200 kW (3000 PS)
max. Startmasse: 24 500 kg
Reisegeschwindigkeit: 533 km/h
Reichweite: 3250 km
Reiseflughöhe: 9450 m
Passagiere: 64

Piaggio P.166

Zweimotoriges Mehrzweckflugzeug (Erstflug 27.11.1957). Die P.166 wurde aus dem Amphibienflugzeug P.136 entwickelt. Ebenso wie bei diesem Typ fallen die hoch angesetzten Knickflügel und die beiden Druckschrauben-Triebwerke auf, die an der Knickstelle in die Tragfläche eingebunden sind. Die Maschine wurde mehrfach verbessert, die Motorenleistung gesteigert.

Typ: Piaggio P.166 DL3
Herkunftsland: Italien
Verwendung: Reiseflugzeug, Patrouillenflugzeug
Spannweite: 14,69 m
Länge: 11,90 m
Antrieb: 2 Avco Lycoming LTP 101 600 mit je 432 kW (587 PS)
max. Startmasse: 4300 kg
Höchstgeschwindigkeit: 417 km/h
Reichweite: ca. 2268 km
Gipfelhöhe: 7925 m
Passagiere: 8–10 + 1–2 Besatzung

Piaggio P.180 Avanti

Zweimotoriges Reiseflugzeug, Mitteldecker mit Stützflügeln am Bug, stark gestreckten und weit nach hinten verlagerten Tragflächen und Höhenleitwerk (Erstflug am 23.12.1986). Die Maschine besteht überwiegend aus Leichtmetall und Kunststoffen. Sie erreicht mit ihrem Turboprop-Antrieb Jet-Geschwindigkeit.

Typ: Piaggio P.180 Avanti
Herkunftsland: Italien
Verwendung: Reiseflugzeug
Spannweite: 14,03 m
Länge: 14,41 m
Antrieb: 2 Pratt & Whitney Canada PT6A-66 mit je 634 kW (862 WPS)
max. Startmasse: 5239 kg
Höchstgeschwindigkeit: 730 km/h
Reichweite: ca. 2600–3000 km
Gipfelhöhe: 12 500 m
Passagiere: 7–8 + 1–2 Besatzung

Pilatus PC-12

Einmotoriges Mehrzweckflugzeug (Erstflug 31.05.1991). Die Maschine vereinigt ein einzelnes leistungsstarkes Turboprop-Triebwerk mit einer geräumigen Zelle. Das Konzept lässt ein weites Einsatzspektrum in der Allgemeinen Luftfahrt zu – von Reise- über Ambulanzversionen bis zur Nutzung im Polizeidienst oder bei der US-Einwanderungsbehörde. Dadurch wurde der Typ auch kommerziell sehr erfolgreich.

Typ: Pilatus PC-12
Herkunftsland: Schweiz
Verwendung: Mehrzweckflugzeug
Spannweite: 16,23 m
Länge: 14,40 m
Antrieb: 1 Pratt & Whitney Canada PT6A-67B mit 1327 kW (1800 PS)
max. Startmasse: 4000 kg
Höchstgeschwindigkeit: 496 km/h
Reichweite: 2964 km
Gipfelhöhe: 7620 m
Passagiere: 6–9 + 2 Besatzung

Piper PA 23 Apache

Zweimotoriges Reiseflugzeug (Erstflug 1954), die Apache war der erste zweimotorige Viersitzer dieses Herstellers. Die ersten Serienmodelle wurden 1954 ausgeliefert. Die Produktion dieser Maschinen, die vielfach modifiziert wurden, lief bis 1982.

Typ: Piper PA 23-235 Apache
Herkunftsland: USA
Verwendung: Reiseflugzeug
Spannweite: 11,32 m
Länge: 8,41 m
Antrieb: 2 Lycoming 0-540-B1A5 mit je 175 kW (238 PS)
max. Startmasse: 2177 kg
Reisegeschwindigkeit: 307 km/h
Reichweite: 1900 km
Gipfelhöhe: 5240 m
Passagiere: 3 + 1 Pilot

Piper PA 28 Cherokee

Zweimotoriges Reiseflugzeug, freitragender Tiefdecker (Erstflug des Serienflugzeugs 10.02.1961). Die Cherokee in ihren verschiedenen Modifikationen ist das meistgebaute Flugzeug von Piper und gilt als eines der wichtigsten und beliebtesten Flugzeuge in der Allgemeinen Luftfahrt.

Typ: Piper PA 28-140
Herkunftsland: USA
Verwendung: Reiseflugzeug
Spannweite: 9,14 m
Länge: 7,16 m
Antrieb: 1 Lycoming 0-320-E3D mit 132 kW (150 PS)
max. Startmasse: 975 kg
Reisegeschwindigkeit: 226 km/h
Reichweite: 1250 km
Gipfelhöhe: 4160 m
Passagiere: 3 + 1 Pilot

Piper PA 31 Navajo

Zweimotoriges Reiseflugzeug, freitragender Tiefdecker (Erstflug 30.09.1964); bei ihrem Erscheinen das größte Flugzeug von Piper. 1970 bekam die PA 31P eine Druckkabine. Die PA 31-350 Navajo Chieftain (1973) wurde verlängert (10 Passagiere) und mit stärkeren Triebwerken versehen. Vom Grundtyp PA 31 gab es viele Ableitungen und Lizenzbauten, wie die Embraer 820.

Typ: Piper PA 31-350 Chieftain
Herkunftsland: USA
Verwendung: Reiseflugzeug
Spannweite: 12,40 m
Länge: 10,55 m
Antrieb: 2 Lycoming TIO-540-J2BD mit je 260 kW (353 PS)
max. Startmasse: 3175 kg
Reisegeschwindigkeit: 435 km/h
Reichweite: 2240 km
Gipfelhöhe: 9260 m
Passagiere: 9–10 + 2 Besatzung

Piper PA 42 Cheyenne

Zweimotoriges Reiseflugzeug in Tiefdecker-Auslegung mit Turboprop-Antrieb (Erstflug der ersten Kundenmaschine am 15.05.1979), die Turboprop-Variante der Piper PA 31. Die Zelle beherbergt eine komfortable Druckkabine. Die Cheyenne IIIA wird auch als Trainingsflugzeug bei verschiedenen Luftfahrtgesellschaften und Luftstreitkräften, so etwa der Lufthansa und der Bundesluftwaffe, eingesetzt.

Typ: Piper PA 42 Cheyenne III
Herkunftsland: USA
Verwendung: Reiseflugzeug
Spannweite: 14,53 m
Länge: 13,23 m
Antrieb: 2 Pratt & Whitney Canada PT6A-41 mit je 535 kW (727 PS)
max. Startmasse: 5125 kg
Reisegeschwindigkeit: 413 km/h
Reichweite: 3100 km
Gipfelhöhe: 10 060 m
Passagiere: 6–9 + 2 Besatzung

Polikarpow Po-2

Einmotoriges Mehrzweckflugzeug, verspannter Doppeldecker in Holzbauweise (Erstflug 07.01.1928). Es wurde als Schul- und Sportflugzeug, aber auch als Sprühflugzeug für die Landwirtschaft ausgerüstet und als Passagierflugzeug mit geschlossener Kabine gebaut. Mit Kriegsbeginn 1941 von der Sowjetunion auch als Aufklärungs- und Kampfflugzeug eingesetzt, entstand es in über 40 000 Einheiten. Wahrscheinlich wurde kein Flugzeug der Welt häufiger gebaut.

Typ: Polikarpow Po-2
Herkunftsland: Sowjetunion
Verwendung: Mehrzweckflugzeug
Spannweite: 11,40 m
Länge: 8,20 m
Antrieb: 1 5-Zylinder M-11 mit 75 kW (102 PS)
max. Startmasse: 1355 kg
Höchstgeschwindigkeit: 250 km/h
Reichweite: 660 km
Gipfelhöhe: 7300 m
Passagiere: 1–2 + 1 Pilot

PZL M-15 Belphegor

Strahlgetriebenes Agrarflugzeug in Doppeldecker-Auslegung (Erstflug 09.01.1974). Die M-15 Belphegor ist der einzige Doppeldecker der Luftfahrtgeschichte mit Strahlturbinenantrieb. Die hohe Position der Turbine soll den „Staubsaugereffekt" auf unbefestigten Plätzen vermindern. Ursprünglich sollten 3000 Einheiten gebaut werden; es blieb jedoch bei einer kleinen Serie von 120 Flugzeugen.

Typ: PZL M-15 Belphegor
Herkunftsland: Polen
Verwendung: Agrarflugzeug
Spannweite: 22,33 m (oben)
Länge: 12,72 m
Antrieb: 1 Strahltriebwerk Al-25 mit 15 kN (1530 kp) Schub
max. Startmasse: 5650 kg
Arbeitsgeschwindigkeit: ca. 180 km/h
Reichweite: 400 km
Zuladung: 2 Behälter à 1450 l (2500 kg Chemikalien)
Besatzung: 1–2

PZL M-28 Skytruck

Zweimotoriges Kurzstrecken-Transportflugzeug, weiterentwickelter Lizenzbau der Antonow An-28 (1994). Die PZL M-28 Skytruck zeigt STOL-Eigenschaften und kann von unbefestigten Plätzen aus operieren. Angeboten wird eine Passagierversion, eine Frachtversion, die Ausstattung als Sanitätsflugzeug und als Militärtransporter.

Typ: PZL M-28 Skytruck
Herkunftsland: Polen
Verwendung: Mehrzweckflugzeug
Spannweite: 22,06 m
Länge: 13,10 m
Antrieb: 2 Pratt & Whitney PT6A-65B zu je 687,5 kW (935 PS)
max. Startmasse: 7500 kg
Höchstgeschwindigkeit: 355 km/h
Reichweite: 1500 km
Gipfelhöhe: 6200
Passagiere: 19 (oder 3085 kg Nutzlast)

Saab 340

Zweimotoriges Passagierflugzeug für Kurzstrecken, freitragender Tiefdecker mit Turboprop-Antrieb, der als Regional- und Zubringerflugzeug eingesetzt wurde (Erstflug des Serienmodells 05.03.1984). Die Maschine wurde zunächst in Zusammenarbeit mit Fairchild entwickelt, doch zog sich der amerikanische Partner bereits 1985 aus dem Projekt zurück.

Typ: Saab 340
Herkunftsland: Schweden
Verwendung: Passagierflugzeug
Spannweite: 21,44 m
Länge: 19,73 m
Antrieb: 2 General Electric CT-7-9A/9B mit je 1275 kW (1733 PS)
max. Startmasse: 13 200 kg
Höchstgeschwindigkeit: 485 km/h
Reichweite: 3000 km
Gipfelhöhe: 8200 m
Besatzung: 33–37

Savoia Marchetti SM.95

Viermotoriges italienisches Verkehrsflugzeug in Tiefdecker-Auslegung mit Spornradfahrwerk (Erstflug Mai 1943). Mit diesem Typ, noch während des Krieges konstruiert, wurde nach dem 2. Weltkrieg der italienische Luftverkehr wieder aufgebaut. So flogen Maschinen dieses Typs auf transkontinentalen Routen, z. B. nach Venezuela.

Typ: Savoia Marchetti SM.95
Herkunftsland: Italien
Verwendung: Passagierflugzeug
Spannweite: 34,28 m
Länge: 24,77 m
Antrieb: 4 Alfa Romeo 128 RC.18 mit 641 kW (860 PS)
max. Startmasse: 21 600 kg
Reisegeschwindigkeit: 320 km/h
Reichweite: 2000 km
Gipfelhöhe: 6800 m
Passagiere: 18 + 5 Besatzung

Short 360

Zweimotoriges Passagierflugzeug (Erstflug 01.06.1981) für Kurzstrecken, verbessertes Muster der Short 330. Der Rumpf wurde um 91 cm verlängert, die Spannweite vergrößert. Die Maschine war für den Zubringerverkehr konzipiert worden. Im November 1985 erschien die 360 Advanced mit stärkerem Antrieb (später Short 360-200 genannt), im Februar 1987 folgte die Version Short 360-300.

Typ: Short 360-300
Herkunftsland: Großbritannien
Verwendung: Passagierflugzeug
Spannweite: 22,08 m
Länge: 21,58 m
Antrieb: 2 Pratt & Whitney PT6A-67R mit je 1062 kW (1444 PS)
max. Startmasse: 12 290 kg
Reisegeschwindigkeit: 400 km/h
Reichweite: 745 km
Gipfelhöhe: 3050 m
Passagiere: 36 + 2 Besatzung

Suchoi Superjet 100

Zweistrahliges Verkehrsflugzeug in Tiefdecker-Auslegung. Als die Superjet 100-95 am 19.05.2008 zum Erstflug abhob, war dies die Erfüllung eines zwischen Suchoi und Boeing geschlossenen Kooperationsabkommens zur Entwicklung eines zweistrahligen russischen Regionaljets (RRJ; seit 2006 „Superjet 100"). Aktuell geplant sind die beiden Versionen 100-95 und 100-75 (78 Passagiere bei Einheitsklasse). Im Herbst 2009 verlief das Flugtestprogramm zufriedenstellend. Auslieferungen ab 2010.

Typ: Suchoi SSJ 100-95
Herkunftsland: Russland
Verwendung: Passagierflugzeug
Spannweite: 27,80 m
Länge: 29,83 m
Antrieb: 2 Pratt & Whitney 800 oder PowerJet SaM146 mit je 62,4 kN bzw. 68 kN (6363 kp bzw. 6934 kp) Startschub
max. Startmasse: 42 520 kg
Reisegeschwindigkeit: 830 km/h
Reichweite: 2950 km
Reiseflughöhe: 12 500 m
Passagiere: 98 + 2 Besatzung

Suchoi Su-80

Zweimotoriges Mehrzweckflugzeug (Erstflug des Prototyps am 04.09.2001). Die Triebwerksgondeln laufen in zwei Leitwerksträgern aus; das Doppelleitwerk ist mit einer Auftriebsfläche verbunden. Die Maschine bietet sich als Ersatz für die in die Jahre gekommenen Typen An-24/26/28 und andere, noch ältere Modelle an und kann für die unterschiedlichsten Anwendungen ausgestattet werden.

Typ: Suchoi Su-80GP
Herkunftsland: Russland
Verwendung: Passagier- und Transportflugzeug
Spannweite: 23,18 m
Länge: 18,26 m
Antrieb: 2 Propellerturbinen CT7-9B mit je 1287 kW (1750 WPS)
max. Startmasse: 14 200 kg
Reisegeschwindigkeit: 470 km/h
Reichweite: 1300 km
Gipfelhöhe: 7600 m
Passagiere: 30 + 2 Besatzung

Sud Aviation Caravelle

Zweistrahliges Verkehrsflugzeug für Kurz- und Mittelstrecken, Tiefdecker mit Kreuzleitwerk und das erste strahlgetriebene Flugzeug dieser Klasse (Erstflüge der Prototypen am 25.05.1955 und 06.05.1956). Die Triebwerksanordnung am Heck wirkte seinerzeit absolut neuartig. Sie verlieh der Caravelle nicht nur ihre sprichwörtliche Eleganz, sondern ermöglichte den Konstrukteuren auch, einen sogenannten sauberen Flügel mit mäßiger Pfeilung herzustellen, an dem keine Verwirbelungen durch die Strahlturbinen auftraten. Aus dem Grundmuster für 52 Passagiere wurden später verschiedene Versionen mit erhöhter Passagierkapazität entwickelt. Die Version Caravelle Super 12 (Rumpf um 2,31 m verlängert; Erstflug 1970) konnte sogar 129–138 Passagiere befördern.

Typ: Sud Aviation Caravelle VI
Herkunftsland: Frankreich
Verwendung: Passagierflugzeug
Spannweite: 34,30 m
Länge: 32,01 m
Antrieb: 2 Rolls-Royce Avon 531R Strahltriebwerke mit je 54,7 kN (5535 kp) Standschub
max. Startmasse: 50 000 kg
Reisegeschwindigkeit: 785 km/h
Reichweite: 2650 km
Gipfelhöhe: 12 000 m
Passagiere: 64–99 + 5–7 Besatzung

Sud Est Languedoc

Viermotoriges Passagierflugzeug (Erstflug 17.09.1945). Ursprünglich noch vor dem Krieg von Bloch entworfen, wurde es nach dem Krieg in Toulouse gebaut. Seit 1946 beflog die Maschine die Routen von Paris nach Algier und Casablanca sowie nach diversen europäischen Hauptstädten. Einige Maschinen flogen auch bei der polnischen Luftfahrtgesellschaft LOT. Bis 1970 dienten einzelne Flugzeuge dann noch als Erprobungsträger für Triebwerke und Lenkwaffen.

Typ: Sud Est SE.161 Languedoc
Herkunftsland: Frankreich
Verwendung: Passagierflugzeug
Spannweite: 29,38 m
Länge: 24,24 m
Antrieb: 4 Pratt & Whitney Twin Wasp mit je 880 kW (1200 PS)
max. Startmasse: 23 700 kg
Reisegeschwindigkeit: 405 km/h
Reichweite: 3200 km
Gipfelhöhe: 7200 m
Passagiere: 33 + 5 Besatzung

Tupolew ANT-9

Dreimotoriges Passagierflugzeug in Schulterdecker-Auslegung (Erstflug April 1929). Viele der insgesamt 70 gebauten Maschinen flogen auf internationalen Strecken nach europäischen Hauptstädten sowie auf innersowjetischen Langstrecken-Routen. Während des 2. Weltkriegs wurden Flugzeuge dieses Typs noch für Transport- und Sanitätsaufgaben genutzt. Eine gestreckte Version (für 36 Passagiere) mit fünf Motoren wurde als ANT-14 nur einmal gebaut und überwiegend für Propaganda-Einsätze und Rundflüge eingesetzt. Ein Bedarf für so große Passagierkapazitäten war in der damaligen Sowjetunion noch nicht vorhanden.

Typ: Tupolew ANT-9
Herkunftsland: Sowjetunion
Verwendung: Passagierflugzeug
Spannweite: 23,80 m
Länge: 16,65 m
Antrieb: 3 Wright Whirlwind mit je 224 kW (305 PS)
max. Startmasse: 5690 kg
Höchstgeschwindigkeit: 205 km/h
Reichweite: 700 km
Gipfelhöhe: 4500 m
Passagiere: 9 + 2 Besatzung

Tupolew ANT-20 Maxim Gorki

Achtmotoriges Mehrzweckflugzeug (Erstflug 17.06.1934), freitragender Mitteldecker, das zu Agitationszwecken und als Verkehrsflugzeug eingesetzt wurde. Es enthielt Druckerei, Fotolabor, Kinoeinrichtung, Schreibabteilung, Telefonzentrale, Schlafkabinen und Platz für 72 Passagiere; sie war zu ihrer Zeit das größte Landflugzeug der Welt. Je drei Motoren waren in jeder der beiden Tragflächen integriert – sie konnten von Korridoren in den Tragflächen aus während des Fluges gewartet werden – und zwei weitere arbeiteten als Tandemmotoren auf einem Gestell über dem Rumpf. Große Landeklappen reduzierten die Landegeschwindigkeit auf 100 km/h; dank starker Radbremsen genügten der Maschine nur 400 m Landestrecke. 1935 stürzte die ANT-20 bei einer Flugschau nach einer Kollision mit einem begleitenden Jagdflugzeug ab. Alle Insassen, darunter viele Sowjetfunktionäre mit ihren Familien, kamen ums Leben. Der Nachfolgebau ANT-20bis (Abbildung) konnte dank stärkerer Motoren sechsmotorig (ohne Tandemmotoren auf dem Rumpf) ausgeführt werden. Das Flugzeug war bis 1942 auf sowjetischen Langstreckenlinien im Einsatz.

Typ: Tupolew ANT-20/ANT-20bis
Herkunftsland: Sowjetunion
Verwendung: Mehrzweckflugzeug
Spannweite: 63,00 m/64,00 m
Länge: 33,00 m/34,10 m
Antrieb: 8 AM-34FRN/6 AM-34FRNW mit je 671 kW (900 PS)/895 kW (1200 PS)
max. Startmasse: 42 000 kg/44 000 kg
Höchstgeschwindigkeit: 245 km/h/275 km/h
Reichweite: 2200 km/900 km
Gipfelhöhe: 4500 m/5500 m
Passagiere: 72 + 8 Besatzung/64 + 9 Besatzung

Tupolew Tu-104

Zweistrahliges Passagierflugzeug (Erstflug 17.06.1955), freitragender Tiefdecker. Das Flugzeug war aus dem Bombenflugzeug Tu-16 entwickelt worden. Die Triebwerke waren in die Tragflächen integriert. Die Maschine wurde in mehreren Versionen mit verschiedenen Rumpflängen und Triebwerken gefertigt. Sie gehörte zu den ersten strahlgetriebenen Verkehrsflugzeugen im Liniendienst.

Typ: Tupolew Tu-104
Herkunftsland: Sowjetunion
Verwendung: Passagierflugzeug
Spannweite: 34,54 m
Länge: 38,85 m
Antrieb: 2 Mikulin AM-3(M) mit je 66,2 kN (6750 kp) Schub
max. Startmasse: 76 000 kg
Höchstgeschwindigkeit: 900 km/h
Reichweite: 2650 km bei max. Zuladung
Reiseflughöhe: 10 000 m
Passagiere: 70 + 5 Besatzung

Tupolew Tu-114

Viermotoriges Passagierflugzeug für Langstrecken in Tiefdecker-Auslegung, das konstruktiv auf das Bombenflugzeug Tu-20/Tu-95 zurückgriff. Die Tu-114 war und ist das größte und schnellste Propeller-Verkehrsflugzeug der Welt (Erstflug 03.11.1957). Die Turbinen trieben vier Paare gegenläufiger Propeller an. Wegen des großen Propellerdurchmessers (5,60 m) musste das Fahrwerk sehr „hochbeinig" ausfallen. Die 31 produzierten Exemplare wurden 1975 gegen die Iljuschin Il-62 ausgetauscht.

Typ: Tupolew Tu-114
Herkunftsland: Sowjetunion
Verwendung: Passagierflugzeug
Spannweite: 51,10 m
Länge: 54,10 m
max. Startmasse: 171 000 kg
Antrieb: 4 Kusnezow NK-12 mit je 10 889 kW (14 800 PS)
Höchstgeschwindigkeit: 875 km/h
Reichweite: 9000 km
Gipfelhöhe: 12 000 m
Passagiere: 170–220

Tupolew Tu-134

Zweistrahliges Verkehrsflugzeug für Kurz- und Mittelstrecken in Tiefdecker-Auslegung mit T-Leitwerk (Erstflug Herbst 1963). Die Tu-134 entstand als Ableitung aus der Tu-124, aber mit veränderter Triebwerksanordnung (am Heck) und dementsprechend neu gestaltetem Leitwerk. Die Maschine wurde in verschiedenen zivilen und militärischen Versionen gefertigt.

Typ: Tupolew Tu-134A
Herkunftsland: Sowjetunion
Verwendung: Passagierflugzeug
Spannweite: 29,00 m
Länge: 37,05 m
Antrieb: 2 Solowjow D30-II mit je 66,7 kN (6730 kp) Schub
max. Startmasse: 47 000 kg
Reisegeschwindigkeit: 900 km/h
Reichweite: 3020 km
Gipfelhöhe: 12 100 m
Passagiere: 76–84 + 3 Besatzung

Tupolew Tu-144

Vierstrahliges Überschall-Passagierflugzeug (Erstflug 31.12.1968). Am 26.05.1970 überschritt es als erstes Verkehrsflugzeug Mach 2. Das letzte Exemplar wurde 1981 fertiggestellt; es diente später als Test-Flugzeug für die Buran-Raumfähre. Im Dezember 1975 nahm die Tu-144 zunächst den Frachtbetrieb, im November 1977 den Passagierbetrieb zwischen Moskau und Alma-Ata auf. Der Einsatz der 16 gebauten Maschinen als Passagierjet war mit insgesamt 3284 beförderten Passagieren bis 1978 wenig erfolgreich.

Typ: Tupolew Tu-144S
Herkunftsland: Sowjetunion
Verwendung: Passagierflugzeug
Spannweite: 28,80 m
Länge: 65,70 m
Antrieb: 4 Kusnetsow NK-144 mit je 196 kN (20 000 kp) Schub
max. Startmasse: 207 000 kg
Höchstgeschwindigkeit: 2500 km/h
Reichweite: 2510 km
Gipfelhöhe: 18 000 m
Passagiere: 108–135 + 3–4 Besatzung

Tupolew Tu-204

Zweistrahliges Passagier- und Transportflugzeug für Mittelstrecken (Erstflug 02.01.1989), das in verschiedenen Versionen gebaut wurde und wird und als Nachfolgemodell der Tu-154 fungiert. Die Langstreckenversion Tu-204-300 flog zuerst am 18.08.2003. Das Cockpit verfügt über moderne Avionik und entspricht westlichen Standards. Die Frachtversion Tu-204C kann 27 t Fracht befördern.

Typ: Tupolew Tu-204-100
Herkunftsland: Russland
Verwendung: Passagierflugzeug
Spannweite: 42,00 m
Länge: 46,00 m
Antrieb: 2 Perm PS-90A mit je 154 kN (15 700 kp) Schub
max. Startmasse: 103 000 kg
Reisegeschwindigkeit: 810 km/h
Reichweite: 6500 km
Gipfelhöhe: 12 600 m
Passagiere: 210 + 2 Besatzung

Tupolew Tu-334

Zweistrahliges Verkehrsflugzeug für Kurz- und Mittelstrecken (Erstflug des Prototyps 25.08.1995). Der Rumpf wurde, stark verkürzt und mit niedrigerem Fahrwerk versehen, von der Tu-204 übernommen, ebenso das Cockpit und weitere Systeme. Die Maschine erhielt Ende 2003 ihre Typzulassung und soll die veralteten Tu-134 ersetzen.

Typ: Tupolew Tu-334-120
Herkunftsland: Russland
Verwendung: Passagierflugzeug
Spannweite: 29,80 m
Länge: 31,10 m
Antrieb: 2 Rolls-Royce RB710-48 mit je 68,2 kN (6954 kp) Schub
max. Startmasse: 46 100 kg
Reisegeschwindigkeit: 820 km/h
Reichweite: 2500 km
Gipfelhöhe: 11 100 m
Passagiere: 102 + 2 Besatzung

VFW Fokker 614

Zweistrahliges Verkehrsflugzeug für Kurzstrecken, freitragender Tiefdecker (Erstflug 14.07.1971). Die Triebwerke sind an Pylonen auf den Tragflächen angebracht, um den Staubsaugereffekt der Turbinen zu vermindern. Trotz erfolgreicher Tests und erster Bestellungen wurde das Flugzeug wirtschaftlich ein Misserfolg. Die Bundesregierung stellte die Unterstützung ein, um stattdessen den Airbus zu fördern. Zwei Maschinen wurden zu Testflugzeugen umgerüstet.

Typ: VFW Fokker 614
Herkunftsland: Deutschland
Verwendung: Passagierflugzeug
Spannweite: 21,50 m
Länge: 20,60 m
Antrieb: 2 Rolls-Royce M45 H mit je 33,8 kN (3446 kp) Schub
max. Startmasse: 18 600 kg
Reisegeschwindigkeit: 700 km/h
Reichweite: 1200 km
Gipfelhöhe: 7600 m
Passagiere: 40–44

Vickers Viking

Zweimotoriges Passagierflugzeug, der erste zivile britische Neubau nach dem 2. Weltkrieg (Erstflug 22.06.1945). Von den verschiedenen Baureihen war die 1B mit 113 verkauften Einheiten am erfolgreichsten. Die Viking wurde bis 1948 gebaut.

Typ: Vickers Viking 1B
Herkunftsland: Großbritannien
Verwendung: Passagierflugzeug
Spannweite: 27,20 m
Länge: 19,86 m
Antrieb: 2 Bristol Hercules 634 mit je 1260 kW (1713 PS)
max. Startmasse: 15 350 kg
Reisegeschwindigkeit: 338 km/h
Reichweite: 837 km
Gipfelhöhe: 7240 m
Passagiere: 24

Vickers Viscount

Viermotoriges Passagier- und Transportflugzeug (Erstflug Prototyp 16.07.1948), Tiefdecker mit konventionellem Leitwerk; zur Zeit ihres Erstflugs das erste Passagierflugzeug mit Turboprop-Antrieb. Von den Serienmustern 700 (Erstflug 28.08.1950), 700D, 770D und 771D wurden 287 Viscounts gebaut, seit 1958 wurden die Serien 800 und 810 mit stärkeren Triebwerken ausgeliefert.

Typ: Vickers Viscount 700/800
Herkunftsland: Großbritannien
Verwendung: Passagierflugzeug
Spannweite: 28,56 m/28,56 m
Länge: 24,94 m/26,11 m
Antrieb: 4 Rolls-Royce Dart R.Da.3 505 mit je 1154 kW (1570 PS)/R.Da.6 Mk.510 mit je 1327 kW (1805 PS)
max. Startmasse: 29 257 kg/32 840 kg
Reisegeschwindigkeit: 537 km/h/587 km/h
Reichweite: 2140 km/2780 km
Gipfelhöhe: 7770 m/7620 m
Passagiere: 40–63/65–75

Vickers Vanguard

Viermotoriges Passagierflugzeug für Kurz- und Mittelstrecken (Erstflug 20.01.1959). Es wurde als Nachfolgemodell der Vickers Viscount geplant, hatte eine höhere Geschwindigkeit und erlaubte mehr Zuladung. Doch das Aufkommen der großen Passagierjets verhinderte einen wirtschaftlichen Erfolg. Die Produktion endete 1962 nach 43 Einheiten in drei Versionen. Neun Maschinen wurden später bei Aviation Traders zu Frachtern (Merchantman) umgebaut.

Typ: Vickers Vanguard V.952
Herkunftsland: Großbritannien
Verwendung: Passagierflugzeug
Spannweite: 36,15 m
Länge: 37,45 m
Antrieb: 4 Rolls-Royce Tyne 512 mit je 4076 kW (5545 WPS)
max. Startmasse: 66 440 kg
Reisegeschwindigkeit: 684 km/h
Reichweite: 4400 km
Gipfelhöhe: 9145 m
Passagiere: 139 + 3 Besatzung

Vickers VC10

Vierstrahliges Passagierflugzeug für Langstrecken (Erstflug 1962). Ursprünglich für 135 Passagiere konzipiert, wurde der Rumpf bald verlängert und die Kapazität erhöht (Super VC10). 64 Maschinen wurden in beiden Versionen gebaut, sie flogen im Liniendienst bis 1981. Erfolgreicher waren die militärischen Adaptionen der Zivilmaschine als Transport- und besonders als Tankflugzeug.

Typ: Vickers VC10/Super VC10
Herkunftsland: Großbritannien
Verwendung: Passagierflugzeug
Spannweite: 44,55 m/44,55 m
Länge: 48,52 m/52,32 m
Antrieb: 4 Rolls-Royce Conway 540 mit je 94,1 kN (9595 kp)/Conway 550 mit je 100,1 kN (10 207 kp) Schub
max. Startmasse: 141 500 kg/152 000 kg
Höchstgeschwindigkeit: 886 km/h/933 km/h
Reichweite: 9760 km/11 470 km
Gipfelhöhe: 11 580 m/11 580 m
Passagiere: 135/176–220

Zeppelin E-4/20 Staaken

Viermotoriges Verkehrsflugzeug in Schulterdecker-Auslegung, erstes viermotoriges Ganzmetallflugzeug der Welt (Erstflug am 09.11.1920); es sollte auf der Strecke Berlin–Friedrichshafen fliegen. Die E-4/20 musste jedoch zerstört werden, da die Alliierten sie als Kriegswaffe eingestuft hatten.

Typ: Zeppelin E-4/20 Staaken
Herkunftsland: Deutschland
Verwendung: Passagierflugzeug
Spannweite: 31,00 m
Länge: 16,60 m
Antrieb: 4 MB-IVa mit je 190 kW (258 PS)
max. Startmasse: 8500 kg
Reisegeschwindigkeit: 211 km/h
Passagiere: 12–18

F-GSZT

Sport- und Schulflugzeuge

Sport- und Schulflugzeuge

Von Beginn des Motorflugs an wurde das Fliegen immer auch als sportliche Herausforderung aufgefasst. Hier kommt es nicht auf Zuladung und Passagierkapazität an, nicht auf das immer schwerer und immer größer, sondern eher im Gegenteil auf Beweglichkeit, Leichtigkeit (sogar Ultra-Leichtigkeit) und – wenn man so will – Gutmütigkeit. Zum Sport gehört Training – und Fliegen muss überhaupt erst einmal gelernt werden, in der Allgemeinen Luftfahrt ebenso wie in der Verkehrs- und Militärfliegerei. Oftmals sind die Grenzen, was die Schulflugzeuge betrifft, fließend und künftige Militär- und Verkehrspiloten absolvieren ihre ersten Flugstunden auf den gleichen Maschinen wie die Hobby- und Freizeitflieger.

3Xtrim

Einmotoriges Leichtflugzeug, abgestrebter Hochdecker mit festem Dreipunkt-Fahrwerk. Die Maschine wird in drei Versionen gefertigt: der 450 Ultra, der 495 Ultra+ (beide erfüllen in einigen Ländern die Bedingungen für Ultraleichtflugzeuge) und der 550 Trener. In allen drei Versionen sind die Sitze nebeneinander angeordnet. Die Flugzeuge werden entweder als Bausatz oder als komplett aufgebaute Maschine vertrieben.

Typ: 3Xtrim 550 Trener
Herkunftsland: Polen
Verwendung: Schul- und Sportflugzeug
Spannweite: 10,03 m
Länge: 6,87 m
Antrieb: Bombardier-Rotax 912S mit 73,6 kW (100 PS) Startleistung
max. Startmasse: 550 kg
Reisegeschwindigkeit: max. 190 km/h
Reichweite: 750 km
Passagiere: 1 + 1 Pilot

Aerostyle Breezer

Einmotoriges Ultraleichtflugzeug in Aluminium-/Kunststoffbauweise. Der Tiefdecker kann mit verschiedenen Motoren (Rotax, Jabiro, BMW, VW, Hirth) geliefert werden. Der Breezer gehört zu den am meisten verkauften Metallbausätzen, kann aber auch als fertiges Flugzeug geliefert werden. Die Maschine ist auch als Banner- und Segelflugzeug-Schlepp-Variante erhältlich. Neben der Ultraleicht-Version wurde auch eine etwas schwerere Experimental-Version entwickelt.

Typ: Aerostyle Breezer Rotax 912 S
Herkunftsland: Deutschland
Verwendung: Ultraleichtflugzeug
Spannweite: 8,71 m
Länge: 6,40 m
Antrieb: 1 Rotax 4-Zylinder-Viertakt-Motor mit 73 kW (100 PS)
max. Startmasse: 472,5 kg
Reisegeschwindigkeit: 200 km/h
Passagiere: 1 + 1 Pilot

Airspeed AS 8 Viceroy

Zweimotoriges leichtes Sportflugzeug in Tiefdecker-Auslegung (Erstflug im August 1934). Die einzige Viceroy war eine Spezialanfertigung für das MacRobertson Luftrennen. Basis war die Airspeed AS 6 Envoy. Die Viceroy besaß aber stärkere Motoren, der Rumpf hatte keine Fenster und zusätzliche Tanks im Rumpf ermöglichten eine größere Treibstoffzuladung.

Typ: Airspeed AS 8 Viceroy
Herkunftsland: Großbritannien
Verwendung: Sportflugzeug
Spannweite: 15,90 m
Länge: 10,50 m

Antrieb: 2 aufgeladene Sternmotoren Armstrong Siddeley Cheetah VI mit je 206 kW (280 PS)
max. Startmasse: 2860 kg
Höchstgeschwindigkeit: 340 km/h
Reichweite: 2255 km
Gipfelhöhe: 3850 m
Besatzung: 2

Airspeed AS 10 Oxford

Zweimotoriges Sport- und Schulflugzeug in Holzbauweise, das auf Basis der AS 6 Envoy entwickelt wurde (Erstflug Prototyp 19.06.1937). Besatzungen mehrmotoriger Flugzeuge absolvierten auf der Oxford ihre Ausbildung. Sie wurde auch als Behelfsbomber, als Sanitäts- und Verbindungsflugzeug verwendet. Nach über 8500 Einheiten wurden über 100 noch im Bau befindliche Oxfords bis 1948 für zivile Betreiber als AS 65 Consul modifiziert.

Typ: Airspeed AS 10 Oxford
Herkunftsland: Großbritannien
Verwendung: Schulflugzeug
Spannweite: 16,26 m
Länge: 10,52 m

Antrieb: 2 Pratt & Whitney R-985-AN6 Wasp Junior mit 330 kW (450 PS)
max. Startmasse: 3630 kg
Höchstgeschwindigkeit: 325 km/h
Reichweite: 800 km
Gipfelhöhe: 5830 m
Passagiere: 2 + 2 Besatzung

Blackburn B-2

Einmotoriges Sport- und Schulflugzeug in Doppeldecker-Auslegung und Ganzmetall-Schalenbauweise (Erstflug 10.12.1931). Das Flugzeug wurde für die Anfängerschulung eingesetzt. Die beiden Sitze im offenen Cockpit für Fluglehrer und -schüler waren nebeneinander angeordnet.

Typ: Blackburn B-2
Herkunftsland: Großbritannien
Verwendung: Schulflugzeug
Spannweite: 9,19 m
Länge: 7,39 m
Antrieb: 1 Reihenmotor De Havilland-Gipsy-Major mit 97 kW (132 PS)
max. Startmasse: 839 kg
Höchstgeschwindigkeit: 180 km/h
Reichweite: max. 515 km
Besatzung: 2

Blériot XI

Einmotoriges Sportflugzeug in Holzbauweise (Erstflug 23.01.1909). Blériot gelang mit diesem Flugzeug am 25. Juli 1909 die erste Ärmelkanal-Überquerung in einem Flugzeug. Danach stieg die Nachfrage nach Blériots Flugzeug, allein 1913 wurden ca. 800 Stück gebaut (mehr als 60 Prozent der französischen Gesamt-Flugzeugproduktion). Aus der XI entwickelte Blériot ein vergrößertes zweisitziges Modell mit stärkerer Motorisierung, XI-2 genannt.

Typ: Blériot XI/Blériot XI-2
Herkunftsland: Frankreich
Verwendung: Sportflugzeug
Spannweite: 7,81 m/10,25 m
Länge: 7,05 m/10,25 m
Antrieb: 1 Anzani-Motor mit 18,4 kW (25 PS)/Gnôme-7B-Umlaufmotor mit 52 kW (70 PS)
max. Startmasse: 320 kg/625 kg
Höchstgeschwindigkeit: 75 km/h/106 km/h
Besatzung: 1–2

Bücker Bü 131 Jungmann

Einmotoriges, kunstflugtaugliches Sport- und Schulflugzeug in Doppeldecker-Auslegung (Erstflug 27.04.1934). Die Maschine wurde für die Anfängerschulung eingesetzt. Der Rumpf bestand weitgehend aus einem stoffbespannten Stahlgerüst, die Flügel aus Holz mit Stoffbespannung. Die Serienversion wurde an Flugschulen, in der neu entstandenen deutschen Luftwaffe und in 19 weiteren Ländern eingesetzt. In Deutschland wurden allein 3000 Einheiten produziert, insgesamt (Lizenzbauten eingeschlossen) etwa 5000.

Typ: Bücker Bü 131 Jungmann
Herkunftsland: Deutschland
Verwendung: Schulflugzeug
Spannweite: 7,40 m
Länge: 6,62 m
Antrieb: 1 Hirth HM 60 R mit 60 kW (80 PS)
max. Startmasse: 630 kg
Höchstgeschwindigkeit: 170 km/h
Reichweite: 680 km
Gipfelhöhe: 3500 m
Besatzung: 1–2

Cessna 172 Skyhawk

Einmotoriges, viersitziges Sport- und Reiseflugzeug in Hochdecker-Auslegung (1955); die US-Air-Force nutzte sie als T-41 für die Pilotenausbildung. Die besser ausgestattete Luxus-Version ist unter dem Namen Skyhawk bekannt geworden. Das aus der Cessna 170B weiterentwickelte Modell wurde bis 1983 gebaut (über 35 000 Einheiten), unter anderem in Frankreich in Lizenz (2144 Einheiten bei Reims Aviation). Seit 1997 wird es, mit moderner Avionik ausgestattet, erneut produziert. Die spektakuläre Landung des Deutschen Mathias Rust 1987 auf dem Roten Platz in Moskau brachte die Cessna Skyhawk weltweit in die Schlagzeilen.

Typ: Cessna 172
Herkunftsland: USA
Verwendung: Sport- und Reiseflugzeug
Spannweite: 10,92 m
Länge: 8,28 m
Antrieb: 1 Continental O 300 C mit 107 kW (145 PS)
max. Startmasse: 1043 kg
Reisegeschwindigkeit: 210 km/h
Reichweite: 960–1100 km
Gipfelhöhe: 4000 m
Passagiere: 3 + 1 Pilot

De Havilland Canada DHC-1 Chipmunk

Einmotoriges, kunstflugtaugliches Sport- und Schulflugzeug in Tiefdecker-Auslegung (Erstflug 1946), das den Schuldoppeldecker Tiger Moth ablösen sollte. 218 Maschinen wurden in Kanada gebaut, 1014 in Großbritannien, 60 in Portugal. Ein Drittel der Flugzeuge wurde bei der RAF zur fliegerischen Grundausbildung eingesetzt. Auch bei der Deutschen Lufthansa dienten fünf Chipmunks als Basistrainer.

Typ: DHC-1
Herkunftsland: Kanada
Verwendung: Schulflugzeug
Spannweite: 10,47 m
Länge: 7,75 m
Antrieb: 1 De Havilland Gipsy Major 8 mit 108 kW (146 PS)
max. Startmasse: 914 kg
Höchstgeschwindigkeit: 222 km/h
Reichweite: 415 km
Gipfelhöhe: 4820 m
Besatzung: 1–2

De Havilland DH.82 Tiger Moth

Einmotoriges Sport- und Schulflugzeug in Doppeldecker-Auslegung (seit November 1931 im Dienst der Royal Flying School der RAF). Als Nachfolgerin der DH.60 Moth und aus ihr entwickelt, avancierte sie zum Standard-Schulflugzeug der RAF. Die Serienproduktion endete 1945. Viele der einst militärisch genutzten Maschinen gelangten als Sportflugzeuge an private Betreiber

Typ: De Havilland DH.82
Herkunftsland: Großbritannien
Verwendung: Schulflugzeug
Spannweite: 8,94 m
Länge: 4,34 m
Antrieb: 1 De Havilland Gipsy Major I mit 100 kW (130 PS)
max. Startmasse: 828 kg
Höchstgeschwindigkeit: 175 km/h
Reichweite: 480 km
Gipfelhöhe: 4145 m
Besatzung: 1–2

Gotha Go-150

Zweimotoriges Sportflugzeug, freitragender Tiefdecker in Holzbauweise. Der Rumpf war als annähernd rechteckiges Holzgerüst mit Sperrholzbeplankung ausgeführt, Flügel und Leitwerk bestanden ebenfalls aus Holz. Der sehr leichte Zweisitzer errang mehrere Siege und Rekorde in Flugwettbewerben (so 1939 einen Höhenrekord/einsitzig mit 8048 m).

Typ: Gotha Go-150
Herkunftsland: Deutschland
Verwendung: Sportflugzeug
Spannweite: 11,80 m
Länge: 7,15 m
Antrieb: 2 Zündapp Z 9-092 mit je 37 kW (50 PS) Startleistung
max. Startmasse: 936 kg
Reisegeschwindigkeit: 185 km/h
Reichweite: 900 km
Gipfelhöhe: 4200 m
Besatzung: 2

Great Lakes 2T-1A-2

Einmotoriges Sportflugzeug, offener, zweisitziger Doppeldecker. Die Maschine ist zum Kunstflug geeignet (Erstflug des Musters 1928). Es wurden bis 1933 ca. 200 Exemplare produziert, im Zuge der Weltwirtschaftskrise musste die Produktion dann eingestellt werden. 1973 konnte der Bau des berühmten Doppeldeckers Great Lakes wieder aufgenommen werden.

Typ: Great Lakes 2T-1A-2
Herkunftsland: USA
Verwendung: Sportflugzeug
Spannweite: 8,13 m
Länge: 6,45 m
Antrieb: 1 Lycoming AEIO 360 BIGS mit 134 kW (182 PS)
max. Startmasse: 816 kg
Höchstgeschwindigkeit: 212 km/h
Reichweite: 480 km
Besatzung: 2

Gyroflug SC01 Speed Canard

Einmotoriges, zweisitziges Sportflugzeug in Canard-Ausführung (sogenanntes Entenflugzeug mit auffallenden Stummelflügeln). Die Maschine ist aus glasfaserverstärktem Kunststoff gefertigt. Basis für den Rumpf bildete die Zelle eines Segelflugzeugs. Das Flugzeug wird mittels eines Schubpropellers am Heck angetrieben. Die Winglets an den Tragflächenenden tragen die Seitenruder.

Typ: Gyroflug SC01 B 160
Herkunftsland: Deutschland
Verwendung: Sportflugzeug
Spannweite: 7,70 m
Länge: 5,20 m
Antrieb: 1 Lycoming 0-235-P2A mit 88 kW (120 PS)
max. Startmasse: 715 kg
Reisegeschwindigkeit: 270 km/h
Reichweite: 1300–2100 km
Gipfelhöhe: 4000 m
Besatzung: 2

Iljuschin Il 103

Einmotoriges Sportflugzeug in Tiefdecker-Auslegung und Ganzmetallbauweise (Erstflug 17.05.1994), seit 1997 in Serienfertigung. Die Maschine verfügt über ein starres Bugradfahrwerk. Sie kann auch als leichtes Frachtflugzeug eingesetzt werden.

Typ: Iljuschin Il 103
Herkunftsland: Russland
Verwendung: Sport- und Reiseflugzeug
Spannweite: 10,56 m
Länge: 7,95 m
Antrieb: 1 Teledyne Continental IO-360ES 6-Zylinder-Boxermotor mit 160 kW (218 PS)
max. Startmasse: 1285 kg
Reisegeschwindigkeit: 200 km/h
Reichweite: 800 km
Gipfelhöhe: 3000 m
Passagiere: 3 + 1 Pilot

Jakowlew Jak-18

Einmotoriges, zweisitziges Schul- und Sportflugzeug (Serienfertigung ab 1947). Bis zur Einstellung der Produktion der „klassischen" Jak-18 Ende 1967 wurden 6760 Einheiten gebaut, zusammen mit der viersitzigen Version Jak-18T (seit 1967) über 8000 Maschinen. Die Jak-18T, seit 1993 in geringen Stückzahlen erneut produziert, wird unter anderem als Trainingsflugzeug eingesetzt.

Typ: Jakowlew Jak-18A
Herkunftsland: Sowjetunion
Verwendung: Schul- und Sportflugzeug
Spannweite: 10,60 m
Länge: 8,18 m
Antrieb: 1 Iwtschenko AI-14R mit 194 kW (263 PS)
max. Startmasse: 1316 kg
Höchstgeschwindigkeit: 254 km/h
Reichweite: 1050 km
Gipfelhöhe: 4000 m
Besatzung: 2

Jakowlew UT-2

Einmotoriges Sport- und Schulflugzeug in Tiefdecker-Auslegung (entwickelt 1935), das während des 2. Weltkriegs von den sowjetischen Luftstreitkräften als Schulflugzeug eingesetzt wurde. Außerdem gehörte es zum Standard-Fluggerät vieler sowjetischer Aeroklubs. Die Zelle bestand aus einer stoffbespannten Stahlrohrkonstruktion, der Flügel aus stoffbespanntem Holz. Bei Bedarf konnten Schwimmer angebracht werden.

Typ: Jakowlew UT-2
Herkunftsland: Sowjetunion
Verwendung: Sport- und Schulflugzeug
Spannweite: 10,20 m
Länge: 7,00 m
Antrieb: 1 5-Zylinder-Sternmotor M-11 mit 75 kW (100 PS)
max. Startmasse: 856 kg
Höchstgeschwindigkeit: 210 km/h
Reichweite: 500 km
Gipfelhöhe: 3500 m
Besatzung: 1–2

Junkers A 48

Einmotoriges, zweisitziges Sport- und Schulflugzeug in Tiefdecker-Auslegung und in Ganzmetallbauweise mit Glattblechrumpf (Erstflug 15.09.1929). Insgesamt wurden sieben Exemplare gebaut und in Deutschland zugelassen. Teile für sieben weitere lieferte man an das Zweigwerk nach Limhamn (Schweden); dort wurden sie zu Junkers K 47 Jagdbombenflugzeugen umgerüstet. Verschiedene Motorisierungen wurden eingesetzt.

Typ: Junkers A 48
Herkunftsland: Deutschland
Verwendung: Schulflugzeug
Spannweite: 12,40 m
Länge: 8,55 m
Antrieb: 1 Bristol Jupiter VII mit 441 kW (600 PS)
max. Startmasse: 1650 kg
Höchstgeschwindigkeit: 275 km/h
Reichweite: 500 km
Gipfelhöhe: 7500 m
Passagiere: 1 + 1 Pilot

Junkers A 50

Einmotoriges, zweisitziges Sportflugzeug in Tiefdecker-Auslegung mit Duraluminium-Wellblechbeplankung (Erstflug 13.02.1929). Der zweite Sitz konnte beim einsitzigen Betrieb abgedeckt werden. In verschiedenen Varianten wurden 69 Einheiten produziert, 50 davon konnten verkauft werden. Der Typ A 50 mit Schwimmern stellte 1930 acht FAI-Weltrekorde auf.

Typ: Junkers A 50
Herkunftsland: Deutschland
Verwendung: Sportflugzeug
Spannweite: 10,00 m
Länge: 7,12 m
Antrieb: 1 Armstrong Siddeley Genet mit 59 kW (80 PS)
max. Startmasse: 600 kg
Reisegeschwindigkeit: 172 km/h
Gipfelhöhe: 4600 m
Besatzung: 1–2

Junkers T 26

Einmotoriges Schulflugzeug in Hochdecker-Auslegung, das konstruktiv an den Typ T 23 anschließt (Erstflug 1925). Ein zweiter, kleinerer Unterflügel konnte montiert werden, so dass ein Doppeldecker für die Anfängerschulung entstand. Jedoch war dieser Typ für die Flugschulen zu teuer, weshalb ein kommerzieller Erfolg ausblieb.

Typ: Junkers T 26
Herkunftsland: Deutschland
Verwendung: Schulflugzeug
Spannweite: 13,15 m
Länge: 7,54 m
Antrieb: 1 Junkers L1 a mit 59 kW (80 PS)
max. Startmasse: 730 kg/805 kg
Reisegeschwindigkeit: 130 km/h (Eindecker)/115 km/h (Doppeldecker)
Passagiere: 1 + 1 Pilot

Klemm Kl 35

Einmotoriges Schul- und Sportflugzeug (Erstflug 1935). Der freitragende Tiefdecker war voll kunstflugtauglich und wurde nicht nur von Privatleuten und Flugsportvereinen, sondern auch von verschiedenen Luftwaffen als Trainingsflugzeug genutzt. Ab Ausführung D besaß die Maschine ein Dreibeinfahrwerk.

Typ: Klemm Kl 35 D
Herkunftsland: Deutschland
Verwendung: Schul- und Sportflugzeug
Spannweite: 10,40 m
Länge: 7,35 m
Antrieb: 1 4-Zylinder-Reihenmotor Hirth HM 504 A mit 77 kW (105 PS)
max. Startmasse: 705 kg
Höchstgeschwindigkeit: 190 km/h
Reichweite: 800 km
Gipfelhöhe: 4600 m
Besatzung: 2

Letov S-18

Einmotoriges Schul- und Sportflugzeug in Doppeldecker-Auslegung (Erstflug 1925). Die Ursprungsversion besaß einen Holzrumpf. Die Version S-118 bekam eine stärkere Motorisierung. Für die Version D-218 (1926) wurde die Zelle völlig neu in Stahlrohrbauweise ausgeführt. Die Maschine wurde von privaten Besitzern und Fliegerclubs genutzt.

Typ: Letov S-18
Herkunftsland: Tschechoslowakei
Verwendung: Sportflugzeug
Spannweite: 10,00 m
Länge: 6,68 m
Antrieb: 1 Sternmotor Walter NZ 60 mit 44 kW (60 PS)
max. Startmasse: 555 kg
Reisegeschwindigkeit: 105 km/h
Reichweite: 325 km
Gipfelhöhe: 3500 m
Besatzung: 2

Messerschmitt M 17

Einmotoriges Sportflugzeug in Holzbauweise; erstes Motorflugzeug von Willy Messerschmitt (1925). Sechs bis acht Maschinen wurden gefertigt. 1926 überquerte die M 17 als erstes Leichtflugzeug die Zentralalpen.

Typ: Messerschmitt M 17
Herkunftsland: Deutschland
Verwendung: Sportflugzeug
Spannweite: 11,60 m
Länge: 5,85 m
Antrieb: 1 Bristol Cherub III mit 26,5 kW (36 PS)
max. Startmasse: 370 kg
Reisegeschwindigkeit: 150 km/h
Reichweite: 500 km
Gipfelhöhe: 4000 m
Passagiere: 1 + 1 Pilot

Messerschmitt Bf 108

Einmotoriges Sport- und Reiseflugzeug in Tiefdecker-Auslegung (1934). Mit dieser Maschine stellten die Piloten mehrere Höhen- und Streckenrekorde auf. Anfangs nutzten viele Privatpiloten diese Maschine als Reiseflugzeug, bevor die Luftwaffe einen Großauftrag erteilte. Während des 2. Weltkriegs wurden Bf 108 als Verbindungs- oder Umschulungsmaschinen für die Bf 109 verwendet.

Typ: Messerschmitt Bf 108
Herkunftsland: Deutschland
Verwendung: Sport- und Reiseflugzeug
Spannweite: 10,62 m
Länge: 8,30 m
Antrieb: 1 8-Zylinder Argus As 10 C mit 177 kW (240 PS) Startleistung
max. Startmasse: 1380 kg
Höchstgeschwindigkeit: 300 km/h
Reichweite: ca. 950 km
Gipfelhöhe: 5000 m
Passagiere: 3 + 1 Pilot

Piaggio P.148/149

Einmotoriges Sportflugzeug, freitragender Ganzmetall-Tiefdecker (Erstflug 12.02.1951), Schulflugzeug für die fliegerische Grundausbildung, aber auch für die Kunstflugeinweisung. Die verbesserte Version P.149 (Erstflug 19.06.1953) war Standard-Schulflugzeug der Bundesluftwaffe sowie verschiedener anderer Luftstreitkräfte. In Deutschland wurde sie bei Focke Wulf in Lizenz gebaut.

Typ: Piaggio P.148/P.149
Herkunftsland: Italien
Verwendung: Sport- und Schulflugzeug
Spannweite: 11,1[illegible] m/11,1[illegible] m
Länge: 8,44 m/8,80 m
Antrieb: 1 Lycoming O-435-A mit 142 kW/1 Lycoming GO 480 mit 202 kW
max. Startmasse: 1280 kg/1680 kg
Höchstgeschwindigkeit: 235 km/h/305 km/h
Reichweite: ca. 925 km/1090 km
Gipfelhöhe: 5000 m/6050 m
Passagiere: 3–4 + 1 Pilot

Pilatus PC-7

Einmotoriges Mehrzweck-Schulflugzeug, ursprünglich mit Kolbentriebwerk (Weiterentwicklung der P-3) entworfen, hob die PC-7 mit Propellerturbine im August 1966 erstmals ab. Die erste Serienmaschine flog 1978. Die Qualitäten des Turboprop-Trainers für Basistraining, Instrumenten-, Kunst- und Nachtflug sowie taktisches Training werden bis heute hoch geschätzt.

Typ: Pilatus PC-7 Mk.II
Herkunftsland: Schweiz
Verwendung: Schulflugzeug
Spannweite: 10,19 m
Länge: 10,14 m
Antrieb: 1 Pratt & Whitney PT 6A-25A mit 410 kW (556 PS)
max. Startmasse: 2250 kg
Höchstgeschwindigkeit: 556 km/h
Reichweite: 1500 km
Gipfelhöhe: 7600 m
Passagiere: 1 + 1 Pilot

Pilatus PC-21

Einmotoriges Schul- und Sportflugzeug mit Turboprop-Antrieb in Tiefdecker-Auslegung (Erstflug der Prototypen 2002 und 2004). Die aerodynamische Charakteristik der PC-21 überragt die anderer Turboprop-Flugzeuge. Daher kann dieser neue Trainer sowohl für die Basisausbildung als auch im Fortgeschrittenentraining eingesetzt werden und zum Teil das Jet-Training ersetzen.

Typ: Pilatus PC-21
Herkunftsland: Schweiz
Verwendung: Schulflugzeug
Spannweite: 8,77 m
Länge: 11,00 m
Antrieb: 1 Pratt & Whitney Canada PT6A-68B mit 1195 kW (1625 PS)
max. Startmasse: 4250 kg
Höchstgeschwindigkeit: 685 km/h
Reichweite: 1295 km
Gipfelhöhe: 11 580 m
Besatzung: 2

Piper J3c Cub

Einmotoriges Sportflugzeug in Hochdecker-Auslegung, dessen Ursprünge in die 1930er-Jahre zurückreichen und das ab 1937 in ca. 20 000 Einheiten produziert wurde. Die anfängliche Motorisierung von bescheidenen 30 kW wurde später auf bis über 60 kW gesteigert.

Typ: Piper J3c-65
Herkunftsland: USA
Verwendung: Sportflugzeug
Spannweite: 10,74 m
Antrieb: 1 Continental mit 48,5 kW (66 PS)
max. Startmasse: 550 kg
Reisegeschwindigkeit: 115 km/h
Reichweite: 300 km
Gipfelhöhe: 7000 m
Besatzung: 1

Platzer Kiebitz

Einmotoriges Ultraleichtflugzeug, einstielig verspannter Doppeldecker in Kompositbauweise. Die Maschine verfügt über zwei hintereinander angeordnete Sitzplätze. Sie wird in den Klassen 330 kg und 400 kg Startmasse angeboten; dazu sind mehrere unterschiedliche Motoren zugelassen. Die Maschine ist ein Selbstbauflugzeug ohne vormontierten Bausatz. Stattdessen bietet der Hersteller eine Lizenz mit einem Plansatz an.

Typ: Platzer Kiebitz
Herkunftsland: Deutschland
Verwendung: Ultraleichtflugzeug
Spannweite: 7,60 m
Länge: 6,90 m
Antrieb: 1 Nissan MA-12-P oder andere
max. Startmasse: 330 kg/400 kg
Höchstgeschwindigkeit: 125 km/h
Besatzung: 2

Ruschmeyer R90

Einmotoriges Sportflugzeug in Tiefdecker-Auslegung. Zum ersten Mal im Flugzeugbau wurden Vinylesterharz sowie Glas- und Kohlefaserstoffe als Verbundwerkstoff verwendet. In den USA firmiert Ruschmeyer unter Solaris Aviation. Die Maschine heißt dort Solaris Sigma 230.

Typ: Ruschmeyer R90 230RG
Herkunftsland: Deutschland
Verwendung: Sportflugzeug
Spannweite: 9,50 m
Antrieb: 1 Textron Lycoming IO540C4D5 mit 170 kW (230 PS)
max. Startmasse: 1350 kg
Höchstgeschwindigkeit: 324 km/h
Reichweite: 1610 km
Gipfelhöhe: 4875 m
Passagiere: 3 + 1 Pilot

SAI KZ-2

Einmotoriges Sportflugzeug in Tiefdecker-Auslegung (Erstflug 11.12.1937), eine sperrholz- und stoffbeplankte Stahlrohrkonstruktion. Bei der Version Kupé (siehe Abb.) war das Cockpit geschlossen und beide Sitze lagen nebeneinander; bei der Version Sport war das Cockpit offen und die Sitze befanden sich hintereinander.

Typ: SAI KZ-2 Kupé
Herkunftsland: Dänemark
Verwendung: Sportflugzeug
Spannweite: 10,50 m
Antrieb: 1 4-Zylinder-Reihenmotor Gipsy Minor/Cirrus Minor I mit 66 kW (90 PS)
max. Startmasse: 750 kg
Höchstgeschwindigkeit: 175 km/h
Reichweite: 900 km
Gipfelhöhe: 5000 m
Besatzung: 2

Spirit of St. Louis

Einmotoriges Flugzeug in Schulterdecker-Auslegung und stoffbespannter Stahlrohr- und Holzkonstruktion mit dem Charles Lindbergh am 20./21.05.1927 den Atlantik überquerte. Weil sich der Haupttank vor der Pilotenkanzel befand, konnte Lindbergh, der den Tank im Havariefall nicht im Rücken haben wollte, nur durch ein Periskop nach vorn sehen. Insgesamt konnte die Spirit of St. Louis 1705 Liter Treibstoff tanken – mehr als die Hälfte ihres Gesamtgewichts.

Typ: Spirit of St. Louis
Herkunftsland: USA
Verwendung: Rennflugzeug
Spannweite: 14,00 m
Länge: 8,00 m
Antrieb: 1 Wright Whirlwind J-5C, 223hp mit 194 kW (260 PS)
max. Startmasse: 2330 kg
Höchstgeschwindigkeit: 390 km/h
Reichweite: 5808 km
Besatzung: 1

Suchoi Su-26

Einmotoriges Sportflugzeug in Tiefdecker-Auslegung (Erstflug 30.06.1984), erste Entwicklung des Konstruktionsbüros Suchoi – sonst spezialisiert auf Militärjets – für den Markt ziviler Flugzeuge. Die kunstflugtaugliche Maschine entstand auf der Basis der Jak-50 und wurde auch ins westliche Ausland exportiert.

Typ: Suchoi Su-26
Herkunftsland: Sowjetunion
Verwendung: Sportflugzeug
Spannweite: 7,80 m
Länge: 6,83 m
Antrieb: 1 VKOBM MP-14 P mit 268 kW (364 PS)
max. Startmasse: 962 kg
Höchstgeschwindigkeit: 310 km/h
Reichweite: 825 km
Gipfelhöhe: 4000 m
Besatzung: 1

Zlin Z-XII

Einmotoriges Sportflugzeug (1935) in Tiefdecker-Auslegung und Holzbauweise. Die Maschine konnte entweder mit offenem Cockpit oder mit Kabinenhaube geliefert werden. Über 200 Einheiten wurden gebaut, eine größere Anzahl auch exportiert.

Typ: Zlin Z-XII
Herkunftsland: Tschechoslowakei
Verwendung: Sportflugzeug
Spannweite: 10,00 m
Länge: 7,80 m
Antrieb: 1 Persy II mit 33 kW (45 PS)
max. Startmasse: 520 kg
Reisegeschwindigkeit: 135 km/h
Reichweite: 300 km
Gipfelhöhe: 3800 m
Besatzung: 2

tma
8Q-TMC

Flugboote, Wasser-, Schwimmer- und Amphibienflugzeuge

Flugboote, Wasser-, Schwimmer- und Amphibienflugzeuge

Lange Zeit flogen Amphibienflugzeuge und Flugboote den landgestützten Flugzeugen den Rang ab – zumindest was ihre Größe und ihre Transportkapazität anging. Die riesigen Verkehrsflugboote, eigentlich schon eher fliegende Schiffe, hatten ihre große Zeit in den 1920er- bis 1940er-Jahren. Wo keine ausgebaute Infrastruktur existiert, aber große Wasserflächen zur Verfügung stehen, bietet sich dieses Art des Operierens vom Wasser aus noch heute an, wenn auch nicht mehr für den Luftverkehr der großen Fluggesellschaften.

Aichi E16A Zuiun

Einmotoriges Wasserflugzeug mit zwei großen Schwimmern (Erstflug 1942), aufgrund der Verwendung als Sturzkampfflugzeug mit Sturzflugbremsen ausgestattet, jedoch überwiegend als Aufklärungsflugzeug eingesetzt. Als Ersatz für die Aichi E13A wurde bereits 1942 ein Prototyp gebaut, die Serienproduktion begann ab Januar 1944; bis Kriegsende wurden 256 Exemplare gebaut.

Typ: Aichi E16A1
Herkunftsland: Japan
Verwendung: Aufklärungsflugzeug
Spannweite: 12,81 m
Länge: 10,83 m
Antrieb: 1 14-Zylinder-Sternmotor Mitsubishi MK8A Kinsei 51 mit 970 kW (1319 PS)
max. Startmasse: 3900 kg
Höchstgeschwindigkeit: 446 km/h
Reichweite: 2400 km
Gipfelhöhe: 10 000 m
Besatzung: 2
Bewaffnung: 2 MK 20 mm, 1 MG 7,7 mm Typ 92, 250 kg Bomben

Arado Ar 196

Einmotoriges Wasserflugzeug in Tiefdecker-Auslegung mit zwei Schwimmern und einem Rumpf aus geschweißtem Stahlrohrrahmen (vorn blechbeplankt, hinten stoffbespannt). Seit 1937 als Nachfolger der He 50 als katapultstartfähiges Standardbordflugzeug der deutschen Marine eingesetzt. Insgesamt wurden 541 Exemplare gebaut.

Typ: Arado Ar 196 A-1
Herkunftsland: Deutschland
Verwendung: Bordflugzeug
Spannweite: 12,47 m
Länge: 11,00 m
Antrieb: 9-Zylinder-Sternmotor BMW 132K mit 706 kW (960 PS)
max. Startmasse: 3730 kg
Höchstgeschwindigkeit: 310 km/h
Reichweite: 1072 km
Gipfelhöhe: 7020 m
Besatzung: 2
Bewaffnung: 2 MK 20 mm, 1 MG 17 7,92 mm, bis zu 100 kg Bomben

Avro 510

Einmotoriges, zweisitziges Wasserflugzeug in Holzbauweise; zweistieliger, verspannter Doppeldecker, eigentlich ein Anderthalbdecker (obere Tragflächen über ein Drittel länger als die unteren). Stahlgestelle verbanden die beiden Haupt- sowie Heck- und Stützschwimmer mit dem Rumpf. Die britische Admiralität orderte fünf Exemplare, sie erwiesen sich jedoch als zu schwach und anfällig.

Typ: Avro 510
Herkunftsland: Großbritannien
Verwendung: Wasserflugzeug
Spannweite: oben 18,30 m, unten 11,60 m
Länge: 11,58 m
Antrieb: 1 Sunbeam Nubian-Motor mit 111,8 kW (152 PS)
max. Startmasse: 1270 kg
Höchstgeschwindigkeit: 113 km/h
Reichweite: 500 km
Gipfelhöhe: 950 m
Besatzung: 1 + 1 Pilot

Berijew MBR-2

Einmotoriges Flugboot in Schulterdecker-Auslegung mit zweistufigem Bootsrumpf. Das Triebwerk war auf einem Metallgestell über dem Flügel angeordnet. Einsatzgebiete des Marine-Nahaufklärers waren seit 1932 die sowjetischen Küstengewässer. Das Flugboot war leicht zu bedienen und zu warten, es wurde bis 1942 produziert. Eine Zivilversion wurde als MP-1 aus diesem Typ abgeleitet.

Typ: Berijew MBR-2
Herkunftsland: Sowjetunion
Verwendung: Flugboot
Spannweite: 18,90 m
Länge: 13,50 m
Antrieb: 1 12-Zylinder-Reihenmotor M-17 mit 530–633 kW (720–860 PS)
max. Startmasse: 4000 kg
Höchstgeschwindigkeit: 285 km/h
Reichweite: 1450 km
Gipfelhöhe: 6600 m
Besatzung: 3–4
Bewaffnung: 2–4 MG, 600 kg Bomben

Berijew Be-6

Zweimotoriges Flugboot in Hochdecker-Auslegung und Ganzmetallbauweise (Erstflug 1947), das als Seeaufklärungs- und Bombenflugboot eingesetzt wurde. Die Be-6 konnte neben dem Patrouillendienst auch zur U-Boot-Abwehr oder zur Verminung von Küstengewässern eingesetzt werden. Eine Reihe von Maschinen wurde auch nach China (dort als Qing 6 im Einsatz) geliefert.

Typ: Berijew Be-6
Herkunftsland: Sowjetunion
Verwendung: Flugboot
Spannweite: 33,00 m
Länge: 23,50 m
Antrieb: 2 Schwezow ASch-73TK Sternmotoren mit je 1693 kW (2300 PS)
max. Startmasse: 23 450 kg
Höchstgeschwindigkeit: 415 km/h
Reichweite: 4800 km
Gipfelhöhe: 6100 m
Bewaffnung: 4 oder 5 23-mm-Kanonen NS-23; Minen, Wasserbomben, Torpedos an Unterflügelstationen

Berijew R-1

Zweistrahliges sowjetisches Flugboot mit zweistufigem Bootsrumpf und Kreuzleitwerk. (Erstflug 30.05.1952). Die R-1 war das erste strahlgetriebene Flugboot weltweit. Seine Aufgabe war die Aufklärung und die Bekämpfung feindlicher Ziele. Dazu waren vier 23-mm-Kanonen und eine Bombenlast von 1000 kg vorgesehen. Die R-1 konnte sich aufgrund häufig wiederkehrender Mängel nicht durchsetzen, man machte sich aber die Erfahrungen für die Berijew Be-10 zunutze.

Typ: Berijew R-1
Herkunftsland: Sowjetunion
Verwendung: Flugboot
Spannweite: 21,40 m
Länge: 19,43 m
Antrieb: 2 Klimov VK-1 mit je 26,87 kN (2740 kp) Schub
max. Startmasse: 17 000 kg
Höchstgeschwindigkeit: 800 km/h
Reichweite: 2000 km
Gipfelhöhe: 11 500 m
Besatzung: 3
Bewaffnung: 4 Kanonen 23 mm, bis zu 1000 kg Bombenlast

Berijew Be-12 Tschaika

Zweimotoriges Amphibienflugzeug mit Turboprop-Antrieb (Erstflug um 1960). Ursprünglich für die militärische Nutzung entwickelt, wurden die meisten der 150 Maschinen als Aufklärer zur See- und Küstenüberwachung und zur U-Boot-Jagd eingesetzt. Daneben diente die Tschaika auch zur Seenotrettung und zur geologischen Erkundung. Bei den sowjetischen Seefliegerkräften ersetzte sie die Be-6.

Typ: Berijew Be-12
Herkunftsland: Sowjetunion
Verwendung: Amphibienflugzeug
Spannweite: 29,71 m
Länge: 30,17 m
Antrieb: 2 Iwtschenko Ai-20D mit je 3126 kW (4250 PS)
max. Startmasse: 29 500 kg
Reisegeschwindigkeit: 320 km/h
Reichweite: 4000 km
Gipfelhöhe: 11 300 m
Besatzung: 10
Bewaffnung: bis 5000 kg Waffenlast

Berijew Be-200

Zweistrahliges Amphibienflugzeug in Schulterdecker-Auslegung mit T-Leitwerk (Erstflug 24.09.1998). Neben ihrer Variabilität – Einsatz für den Passagier- und Frachttransport, für den Umweltschutz und zur Seeüberwachung – überzeugte die Be-200 besonders durch ihre Eignung für Löscheinsätze. In der Exportversion für westliche Märkte wird die Maschine mit Rolls-Royce- oder Allison-Triebwerken angeboten.

Typ: Berijew Be-200
Herkunftsland: Russland
Verwendung: Amphibienflugzeug
Spannweite: 32,78 m
Länge: 32,05 m
Antrieb: 2 Progress D-436TP Turbofans mit je 73,6 kN (7444 kp) Schub
max. Startmasse: 37 200 kg (von Land), 43 000 kg (aus dem Wasser)
Reisegeschwindigkeit: 555–610 km/h
Reichweite: max. 2760 km
Gipfelhöhe: 1700 m (mit 7,5 t Last) bis 3850 m
Passagiere: 64 (8 t Fracht/12 m^3 Löschwasser)

Blackburn R.B.3A Perth

Dreimotoriges Flugboot in Doppeldecker-Auslegung; als Nachfolger der Blackburn R.B.1 Iris als Fernaufklärungsflugboot konzipiert. Aufgrund wiederkehrender technischer Probleme (besonders am Leitwerk) wurde es lediglich von 1934 bis 1938 eingesetzt.

Typ: Blackburn R.B.3A
Herkunftsland: Großbritannien
Verwendung: Aufklärungsflugboot
Spannweite: 29,60 m
Länge: 21,30 m
Antrieb: 3 Rolls-Royce Buzzard IIMS mit je 615 kW (836 PS)
max. Startmasse: 14 740 kg
Höchstgeschwindigkeit: 213 km/h
Reichweite: 2780 km
Gipfelhöhe: 3500 m
Besatzung: 6
Bewaffnung: 1 MK 37 mm, 900 kg Bombenlast

Boeing 314 Clipper

Viermotoriges Flugboot in Schulterdecker-Auslegung für Langstrecken (Erstflug am 07.06.1938). In den seitlichen Stabilisierungsschwimmern wurde ein Teil des Treibstoffs untergebracht. Der Clipper war eines der größten Flugzeuge seiner Zeit – zwölf Einheiten flogen für Pan American World Airways auf den Atlantik- und Pazifik-Routen; sie waren besonders luxuriös ausgestattet (u. a. mit Speisesalon und Badezimmern). Anstelle der 74 Passagiersitze konnten in der Kabine 40 Schlafkojen für Nachtreisen hergerichtet werden. Während des 2. Weltkriegs wurden die Clipper für militärische Nachschubtransporte genutzt. 1943 reiste US-Präsident Roosevelt mit einer Boeing 314 (NC-18605 Dixie Clipper) zur Casablanca-Konferenz.

Typ: Boeing 314
Herkunftsland: USA
Verwendung: Flugboot
Spannweite: 46,33 m
Länge: 32,31 m
Antrieb: 4 Wright GR-2600 Twin Cyclone mit je 1192 kW (1600 PS)
max. Startmasse: 37 422 kg
Reisegeschwindigkeit: 296 km/h
Reichweite: 5600 km
Gipfelhöhe: 13 700 m
Passagiere: 74

Breguet 521 Bizerte

Dreimotoriges Flugboot mit militärischer Ausrüstung in Doppeldecker-Auslegung (Erstflug Prototyp am 11.09.1933). Weiterentwicklung des Short Calcutta, für das Breguet die Lizenz erworben hatte. Nach dem Waffenstillstand 1940 wurden einige Maschinen von der deutschen Luftwaffe als Seenotrettungsmaschinen übernommen. Das zivile Pendant zur Bizerte war die Breguet 530 Saigon.

Typ: Breguet 521
Herkunftsland: Frankreich
Verwendung: Aufklärungsflugboot
Spannweite: 35,13 m (oben), 18,90 m (unten)
Länge: 20,33 m
Antrieb: 3 Gnome-Rhône 14N-11 mit je 671 kW (900 PS)
max. Startmasse: 16 000 kg
Höchstgeschwindigkeit: 236 km/h
Reichweite: 2100 km
Gipfelhöhe: 6600 m
Besatzung: 8
Bewaffnung: 5 MG 7,5 mm, 200 kg Bomben unter den Tragflächen, Torpedos

Canadair CL 215

Zweimotoriges Mehrzweck-Amphibienflugzeug mit einstufigem Bootskörper und Stützschwimmern unter den Tragflächen (Erstflug 23.10.1967). Das Flugzeug wurde vorrangig für die Bekämpfung von Waldbränden (Kapazität 5455 Liter Wasser/Löschmittel) konzipiert. Bis zum Produktionsende 1990 wurden von den 125 Einheiten die meisten für die Brandbekämpfung ausgerüstet, zehn für Rettungseinsätze und zur Küstenüberwachung modifiziert und zwei für die Passagierbeförderung.

Typ: Canadair CL 215
Herkunftsland: Kanada
Verwendung: Mehrzweck-Amphibienflugzeug
Spannweite: 28,60 m
Länge: 19,82 m
Antrieb: 2 Sternmotoren Pratt & Whitney R-2800-CA3 mit je 1566 kW (2130 PS)
max. Startmasse: 19 731 kg (von Land), 17 100 kg (aus dem Wasser)
Reisegeschwindigkeit: 291 km/h
Reichweite: max. 2090 km
Besatzung: 2

Canadair CL 415

Zweimotoriges Amphibienflugzeug mit Turboprop-Antrieb (Erstflug 06.12.1993). Die Maschine ist für Löscheinsätze bei Waldbränden optimiert. Für das Auffüllen der Tanks im Wasser benötigt sie nur zwölf Sekunden. Daneben fliegt die CL 415 auch als Patrouillenflugzeug. Die Version CL 415 M dient dem Passagier- und Frachttransport. Die CL 415 ist derzeit weltweit das einzige große Amphibienflugzeug.

Typ: Canadair CL 415
Herkunftsland: Kanada
Verwendung: Amphibienflugzeug
Spannweite: 28,61 m
Länge: 19,82 m
Antrieb: Pratt & Whitney Canada PW123AF Propellerturbinen mit je 1750 kW (2380 PS)
max. Startmasse: 19 800 kg (von Land), 17 100 kg (aus dem Wasser)
Reisegeschwindigkeit: 287 km/h
Reichweite: max. 2427 km
Gipfelhöhe: 9750 m
Passagiere: bis 30 (oder 4790 kg Fracht oder 6120 l Löschwasser) + 2 Besatzung

Caproni Ca-60

Achtmotoriges Flugboot in dreifacher Dreidecker-Auslegung (Erstflug 04.03.1921). Die drei Dreidecker-Flügelpaare auf dem Rumpf hatten 836 m^2 Flügelfläche (doppelt so viel wie eine B-52). Mit acht Motoren, je vier mit Druck- und Zugpropellern, hob die Maschine nur einmal kurz ab und stürzte aus 20 Metern Höhe in den Lago Maggiore.

Typ: Caproni Ca-60
Herkunftsland: Italien
Verwendung: Flugboot
Spannweite: 30,50 m
Länge: 23,45 m
Antrieb: 8 Liberty L-12 mit je 293 kW (400 PS)
max. Startmasse: 25 000 kg
Höchstgeschwindigkeit: 112 km/h
Reichweite: 660 km
Passagiere: 60–100 + 8 Besatzung

Consolidated PBY Catalina

Zweimotoriges Amphibienflugzeug in Hochdecker-Auslegung mit zwei Stützschwimmern (Erstflug 1935). Der Seeaufklärer diente im 2. Weltkrieg u. a. der Sicherung von Geleitzügen und konnte 24 Stunden in der Luft bleiben. Mit über 3300 Exemplaren das meistgebaute Amphibienflugzeug.

Typ: Consolidated PBY 5 A
Herkunftsland: USA
Verwendung: Amphibienflugzeug
Spannweite: 31,70 m
Länge: 19,47 m
Antrieb: 2 14-Zylinder Pratt & Whitney R-1930-92 mit je 895 kW (1217 PS)
max. Startmasse: 16 063 kg
Höchstgeschwindigkeit: 288 km/h
Reichweite: 4096 km
Gipfelhöhe: 4481 m
Besatzung: 7–9
Bewaffnung: 3 MG 7,62 mm, 2 MG 12,7 mm, bis zu 2200 kg Bombenlast extern, alternativ 2 Mk 13-2 Torpedos à 983 kg

Dornier Do R4 Superwal

Viermotoriges Passagier-Flugboot (Erstflug im September 1926). Die Maschine wurde auch in einer zweimotorigen Version (als Do R2) gebaut. Kunden konnten zwischen verschiedenen Motoren wählen, die sie selbst anzuliefern hatten. Wale und Superwale wurden auch im Postdienst geflogen.

Typ: Dornier Do R4
Herkunftsland: Deutschland
Verwendung: Passagierflugboot
Spannweite: 28,60 m
Länge: 24,60 m
Antrieb: 4 Gnôme-Rhône Jupiter VI mit je 318 kW (517 PS)
max. Startmasse: 14 000 kg
Reisegeschwindigkeit: 190 km/h
Reichweite: 1500 km
Gipfelhöhe: 2000 m
Passagiere: 19 + 4 Besatzung

Dornier Do X

Zwölfmotoriges Verkehrsflugschiff (Erstflug 12.07.1929). Die Do X war ihrerzeit das bei weitem größte Flugzeug der Welt. Am 05.11.1930 brach die Do X zu einem weltumrundenden Repräsentationsflug auf, der bis zum 24.05.1932 dauerte. Wirtschaftlich war die Do X ein Misserfolg. Nur drei Maschinen wurden gebaut, zwei davon für Italien. Die deutsche Do X verlor bei einer Landung am 09.05.1933 das Leitwerk, wurde demontiert und nicht wieder aufgebaut. Das Schicksal der italienischen Maschinen ist ungeklärt.

Typ: Dornier Do X
Herkunftsland: USA
Verwendung: Passagierflugschiff
Spannweite: 48,05 m
Länge: 40,05 m
Antrieb: 12 V-12-Zylinder Curtiss GV-1750 Conqueror mit je 485 kW (660 PS) Startleistung
max. Startmasse: 56 000 kg
Reisegeschwindigkeit: 190 km/h
Reichweite: 1700–2800 km
Gipfelhöhe: 3200 m
Passagiere: 66–100

Dornier Do 24

Dreimotoriges Flugboot, das während des 2. Weltkriegs zur Seeaufklärung und zur Seenotrettung eingesetzt wurde (Erstflug 05.07.1937). 1982 baute man eine Do 24 zur Do 24 ATT („Amphibischer Technologie Träger") um (siehe Abbildung) und versah sie mit neuen Tragflächen, Turboprop-Triebwerken und einziehbarem Landfahrgestell.

Typ: Dornier Do 24 ATT
Herkunftsland: Deutschland
Verwendung: Flugboot
Spannweite: 27,27 m
Länge: 21,95 m
Antrieb: 3 Pratt & Whitney Canada PT6A-45 mit je 827 kW (1125 PS)
max. Startmasse: 14 000 kg (von Land), 12 000 kg (aus dem Wasser)
Höchstgeschwindigkeit: 343 km/h
Bewaffnung: 2 MG 7,92 mm, 1 MK 20 mm (nur bei Ausgangstyp Do-24 T)

Dornier Do 26 Seeadler

Viermotoriges Flugboot mit Knickflügeln und einklappbaren Schwimmern (Erstflug 21.05.1938). Vier Dieselmotoren trieben in Tandemgondeln je zwei Zug- und Druckpropeller an. Die Do 26, anfangs als transatlantisches Postflugzeug geplant, wurde für die Luftwaffe als Aufklärer gebaut.

Typ: Dornier Do 26 V-1 A
Herkunftsland: Deutschland
Verwendung: Aufklärungsflugboot
Spannweite: 30,00 m
Länge: 24,60 m
Antrieb: 4 Dieselmotoren Jumo 205E mit je 442 kW (600 PS)
max. Startmasse: 20 000 kg
Höchstgeschwindigkeit: 335 km/h
Reichweite: 9000 km
Gipfelhöhe: 4800 m
Besatzung: 4
Bewaffnung: 4 MG-151 20 mm

Grumman G-21/JRF Goose

Zweimotoriges Amphibienflugzeug. Ursprünglich als Verbindungsflugzeug für Geschäftsleute aus dem Gebiet von Long Island entworfen, erwies sich die Maschine als taugliches Transportmittel und Aufklärungsflugzeug für die US Coast Guard, die Navy (dort als JRF) und die Army. Während des 2. Weltkriegs auch von Kanada und der RAF genutzt.

Typ: Grumman G-21A/JRF
Herkunftsland: USA
Verwendung: Amphibienflugzeug
Spannweite: 14,94 m
Länge: 11,68 m
Antrieb: 2 Pratt & Whitney Wasp Junior SB-2 mit je 340 kW (462 PS)
max. Startmasse: 3600 kg
Höchstgeschwindigkeit: 323 km/h
Reichweite: 1030 km
Gipfelhöhe: 6400 m
Besatzung: 6–7

Grumman HU-16 Albatross

Zweimotoriges Amphibienflugzeug (Erstflug Prototyp 1947). Nach dem Erfolg der Grumman Goose regte die US-Navy den Bau eines größeren Amphibienflugzeugs an. Es wurde für Seepatrouillen, Seenotrettung und Aufklärungsflüge sowie zur U-Boot-Bekämpfung genutzt. Die 459 bis 1954 gebauten Maschinen verrichteten in den USA und in 16 weiteren Ländern der Welt ihren Dienst.

Typ: Grumman HU-16
Herkunftsland: USA
Verwendung: Amphibienflugzeug
Spannweite: 29,46 m
Länge: 19,15 m
Antrieb: 2 Wright R-1820-76A oder -76B Cyclone mit je 1062 kW (1444 PS)
max. Startmasse: 17 000 kg
Höchstgeschwindigkeit: 380 km/h
Reichweite: 5280 km
Gipfelhöhe: 6550 m
Besatzung: 3–6
Bewaffnung: bis 2350 kg externe Waffenlast

Heinkel He 60

Einmotoriges Wasserflugzeug in Doppeldecker-Auslegung (Erstflug 1933). Die Maschine wurde im Zuge der verdeckten Aufrüstung als Bordflugzeug und Seeaufklärer (katapultstartfähig) für die Reichsmarine entwickelt. Die Besatzung saß in zwei offenen Sitzen hintereinander.

Typ: Heinkel He 60
Herkunftsland: Deutschland
Verwendung: Bordflugzeug
Spannweite: 13,50 m
Länge: 11,50 m
Antrieb: 1 BMW VI 6,0 ZU mit 440 kW (600 PS) Startleistung
max. Startmasse: 3500 kg
Marschgeschwindigkeit: 220 km/h
Reichweite: max. 950 km
Gipfelhöhe: 5000 m
Besatzung: 2
Bewaffnung: 2 MG 7,9 mm

Hughes H-4 Hercules

Achtmotoriges Transportflugboot in Holzbauweise, das zwischen 1942 und 1947 entwickelt und gebaut wurde („Erstflug" 02.11.1947). Die Hughes H-4 Hercules gilt bis heute als die Maschine mit der größten Spannweite und Flügelfläche (1061,80 m²) aller jemals gebauten Luftfahrzeuge. Die US-Navy schrieb 1942 einen Wettbewerb für ein Transportflugboot aus, mit dem amerikanische Soldaten schnell und von U-Booten unbehelligt nach Europa gebracht werden konnten. „Kriegswichtige Werkstoffe" durften dabei nicht verwendet werden. So baute man das Flugboot im Wesentlichen aus Birkenholz. Die Maschine kam für ihren Einsatzzweck zu spät. Weil das Flugboot beim ersten und einzigen Flug im Bereich des Bodeneffekts blieb, bezweifeln Kritiker bis heute die Flugtauglichkeit des Musters.

Typ: Hughes H-4
Herkunftsland: USA
Verwendung: Transportflugboot
Spannweite: 97,51 m
Antrieb: 8 Pratt & Whitney R4360-4A 28-Zylinder-Vierreihen-Sternmotoren mit je 2240 kW (3040 PS)
Länge: 66,74 m
max. Startmasse: 181 500 kg
Höchstgeschwindigkeit: 378 km/h (geplant)
Reichweite: 4827 km (geplant)
Gipfelhöhe: 6370 m (geplant)
Passagiere: bis 750 + 18 Besatzung

Kawanishi H8K

Viermotoriges Flugboot in Ganzmetallbauweise für militärische Aufgaben (Erstflug 1940). Das Flugboot wurde für Fernaufklärungsflüge und für Transportaufgaben eingesetzt. Es zeichnete sich durch eine sehr hohe Nutzlastkapazität aus und besaß beachtliche Leistungsreserven. Technisch war es den großen Flugbooten der Alliierten (wie Sunderland oder Coronado) sogar überlegen. Es war aber nicht leicht zu fliegen und wurde nur von erfahrenen Piloten beherrscht. Im Laufe der Bauzeit (bis 1945) setzte man verschiedene Motoren ein. Auch die Bewaffnung wurde im Laufe des Krieges weiter verstärkt. 162 Serienmaschinen verschiedener Versionen wurden gebaut. Die letzte Modifikation H8K-4 ging nicht mehr in Serie.

Typ: Kawanishi H8K
Herkunftsland: Japan
Verwendung: Flugboot
Spannweite: 37,80 m
Länge: 28,80 m
Antrieb: 4 Mitsubishi MK4B Kasei 12 mit je 1103 kW (1500 PS)
max. Startmasse: 32 000 kg
Höchstgeschwindigkeit: 470 km/h
Reichweite: 4800 km
Gipfelhöhe: 6800 m
Besatzung: 9
Bewaffnung: bis zu 5 MK 20 mm, 4 MG 7,7 mm, 2 800-kg-Torpedos oder 8 250-kg-Bomben oder 16 60-kg-Bomben

Martin M 130

Viermotoriges Verkehrsflugboot in Hochdecker-Auslegung (1932). Der sogenannte China Clipper flog auf den Pazifik-Routen von der amerikanischen Westküste über Hawaii nach Ostasien. Zunächst im Postdienst eingesetzt, diente es seit Oktober 1936 auch für Passagierflüge (48 Sitze bei Tag-, 18 Betten bei Nachtflügen).

Typ: Martin M 130
Herkunftsland: USA
Verwendung: Verkehrsflugboot
Spannweite: 39,62 m
Länge: 27,62 m
Antrieb: 4 Pratt & Whitney R-1830 Twin Wasp mit je 618 kW (840 PS)
max. Startmasse: 23 580 kg
Reisegeschwindigkeit: 262 km/h
Reichweite: 5150 km
Gipfelhöhe: 5200 m
Passagiere: 46–48

Martin Mars

Viermotoriges Flugboot für zivile und militärische Anwendungen (Erstflug 23.06.1942). Die Maschine trug bis 15,8 Tonnen Fracht, die Version JRM II sogar bis 31 Tonnen. Bei einem Rekordflug beförderte die M 170 JRM II 263 Personen. Die Martin Mars war das weltweit größte Flugboot, das in Serienfertigung ging. Noch heute werden zwei umgebaute Martin Mars in Kanada zur Waldbrandbekämpfung eingesetzt.

Typ: Martin M 170
Herkunftsland: USA
Verwendung: Transportflugboot
Spannweite: 61,00 m
Länge: 35,70 m
Antrieb: 4 Pratt & Whitney R-4360-4T Wasp Major mit je 2240 kW (3045 PS)
max. Startmasse: 74 800 kg
Höchstgeschwindigkeit: 350 km/h
Reichweite: 8000 km
Gipfelhöhe: 4450 m
Besatzung: 4

Martin P5M Marlin

Zweimotoriges schweres Amphibienflugzeug in Schulterdecker-Auslegung (Erstflug 30.05.1948). Die Serienfertigung (1366 Stück) begann 1951. Die Maschine wurde von der Navy (u. a. zur U-Boot-Abwehr) und der Coast Guard eingesetzt, flog aber auch für die französische Marine, wo sie die Sunderlands ersetzte. Die letzte Version SP-5 wurde von der US-Navy noch in Vietnam eingesetzt.

Typ: Martin P5M-2S (SP-5B)
Herkunftsland: USA
Verwendung: Patrouillen- und Bombenflugzeug
Spannweite: 36,00 m
Länge: 30,60 m
Antrieb: 2 Wright R-3350-30WA mit je 2423 kW (3295 PS)
max. Startmasse: 38 550 kg
Höchstgeschwindigkeit: 400 km/h
Reichweite: 5000 km
Gipfelhöhe: 7300 m
Besatzung: 8
Bewaffnung: 4 980-kg-Torpedos oder 4 900-kg-Bomben oder 8 450-kg-Minen oder 16 230-kg-Bomben oder 16 150-kg-Wasserbomben

Piaggio P.136

Zweimotoriges Amphibienflugzeug mit hoch angesetzten Knickflügeln und zwei Druckschrauben-Triebwerken, die an der Knickstelle in die Tragfläche eingebunden sind (Erstflug 1948). Diese Triebwerksanordnung war zweckmäßig für das Operieren mit voller Zuladung vom Wasser aus. Für den amerikanischen Markt wurde eine spezielle Version, die Royal Gull, entwickelt; ca. 40 Maschinen wurden nach den USA und nach Kanada verkauft.

Typ: Piaggio P.136 L2
Herkunftsland: Italien
Verwendung: Amphibienflugzeug
Spannweite: 13,51 m
Länge: 10,79 m
Antrieb: 2 Avco Lycoming GSO-480 mit je 346 PS (255 kW)
max. Startmasse: 2995 kg
Höchstgeschwindigkeit: 335 km/h
Reichweite: ca. 1450 km
Gipfelhöhe: 7800 m
Passagiere: 4 + 1 Pilot

Rohrbach Rocco

Zweimotoriges Flugboot mit stark gepfeiltem Rumpf und hohem Kreuzerbug, abgestrebter Schulterdecker in Ganzmetallbauweise mit seitlichen Stützschwimmern (1926/27). Von Travemünde aus flog das Flugboot auf den Ostseerouten.

Typ: Rohrbach Ro V
Herkunftsland: Deutschland
Verwendung: Verkehrsflugboot
Spannweite: 26,00 m
Länge: 19,30 m
Antrieb: 2 Rolls-Royce Condor mit je 480 kW (652 PS)
max. Startmasse: 2360 kg
Reisegeschwindigkeit: 168 km/h
Reichweite: 2400 km
Gipfelhöhe: 3150 m
Passagiere: 10

Saunders Roe Princess

Zehnmotoriges Verkehrsflugboot (Erstflug August 1952). Acht der zehn Motoren waren gekoppelt, jeweils zwei trieben einen Propeller an. Es wurden insgesamt drei Exemplare gebaut; die letzte Princess wurde 1967 abgewrackt.

Typ: Saunders Roe SR.45
Herkunftsland: Großbritannien
Verwendung: Verkehrsflugboot
Spannweite: 66,90 m
Länge: 42,00 m
Antrieb: 10 Turboprop-Triebwerke Bristol Proteus 600 mit 2386 kW (3245 WPS)
max. Startmasse: 156 490 kg
Höchstgeschwindigkeit: 580 km/h
Reichweite: 9270 km
Gipfelhöhe: 11 300 m
Passagiere: 105

Short S-23 Empire

Viermotoriges Flugboot (Erstflug 04.06.1936). Insgesamt wurden 31 Exemplare gebaut, die als Post- und Passagierflugzeuge auf den Strecken nach Ägypten, Indien, Ostafrika, Südafrika, Malaysia, Hongkong und Australien verkehrten. Die Maschinen der Empire-Klasse waren das Vorbild für die S-25 Sunderland Flugboote.

Typ: Short S-23
Herkunftsland: Großbritannien
Verwendung: Verkehrsflugboot
Spannweite: 34,75 m
Länge: 26,02 m
Antrieb: 4 Sternmotoren Bristol Pegasus XC mit je 686 kW (920 PS)
max. Startmasse: 18 370 kg
Höchstgeschwindigkeit: 322 km/h
Reichweite: 1230 km
Gipfelhöhe: 6095 m
Passagiere: 24 + 5 Besatzung

Short S-25 Sunderland

Viermotoriges Mehrzweckflugboot für Langstrecken (1937), freitragender Schulterdecker in Ganzmetallbauweise mit konventionellem Leitwerk; die militärische Version des Verkehrsflugboots S-23 Empire. Einsatzgebiete der Sunderland waren: Seeaufklärung, U-Boot-Abwehr, Transportaufgaben und Seenotdienst. Einige der bis Oktober 1945 gebauten 721 Exemplare standen in Großbritannien und anderen Staaten bis 1958 in Dienst.

Typ: Short S-25 Mk.V
Herkunftsland: Großbritannien
Verwendung: Mehrzweckflugboot
Spannweite: 34,36 m
Länge: 26,01 m
Antrieb: 4 Pratt & Whitney R-1830 Twin-Wasp-Sternmotoren mit je 895 kW (1217 PS)
max. Startmasse: 29 482 kg
Höchstgeschwindigkeit: 343 km/h
Reichweite: 4800 km
Gipfelhöhe: 6250 m
Besatzung: 7–9 (max. 10)
Bewaffnung: bis 10 MG 12,7 mm und 1800–2250 kg Bomben oder Wasserbomben intern

Sikorsky S-40

Viermotoriges Verkehrsflugboot (Erstflug Anfang 1930), abgestrebter und verspannter Hochdecker. Ursprünglich als Amphibienflugzeug entworfen, wurde die Maschine später als Flugboot verwendet, so konnte man die Leermasse verringern und die Zuladung erhöhen. Die S-40 flog bei der PanAm im Liniendienst (Erstflug der ersten PanAm-Maschine am 19.11.1931; Charles Lindbergh hatte das Kommando auf diesem Flug inne).

Typ: Sikorsky S-40
Herkunftsland: USA
Verwendung: Verkehrsflugboot
Spannweite: 34,80 m
Länge: 23,40 m
Antrieb: 4 Pratt & Whitney R-1690 Hornet mit je 425 kW (580 PS)
max. Startmasse: 6260 kg
Reisegeschwindigkeit: 185 km/h
Reichweite: 925 km
Gipfelhöhe: 5500 m
Besatzung: 40 + 4 Besatzung

Tschetwerikow MDR-6

Zweimotoriges Amphibienflugzeug, freitragender Schulterdecker (Erstflug Dezember 1937). Die Maschine setzte sich gegen einen Konkurrenzentwurf von Berijew durch. 50 Serienmaschinen wurden gebaut und als Langstreckenaufklärer verwendet. Die Weiterentwicklung zur MDR-6B mit überarbeitetem Rumpf und verändertem Leitwerk (Version 6B-5 siehe Abbildung) erfolgte seit Ende 1940, führte aber nicht zum Serienbau.

Typ: Tschetwerikow MDR-6A
Herkunftsland: Sowjetunion
Verwendung: Amphibienflugzeug
Spannweite: 19,50 m
Länge: 14,68 m
Antrieb: 2 Klimow M-63 mit je 821 kW (1116 PS)
max. Startmasse: 7200 kg
Höchstgeschwindigkeit: 365 km/h
Reichweite: 2650 km
Gipfelhöhe: 9000 m
Besatzung: 4
Bewaffnung: 1 MG 7,62 mm, 1 MG 12,7 mm, bis 1000 kg Bomben

Bombenflugzeuge

Bombenflugzeuge

Mittels Luftfahrzeugen ist man in der Lage, auch weit hinter den feindlichen Linien militärische Schläge auszuführen. Doch noch zu Beginn des 1. Weltkriegs war man sich nicht sicher, was man Flugzeugen tatsächlich zumuten konnte. Das Luftschiff hingegen schien sich als Träger großer Bombenlasten bestens zu eignen. Diese Auffassung änderte sich, als die deutschen Luftschiffe über Großbritannien schwere Verluste erlitten. Alle Kriegsparteien bauten immer größere und schwerere Bombenflugzeuge, um militärische Ziele, aber auch Infrastrukturen im Hinterland zu treffen. Bomber wenden ihre Waffen nicht nur gegen Waffen und Waffenträger, sondern auch gegen die Waffenschmieden – und gegen die Schmiede und ihre Familien. Die Einsatzdoktrin änderte sich seitdem so oft wie der Charakter des Luftkriegs.

AEG G.IV

Zweimotoriges Bombenflugzeug als zweistieliger, verspannter Doppeldecker in Holzbauweise. Trotz seiner robusten Bauart mit einem Stahlrohrrumpf war dieses frühe Bombenflugzeug leicht zu fliegen und eignete sich besonders gut für taktische Angriffe auf kurze Entfernungen. Die G.IV ging Ende 1916 in Serie und kam 1917 in größerem Maßstab an die Front. Nach dem Waffenstillstand 1918 wurden noch einige Maschinen zivil genutzt.

Typ: AEG G.IV
Herkunftsland: Deutschland
Verwendung: Bombenflugzeug
Spannweite: 18,40 m
Länge: 9,70 m
Antrieb: 2 6-Zylinder Mercedes D IVa mit je 191 kW (260 PS) Startleistung
max. Startmasse: 3630 kg
Höchstgeschwindigkeit: 165 km/h
Reichweite: 650 km
Gipfelhöhe: 4500 m
Besatzung: 3
Bewaffnung: 2 MG 7,9 mm und 400 kg Bombenlast extern

Airco DH.9

Einmotoriges Bombenflugzeug (Erstflug 1917), das aus dem Vorgängermodell DH.4 hervorging. Es sollte für Präzisionsangriffe auf deutsche Städte und Industrieanlagen eingesetzt werden. Häufige Motorenprobleme behinderten oft den Einsatz in voller Staffelstärke. Dennoch wurden bis Ende des 1. Weltkriegs rund 2100 Maschinen hergestellt. Nachdem 1920 De Havilland Teile der Firma Airco übernommen hatte, wurde die DH.9 dort weiter produziert.

Typ: Airco DH.9
Herkunftsland: Großbritannien
Verwendung: Bombenflugzeug
Spannweite: 12,82 m
Länge: 9,27 m
Antrieb: 1 Armstrong Siddeley Puma mit 172 kW (234 PS)
max. Startmasse: 1508 kg
Höchstgeschwindigkeit: 178 km/h
Einsatzdauer: ca. 6 Stunden
Gipfelhöhe: 4725 m
Besatzung: 2
Bewaffnung: 3 MG 7,7 mm, bis 460 kg Bombenlast

Arado Ar 234 Blitz

Zweistrahliges Bombenflugzeug in Ganzmetallbauweise (Erstflug 15.06.1943); erstes Bombenflugzeug der Welt mit Luftstrahlantrieb, gegen Ende des 2. Weltkriegs zunächst als Fernaufklärer, dann als Bomber eingesetzt. Die externe Bombenaufhängung reduzierte die Geschwindigkeit so deutlich, dass die Ar 234 für alliierte Jäger wieder erreichbar wurde.

Typ: Arado Ar 234 B-2
Herkunftsland: Deutschland
Verwendung: Bombenflugzeug
Spannweite: 14,40 m
Länge: 12,60 m
Antrieb: 2 Jumo 004B Orcan mit je 28,4 kN (2900 kp) Schub
max. Startmasse: 10 000 kg
Höchstgeschwindigkeit: 740 km/h
Reichweite: bis 1100 km
Gipfelhöhe: 10 000 m
Besatzung: 2
Bewaffnung: 2 MK 151 20 mm, 2 MK 108 30 mm, bis zu 2000 kg Bomben extern

Avro 683 Lancaster

Viermotoriges Bombenflugzeug in Mitteldecker-Auslegung, aus dem Manchester-Projekt hervorgegangen (Erstflug Prototyp 09.01.1941). Maschinen dieses Typs waren seit 1942 für spezielle Bombenmissionen und vor allem Nachtangriffe auf deutsche Städte im Einsatz. Im Laufe des 2. Weltkriegs warfen die Lancaster insgesamt über 600 000 Tonnen Bomben ab. 1954 wurde die letzten der 7377 gebauten Lancaster ausgemustert.

Typ: Avro 683 Lancaster I
Herkunftsland: Großbritannien
Verwendung: Bombenflugzeug
Spannweite: 31,09 m
Länge: 21,13 m
Antrieb: 4 Rolls-Royce Merlin 24s mit 955 kW (1298 PS)
max. Startmasse: 24 000 kg
Höchstgeschwindigkeit: 462 km/h
Einsatzreichweite: 2670 km
Gipfelhöhe: 7470 m
Besatzung: 7
Bewaffnung: 8–10 MG 7,7 mm, bis zu 6350 kg Bombenlast

Avro 694 Lincoln

Viermotoriges Bombenflugzeug mit langer Reichweite (Erstflug 09.06.1944). Die Lincoln war eine Ableitung aus der Avro Lancaster, sie griff nicht mehr in den 2. Weltkrieg ein. Verschiedene Versionen für unterschiedliche Einsatzzwecke wurden gebaut. In den späten 1950er-Jahren wurde die Lincoln durch die Canberra ersetzt.

Typ: Avro 694
Herkunftsland: Großbritannien
Verwendung: Strategisches Bombenflugzeug
Spannweite: 36,58 m
Länge: 23,86 m
Antrieb: 4 Rolls-Royce Merlin 85 mit je 1310 kW (1780 PS)
max. Startmasse: 34 020 kg
Höchstgeschwindigkeit: 475 km/h
Gipfelhöhe: 9295 m
Einsatzreichweite: 4715 km
Besatzung: 7
Bewaffnung: 7 MG 12,7 mm, 6350 kg Bomben

Boeing B-17 Flying Fortress

Viermotoriges Bombenflugzeug in Mitteldecker-Auslegung (Erstflug Prototyp 28.07.1935). Seinen ersten Kampfeinsatz hatte es 1941; es wurde rasch zum wichtigsten US-Bomber des 2. Weltkriegs. Die Flying Fortress verfügte über eine starke Abwehrbewaffnung und konnte schwerste Beschädigungen aushalten. Gegen frontale Jägerangriffe wurde seit 1942 auch noch ein Kinnturm eingebaut.

Typ: Boeing B-17
Herkunftsland: USA
Verwendung: Bombenflugzeug
Spannweite: 31,67 m
Länge: 22,83 m
Antrieb: 4 Wright R-1820-97 mit je 640 kW (870 PS)
max. Startmasse: 29 484 kg
Höchstgeschwindigkeit: 462 km/h
Reichweite: 6035 km
Gipfelhöhe: 10 850 m
Besatzung: 9
Bewaffnung: bis zu 13 MG, 4354 kg Bombenlast

Boeing B-29 Superfortress

Viermotoriges strategisches Bombenflugzeug in Mitteldecker-Auslegung (Erstflug Prototyp 21.09.1942). Die B-29 wurde seit Juli 1944 vor allem gegen Ziele in Japan eingesetzt, auch für die Verminung von Seegebieten. Ihre Abwehrbewaffnung bestand aus ferngesteuerten Waffentürmen. Außer bei Boeing wurden die Maschinen auch bei Bell und bei Martin gefertigt. Mit der B-29 wurden auch die ersten Atombombenabwürfe über den japanischen Großstädten Hiroshima und Nagasaki ausgeführt.

Typ: Boeing B-29
Herkunftsland: USA
Verwendung: Bombenflugzeug
Spannweite: 43,01 m
Länge: 30,18 m
Antrieb: 4 Wright R-3550 mit je 1640 kW (2230 PS)
max. Startmasse: 47 627 kg
Höchstgeschwindigkeit: 575 km/h
Reichweite: 9382 km
Gipfelhöhe: 9708 m
Besatzung: 10
Bewaffnung: 12 MG, MK 20 mm, 9070 kg Bombenlast

Boeing B-47 Stratojet

Sechsstrahliges strategisches Bombenflugzeug in Schulterdecker-Auslegung mit gepfeilten Flügeln (Erstflug Prototyp am 17.12.1947). Mit dem Stratojet sollten die schnell veraltenden propellergetriebenen Kriegsmuster ersetzt werden. Die Serienproduktion begann im Juni 1950. Bei der USAF standen die Stratojets als strategische Atomwaffenträger im Dienst. Außerdem flogen Versionen für Aufklärung und elektronische Kampfführung. Bis 1957 wurden ca. 1800 Maschinen in den verschiedenen Versionen gebaut.

Typ: Boeing B-47
Herkunftsland: USA
Verwendung: Bombenflugzeug
Spannweite: 35,36 m
Länge: 33,48 m
Antrieb: 6 General Electric J47-GE-25 mit je 26,7 kN (2722 kp) Standschub
max. Startmasse: 93 760 kg
Höchstgeschwindigkeit: 975 km/h
Reichweite: 6436 km
Gipfelhöhe: 11 980 m
Besatzung: 3
Bewaffnung: 2 MK 20 mm (Heck), bis 9070 kg konventionelle Bomben und Nuklearwaffen

Boeing B-52 Stratofortress

Achtstrahliges strategisches Bombenflugzeug, Schulterdecker mit gepfeilten Tragflächen in leicht negativer V-Stellung (Erstflug 15.04.1952). Die B-52 geht auf einen Anforderungskatalog der USAAF von 1945 zurück. Strategische Bomber sollten unabhängig von Stützpunkten im Ausland operieren können. Ursprünglich waren Turboprop-Triebwerke vorgesehen, doch wurden schließlich acht Turbojets in vier Zwillingsgondeln untergebracht sowie die Tragflächen stark gepfeilt (35°); außerdem wurden Luft-Betankungsmöglichkeiten eingerichtet. Das Flügelprofil ist so dünn, dass das Hauptfahrwerk im Rumpf untergebracht ist. Im Laufe von 50 Jahren wurden die verschiedenen Versionen immer wieder veränderten Einsatzzwecken angepasst. So diente die B-52 im Vietnamkrieg für Flächenbombardements, später als Lenkwaffenträger und im Irak- und Afghanistan-Einsatz für Präzisionsangriffe. 2005 waren noch 94 der insgesamt 744 gebauten Maschinen (Muster H) im Einsatz.

Typ: Boeing B-52 G
Herkunftsland: USA
Verwendung: Strategischer Langstreckenbomber
Spannweite: 56,39 m
Länge: 48,03 m
Antrieb: 8 Pratt & Whitney J57-P-43-W mit je 56,9 kN (5080 kp) Standschub
max. Startmasse: 221 357 kg
Höchstgeschwindigkeit: 952 km/h
Reichweite: ca. 14 000 km
Gipfelhöhe: 15 150 m
Besatzung: 6
Bewaffnung: 4 MG 12,7 mm im automatisch gesteuerten Heckstand, bis zu 22 680 kg interne Waffenlast

Bristol Blenheim

Zweimotoriges Bombenflugzeug (Erstflug Prototyp 25.06.1936) in Mitteldecker-Auslegung. Ursprünglich als 6- bis 8-sitziges Zivilflugzeug vom Daily-Mail-Besitzer Lord Rothemere in Auftrag gegeben, wurde die Blenheim kurz vor dem 2. Weltkrieg aufgrund ihrer Geschwindigkeit, die höher war als die der meisten Jäger, zum Bombenflugzeug weiterentwickelt. Steigende Verluste im Laufe des Krieges führten zu einer Umwidmung zum Nachtjäger.

Typ: Bristol Type 142M Blenheim IF
Herkunftsland: Großbritannien
Verwendung: Bombenflugzeug
Spannweite: 17,17 m
Länge: 12,16 m
Antrieb: 2 Bristol Mercury VIII mit je 626 kW (850 PS)
max. Startmasse: 5534 kg
Höchstgeschwindigkeit: 447 km/h auf 4570 m
Reichweite: 1690 km
Gipfelhöhe: 7500 m
Besatzung: 3
Bewaffnung: 1 Kanone K 303, 4 MG, 545 kg Bomben intern, 145 kg extern

Bristol Beaufort

Zweimotoriges Bombenflugzeug in Mitteldecker-Auslegung (Erstflug Prototyp 15.10.1938); Standard-Torpedo-Bomber der RAF 1940 bis 1943. 1942 wurden alle Beaufort-Einheiten ins Mittelmeer und den Indischen Ozean verlegt. Die Beaufort war auch als Aufklärungsflugzeug und Minenleger im Einsatz.

Typ: Bristol Type 152 Mk.I
Herkunftsland: Großbritannien
Verwendung: Bombenflugzeug
Spannweite: 17,63 m
Länge: 13,46 m
Antrieb: 2 Bristol Taurus VI mit je 843 kW (1146 PS)
max. Startmasse: 9630 kg
Höchstgeschwindigkeit: 426 km/h
Reichweite: 1700 km
Gipfelhöhe: 5030 m
Besatzung: 4
Bewaffnung: 4 MG 7,7 mm, 907 kg Bomben oder 1 Torpedo

Consolidated B-24 Liberator

Viermotoriges Bombenflugzeug in Mitteldecker-Auslegung mit doppeltem Seitenleitwerk (Erstflug Prototyp 29.12.1939). Geschätzt wegen seiner enormen Reichweite, wurde der Liberator vor allem auf dem pazifischen Kriegsschauplatz eingesetzt. Bei der USAF war die B-24 als Tagbomber im Einsatz (bei der RAF hauptsächlich nachts).

Typ: Consolidated B-24 Liberator
Herkunftsland: USA
Verwendung: Bombenflugzeug
Spannweite: 33,53 m
Länge: 20,24 m
Antrieb: 4 Pratt & Whitney R-1830 mit je 883 kW (1200 PS)
max. Startmasse: 25 401 kg
Höchstgeschwindigkeit: 488 km/h
Reichweite: 4590 km
Gipfelhöhe: 8530 m
Besatzung: 12
Bewaffnung: 11 MG 12,7 mm, bis zu 3630 kg Bombenlast

Convair B-36 Peacemaker

Sechsmotoriges amerikanisches Bombenflugzeug in Schulterdecker-Auslegung und von Druckpropellern angetrieben (Erstflug 08.08.1946). Die B-36 wurde während des 2. Weltkriegs mit dem Gedanken entwickelt, Deutschland auch direkt von den USA aus angreifen zu können; 1948 in Dienst gestellt, war die Maschine das größte bis dahin gebaute Bombenflugzeug. Allerdings litt die B-36 auch unter hohem Wartungsaufwand und war sehr kostenintensiv im Unterhalt.

Typ: Convair B-36 B
Herkunftsland: USA
Verwendung: Bombenflugzeug
Spannweite: 70,10 m
Länge: 49,40 m
Antrieb: 6 Pratt & Whitney R-4360-41 mit je 2610 kW (3549 PS)
max. Startmasse: 185 975 kg
Höchstgeschwindigkeit: 660 km/h
Reichweite: 10 945 km
Gipfelhöhe: 12 160 m
Besatzung: 15
Bewaffnung: 12 MK 20 mm, bis zu 38 958 kg konventionelle oder nukleare Bomben

Convair B-58 Hustler

Vierstrahliges amerikanisches Bombenflugzeug in Mitteldecker-Auslegung mit Deltaflügeln (Erstflug 11.11.1956). Erstes Überschall-Bombenflugzeug des Westens, mit dem 19 internationale Rekorde aufgestellt wurden. Nur 116 Serienmaschinen der B-58 wurden gebaut, wegen ihrer Unfallrate und hoher Betriebskosten wurde die Maschine 1969 ganz zurückgezogen.

Typ: Convair B-58 A
Herkunftsland: USA
Verwendung: Bombenflugzeug
Spannweite: 17,32 m
Länge: 29,49 m
Antrieb: 4 General Electric J79-GE-1 Turbojets mit je 69,4 kN (7077 kp) Schub
max. Startmasse: 73 935 kg
Höchstgeschwindigkeit: 2200 km/h
Reichweite: 8248 km
Gipfelhöhe: 19 000 m
Besatzung: 3
Bewaffnung: 1 20-mm-Kanone im Heck, bis zu 8820 kg nukleare oder konventionelle Bombenlast

Curtiss A-18

Zweimotoriges leichtes Bombenflugzeug in Mitteldecker-Auslegung (Erstflug am 17.07.1935); gegenüber den Typen A-8 und A-12 eine vollständige Neukonstruktion. Die 13 gebauten Maschinen standen für kurze Zeit im Dienst bei der 3rd Attack Group in Barksdale Field, Louisiana; sie wurden aber bereits vor dem 2. Weltkrieg durch modernere Flugzeuge ersetzt, ohne jemals im Kampfeinsatz gewesen zu sein.

Typ: Curtiss A-18
Herkunftsland: USA
Verwendung: Bombenflugzeug
Spannweite: 18,13 m
Länge: 12,90 m
Antrieb: 2 Wright R-1820-47 mit je 440 kW (598 PS)
max. Startmasse: 5750 kg
Höchstgeschwindigkeit: 383 km/h
Reichweite: 2575 km
Gipfelhöhe: 9120 m
Besatzung: 2
Bewaffnung: 5 MG 7,62 mm, 297 kg Bombenlast intern

Curtiss SB2C (A-25) Helldiver

Einmotoriger Sturzkampfbomber in Tiefdecker-Auslegung (Erstflug 18.12.1940). Die Navy-Version (SB2C) war trägergestützt und besaß einklappbare Tragflächen. Die ersten Helldiver griffen erst im November 1943 in die Kämpfe auf dem pazifischen Kriegsschauplatz ein. Die Version für das USAAC (A-25, siehe Abbildung) wurde nicht im ursprünglich geplanten Umfang gebaut.

Typ: Curtiss SB2C (A-25)
Herkunftsland: USA
Verwendung: Sturzkampfbomber
Spannweite: 15,20 m
Antrieb: 1 Wright R-2600-20 mit 1285 kW (1747 PS)
Länge: 10,80 m
max. Startmasse: 7550 kg
Höchstgeschwindigkeit: 474 km/h
Reichweite: max. 1860 km
Gipfelhöhe: 8400 m
Besatzung: 2
Bewaffnung: 4 MG 12,7 mm oder 2 MK 20 mm, Zwillings-MG hinten, 1 900-kg-Bombe intern, extern Bomben oder Raketen

Dassault Mirage IV

Zweistrahliges französisches Bombenflugzeug (Erstflug Prototyp 17.06.1959, Serienversion 07.12.1963). In Bau und Ausführung ist die Mirage IV der Mirage II ähnlich, allerdings mit den spezifischen Anforderungen an einen Bomber, der Frankreich zur eigenständigen Atommacht machen sollte. Als die Mirage IV 1964 in Dienst gestellt wurde, war sie das erste europäische Flugzeug, das kontinuierlich Mach 2 fliegen konnte. Mitte der 1980er-Jahre wurden 18 Einheiten zur Version IV P modifiziert, die eine 150-kt-Atomrakete tragen konnte. Die letzte Mirage IV wurde 2005 ausgemustert.

Typ: Dassault Mirage IV A
Herkunftsland: Frankreich
Verwendung: Bombenflugzeug
Spannweite: 23,50 m
Länge: 11,84 m
Antrieb: 2 SNECMA Atar 9 K Turbofans mit je 68,65 kN (7000 kp) Schub
max. Startmasse: 33 475 kg
Höchstgeschwindigkeit: 2340 km/h (Mach 2,2)
Reichweite: 1240 km
Gipfelhöhe: 18 000 m
Besatzung: 1
Bewaffnung: 1 60-Kilotonnen-Atombombe oder 7260 kg konventionelle Bomben

De Havilland DH.98 Mosquito

Zweimotoriges Bombenflugzeug, Mitteldecker in Ganzholzbauweise (Erstflug des Prototyps am 25.11.1940). Reichweite und Geschwindigkeit machten ab 1942 die Mosquito zum vielseitigen Mehrzweckflugzeug. In 27 verschiedenen Versionen wurden 7781 Einheiten produziert.

Typ: De Havilland DH.98 Mk.IV
Herkunftsland: Großbritannien
Verwendung: Bombenflugzeug
Spannweite: 16,51 m
Länge: 12,55 m
Antrieb: 2 Rolls-Royce Merlin XXV mit je 919 kW (1250 PS)
max. Startmasse: 9735 kg
Höchstgeschwindigkeit: 620 km/h
Reichweite: 3200 km
Gipfelhöhe: 10 300 m
Besatzung: 2
Bewaffnung: bis zu 4 MG und ca. 1800 kg Bomben

Dornier Do 17

Zweimotoriges Bombenflugzeug in Schulterdecker-Auslegung mit doppeltem Seitenleitwerk (Erstflug 23.11.1934). Das Flugzeug wurde vor und zu Beginn des 2. Weltkriegs in Serie gefertigt. Von den verschiedenen Versionen erreichte die Do 17 Z mit 500 Einheiten die größte Stückzahl. Die Verwendung als Kampfflugzeug wurde ab etwa 1940 eingeschränkt und dafür das Nachfolgemodell Dornier Do 217 in Serie produziert.

Typ: Dornier Do 17 Z-2
Herkunftsland: Deutschland
Verwendung: Bombenflugzeug
Spannweite: 18,00 m
Länge: 15,79 m
Antrieb: 2 Sternmotoren Bramo 323 P mit je 735 kW (1000 PS)
max. Startmasse: 8590 kg
Höchstgeschwindigkeit: 410 km/h
Reichweite: 1160 km
Gipfelhöhe: 8200 m
Besatzung: 4
Bewaffnung: bis zu 6 MG 7,9 mm und 1000 kg Bomben

Dornier Do 217

Zweimotoriges Bombenflugzeug, Schulterdecker mit doppeltem Seitenleitwerk auf Basis der Do 17, allerdings mit wesentlich verbesserter Panzerung und Abwehrbewaffnung (Erstflug August 1938). Ab März 1941 in Dienst als standardmäßiger schwerer Nachtbomber der Luftwaffe, war die Do 217 seinerzeit der Bomber mit der größten Zuladung. In mehreren Versionen wurden bis Juni 1944 rund 1905 Exemplare gebaut, davon zahlreiche als Nachtjäger.

Typ: Dornier Do 217 E-2
Herkunftsland: Deutschland
Verwendung: Bombenflugzeug
Spannweite: 19,15 m
Länge: 17,30 m
Antrieb: 2 BMW 801 A mit je 1177 kW (1600 PS)
max. Startmasse: 16 465 kg
Höchstgeschwindigkeit: 515 km/h
Reichweite: 2300 km
Gipfelhöhe: 9000 m
Besatzung: 4
Bewaffnung: 6 MG, bis 4000 kg Bomben

Dornier Do 215

Zweimotoriges Bombenflugzeug in Schulterdecker-Auslegung (Erstflug des Prototyp 1938); Weiterentwicklung aus der Do 17 Z mit besserer Motorisierung. Als Exportversion gedacht, aufgrund des Kriegsbeginns jedoch nicht mehr ausgeliefert. Knapp 100 Exemplare wurden gebaut und kamen bei der Luftwaffe hauptsächlich als Aufklärungsflugzeuge und bei Nachtbombardierungen zum Einsatz.

Typ: Dornier Do 215 A-1
Herkunftsland: Deutschland
Verwendung: Bombenflugzeug
Spannweite: 18,00 m
Länge: 15,80 m
Antrieb: 2 Daimler Benz DB 601 A mit je 809 kW (1100 PS)
max. Startmasse: 8800 kg
Höchstgeschwindigkeit: 470 km/h
Reichweite: 2450 km
Gipfelhöhe: 9400 m
Besatzung: 4
Bewaffnung: 3–4 MG 7,9 mm, bis zu 1000 kg Bombenlast (alternativ 3 Kameras)

Douglas SBD Dauntless

Einmotoriges trägergestütztes Bombenflugzeug (Erstflug Prototyp Juni 1935). Die Dauntless war der Standard-Sturzkampfbomber der US-Navy in den 1940er-Jahren und leistete einen wesentlichen Beitrag zu den amerikanischen Erfolgen in den großen Pazifikschlachten des 2. Weltkriegs. Bis Ende 1944 wurden fast 6000 Einheiten gebaut. Unter dem Namen A-24 Banshee gab es auch eine veränderte Version für die US-Army.

Typ: Douglas SBD-6
Herkunftsland: USA
Verwendung: Bombenflugzeug
Spannweite: 12,65 m
Länge: 10,06 m
Antrieb: 1 luftgekühlter 9-Zylinder-Sternmotor Wright R-1820-66 Cyclone mit 1007 kW (1369 PS)
max. Startmasse: 4318 kg
Höchstgeschwindigkeit: 410 km/h
Reichweite: 1244 km
Gipfelhöhe: 7680 m
Besatzung: 2
Bewaffnung: 2 MG 12,7 mm, 2 MG 7,62 mm, bis zu 730 kg Bombenlast

Douglas TBD Devastator

Einmotoriges Bombenflugzeug (Erstflug 15.04.1935). Die Devastator war das erste Ganzmetallflugzeug der US-Navy. Ab Juni 1937 wurden 114 Maschinen auf den großen Flugzeugträgern stationiert. Nachdem in der Schlacht bei den Midway-Inseln von 41 Devastator nur wenige zu ihren Flugzeugträgern zurückkehrten, wurde das Modell nicht mehr zu Kampfeinsätzen genutzt.

Typ: Douglas TBD 1
Herkunftsland: USA
Verwendung: Bombenflugzeug
Spannweite: 15,24 m
Länge: 10,67 m
Antrieb: 1 Pratt & Whitney R-1830-64 14-Zylinder Double-Wasp mit 625 kW (850 PS)
max. Startmasse: 4624 kg
Höchstgeschwindigkeit: 332 km/h
Reichweite: 669 km
Gipfelhöhe: 6005 m
Besatzung: 3
Bewaffnung: 2 MG 7,62 mm, 454 kg Bomben oder Torpedos

Douglas B-18

Zweimotoriges Bombenflugzeug in Mitteldecker-Auslegung, das aus der zivilen Douglas DC-2 entwickelt wurde. Im Wettbewerb blieb es 1935 gegen die Martin 146 und die Boeing 299 (Vorläufer der viermotorigen B-17) erfolgreich. Zunächst wurden 133 Maschinen, später nochmals 217 geordert – aber schon 1942 wurde das Flugzeug nicht mehr als Bomber verwendet, sondern als Transporter und U-Boot-Jagdflugzeug eingesetzt.

Typ: Douglas B-18
Herkunftsland: USA
Verwendung: Bombenflugzeug
Spannweite: 27,28 m
Länge: 17,63 m
Antrieb: 2 Wright R 1850-53 Cyclone 9 mit 745 kW (1014 PS)
max. Startmasse: 12 550 kg
Höchstgeschwindigkeit: 346 km/h
Reichweite: 1930 km
Gipfelhöhe: 7285 m
Besatzung: 6
Bewaffnung: 3 MG 7,62 mm, 2040 kg Bombenlast intern

Douglas A-26 Invader

Zweimotoriges leichtes Bombenflugzeug, nach einer Spezifikation der USAAF von 1940 zur Erdkampfunterstützung entwickelt (Erstflug 1942); ging 1944 in Serie. Die Invader war der schnellste US-Bomber im 2. Weltkrieg, sie flog auch noch im Koreakrieg und wurde in Vietnam eingesetzt. Einige der insgesamt 1355 gebauten Maschinen fliegen heute als Löschflugzeuge.

Typ: Douglas A-26
Herkunftsland: USA
Verwendung: Bombenflugzeug
Spannweite: 21,34 m
Länge: 15,62 m
Antrieb: 2 Pratt & Whitney R-2800-27 oder -79 mit je 1490 kW (2028 PS)
max. Startmasse: 15 876 kg
Höchstgeschwindigkeit: 571 km/h
Reichweite: max. 2235 km
Gipfelhöhe: 6735 m
Besatzung: 3
Bewaffnung: 10 MG 12,7 mm, 1814 kg Bombenlast

Douglas A-1 Skyraider

Einmotoriges Bomben- und Tiefangriffsflugzeug in Tiefdecker-Auslegung (Erstflug 18.08.1945). Die Maschinen wurden ursprünglich als trägergestütztes Bombenflugzeug entwickelt, kamen im Korea- und im Indochinakrieg zum Einsatz. Über ein Fünftel der 3180 gebauten Maschinen stand noch 1966 im Dienst verschiedener Luftstreitkräfte.

Typ: Douglas A-1H
Herkunftsland: USA
Verwendung: Tiefangriffsflugzeug
Spannweite: 15,24 m
Länge: 11,94 m
Antrieb: 1 Wright R-3550-26WD Cyclone mit 2013 kW (2737 PS)
max. Startmasse: 11 340 kg
Höchstgeschwindigkeit: 500 km/h
Reichweite: 4900 km
Gipfelhöhe: 7590 m
Besatzung: 1
Bewaffnung: 4 MK 20 mm, 2948 kg Waffenlast extern

English Electric (BAC) Canberra

Zweistrahliges britisches Bombenflugzeug (Erstflug Prototyp 13.05.1949). Entwickelt ab 1944 als Ersatz für die De Havilland Mosquito und 1951 in Dienst gestellt. Unter dem Namen Martin B-57 entstand eine US-Lizenzversion (noch im Vietnamkrieg eingesetzt und in Dienst bis 1983). Die Canberra wurde in über 15 Länder auf vier Kontinenten exportiert. Insgesamt wurden über 1300 Flugzeuge produziert, die auch als Aufklärungs- und Tiefangriffsflugzeuge Verwendung fanden.

Typ: English Electric Canberra B-2
Herkunftsland: Großbritannien
Verwendung: Bombenflugzeug
Spannweite: 19,49 m
Länge: 19,96 m
Antrieb: 2 Turbojets Rolls-Royce Avon 101 mit je 28,9 kN (2948 kp) Schub
max. Startmasse: 21 185 kg
Höchstgeschwindigkeit: 917 km/h
Reichweite: 4274 km
Gipfelhöhe: 14 630 m
Besatzung: 3
Bewaffnung: 4 MG, 2700 kg Bomben

Fairchild Republic A-10

Zweistrahliges Kampfflugzeug (Erstflug Prototyp 11.05.1972). Niedrige Flughöhe, gute Langsamflugeigenschaften und hohe Zielgenauigkeit erlauben den Einsatz der Thunderbolt II gegen alle Bodenziele einschließlich Panzer. Die schon begonnene Ausmusterung wurde 1991 gestoppt.

Typ: Fairchild Republic A-10
Herkunftsland: USA
Verwendung: Erdkampfflugzeug
Spannweite: 17,53 m
Länge: 16,26 m
Antrieb: 2 General Electric TF34-100 Turbofans mit je 40,3 kN (4110 kp) Schub
max. Startmasse: 23 636 kg
Höchstgeschwindigkeit: 705 km/h
Reichweite: 3950 km
Gipfelhöhe: 10 600 m
Besatzung: 1
Bewaffnung: MK 30 mm, 11 Außenlaststationen für ca. 7200 kg Bomben und Raketen

Fairey Swordfish

Einmotoriges Bombenflugzeug in Doppeldecker-Auslegung (Erstflug Prototyp TSR.I im März 1933, TSR.II am 17.04.1934, Swordfish am 31.12.1935). Ursprünglich auf Privatinitiative im Jahr 1933 als U-Boot-Jäger entwickelt, ab November 1934 dann in Serienfertigung und seit 1938 standardmäßiger Torpedobomber der Royal Navy Großbritanniens. Es wurden rund 2390 Maschinen in mehreren Versionen gebaut, einige davon kamen auch als Aufklärungsflugzeuge zum Einsatz.

Typ: Fairey Swordfish Mk.II
Herkunftsland: Großbritannien
Verwendung: Bombenflugzeug
Spannweite: 13,87 m
Länge: 10,87 m
Antrieb: 1 Bristol Pegasus XXX mit 552 kW (750 PS)
max. Startmasse: 3406 kg
Höchstgeschwindigkeit: 222 km/h
Reichweite: 1658 km
Gipfelhöhe: 3260 m
Besatzung: 3
Bewaffnung: 2 MG 7,7 mm, Torpedo mit 730 kg

Fairey Battle

Einmotoriges Bombenflugzeug, Tiefdecker mit konventionellem Leitwerk (Erstflug Prototyp 10.03.1936); ab 1937 in Dienst gestellt. Nach einigen Verlusten zu Beginn des 2. Weltkriegs aufgrund mangelnder Leistungsfähigkeit nicht mehr im Kampfeinsatz, wurde das Flugzeug später als Schulungsflugzeug verwendet. Es wurden rund 2300 Exemplare in mehreren Versionen produziert.

Typ: Fairey Battle Mk.I
Herkunftsland: Großbritannien
Verwendung: Bombenflugzeug
Spannweite: 16,46 m
Länge: 15,87 m
Antrieb: 1 Rolls-Royce Merlin Mk.I mit 758 kW (1030 PS)
max. Startmasse: 4895 kg
Höchstgeschwindigkeit: 388 km/h
Reichweite: 1690 km
Gipfelhöhe: 7160 m
Besatzung: 3
Bewaffnung: 2 MG 7,7 mm, 500 kg Bomben

FIAT BR.20 Cicogna

Zweimotoriges Bombenflugzeug in Tiefdecker-Auslegung mit doppeltem Seitenleitwerk (Erstflug Prototyp am 10.02.1936). Seit 1936 Standard-Bombenflugzeug der italienischen Luftwaffe, 1936 im spanischen Bürgerkrieg eingesetzt. Im 2. Weltkrieg erwies sich die Cicogna bald als veraltet.

Typ: FIAT BR.20 Cicogna
Herkunftsland: Italien
Verwendung: Bombenflugzeug
Spannweite: 21,60 m
Länge: 16,10 m
Antrieb: 2 FIAT A. 80 RC.41 mit je 735 kW (1000 PS)
max. Startmasse: 9900 kg
Höchstgeschwindigkeit: 432 km/h
Reichweite: 3000 km
Gipfelhöhe: 9000 m
Besatzung: 5
Bewaffnung: 1 MG 12,7 mm, 2 MG 7,7 mm und 1600 kg Bombenlast

Grumman TBF Avenger

Einmotoriges trägergestütztes Bombenflugzeug, freitragender Mitteldecker mit konventionellem Leitwerk (Erstflug am 01.08.1941). Das dreisitzige Flugzeug avancierte nach dem Kriegseintritt der USA zum Standard-Torpedobomber der Navy und erlebte seine ersten Kampfeinsätze in der Schlacht um die Midway-Inseln gegen die Japaner. Als aerodynamisch sehr vorteilhaft erwies es sich, dass die Abwurfwaffen, Bomben und/oder Torpedos, vollständig im Rumpfschacht untergebracht werden konnten. Zahlreiche Maschinen wurden ebenso an andere verbündete Mächte geliefert und flogen z. B. für die Royal Navy (siehe Abbildung) bei Einsätzen über dem Atlantik und auf dem pazifischen Kriegsschauplatz, und für die Luftwaffe Neuseelands. Die weiterentwickelte Version TBM-3 konnte Raketen an Unterflügelstationen mitführen. Nach dem Krieg wurde die Avenger noch einige Zeit als Aufklärungs-, Versorgungs- und Rettungsflugzeug verwendet.

Typ: Grumman TBF
Herkunftsland: USA
Verwendung: Bombenflugzeug
Spannweite: 16,51 m
Länge: 12,48 m
Antrieb: 1 Wright R-2600-2 Cyclone mit 1267 kW (1700 PS)
max. Startmasse: 8278 kg
Höchstgeschwindigkeit: 445 km/h
Reichweite: 4320 km
Gipfelhöhe: 9200 m
Besatzung: 3
Bewaffnung: 3 MG 12,7 mm, 1 MG 7,62 mm, 1 Torpedo, Raketen an Unterflügelstationen

Grumman A-6 Intruder

Zweimotoriges trägergestütztes Bombenflugzeug (Erstflug 19.04.1960), das seit 1963 im aktiven Dienst auf den Flugzeugträgern der US-Navy steht. Auch das US Marine Corps flog die A-6 von ihren Küstenbasen aus. Intruders kamen im Vietnamkrieg zum Kriegseinsatz. Nach 1996 wurden die Intruder durch die F/A-18 Version E und F ersetzt; die Version EA-6B Prowler für elektronische Kampfführung blieb weiter im Dienst.

Typ: Grumman A-6
Herkunftsland: USA
Verwendung: Bombenflugzeug
Spannweite: 16,20 m
Länge: 16,60 m
Antrieb: 2 Pratt & Whitney J52-P8B mit je 41 kN (4180 kp) Schub
max. Startmasse: 27 496 kg
Höchstgeschwindigkeit: 1043 km/h
Reichweite: 1734 km
Gipfelhöhe: 12 400 m
Besatzung: 2
Bewaffnung: 5 Außenlaststationen mit je 1633 kg Waffenlast (Bomben, lasergelenkte Bomben, AGM-12 Bullpup u. a.; Nuklearwaffen B57 und B61)

Handley Page H.P.52 Hampden

Zweimotoriges mittleres Bombenflugzeug, freitragender Mitteldecker mit doppeltem Seitenleitwerk (Erstflug Prototyp am 21.06.1938). Maschinen dieses Typs waren am ersten britischen Bombenangriff auf Berlin und am ersten sogenannten 1000-Bomber-Angriff auf Köln beteiligt. Einige Flugzeuge der insgesamt 1430 gebauten Einheiten wurden an die UdSSR geliefert; weitere Hampdens flogen in Australien, Neuseeland und Schweden.

Typ: Handley Page H.P.52 Mk.I
Herkunftsland: Großbritannien
Verwendung: Bombenflugzeug
Spannweite: 21,08 m
Länge: 16,33 m
Antrieb: 2 Bristol Pegasus XVIII mit je 710 kW (965 PS) Startleistung
max. Startmasse: 9526 kg
Höchstgeschwindigkeit: 426 km/h
Reichweite: 1440–3200 km
Gipfelhöhe: 6900 m
Besatzung: 4
Bewaffnung: 5 MG 7,7 mm, 1800 kg Bomben

Handley Page H.P.57 Halifax

Viermotoriges Bombenflugzeug, freitragender Mitteldecker mit doppeltem Seitenleitwerk (Erstflug 25.10.1938), die ersten Serienmaschinen flogen im Oktober 1940 und bildeten das Rückgrat der strategischen Bomberkräfte Großbritanniens. Die Version Mk.II (H.P.59 ab Juli 1941) hatte mit einem zusätzlichen Drehturm auf dem Rumpfrücken eine stärkere Abwehrbewaffnung. Die Mk.III (H.P.61) erschien im August 1943 mit stärkeren Motoren und vergrößerter Spannweite. Bis 1956 wurden 6168 Halifax der verschiedenen Versionen gebaut.

Typ: Handley Page H.P.57
Herkunftsland: Großbritannien
Verwendung: Bombenflugzeug
Spannweite: 31,75 m
Länge: 21,82 m
Antrieb: 4 Bristol Hercules XVI mit je 1230 kW (1672 PS)
max. Startmasse: 29 484 kg
Höchstgeschwindigkeit: 500 km/h
Reichweite: 2030 km
Gipfelhöhe: 7315 m
Besatzung: 7
Bewaffnung: 9 MG 7,7 mm, 5890 kg Bombenlast

Handley Page (BAe) H.P.80 Victor

Zweistrahliges Bombenflugzeug, freitragender Mitteldecker mit T-Leitwerk (Erstflug Prototyp 22.12.1952). Das Flugzeug flog als einer der drei britischen „V-Bomber" (neben Vickers 667 Valiant und Avro 698 Vulcan). Da seine Höhenleistungen nicht befriedigten, baute man ihn zu einem Tiefangriffsbomber um und stattete ihn mit Tiefflug-Radaranlagen aus. Die verbesserte Victor B-2 nahm 1962 ihren Dienst auf. Nach der Dienstzeit als Bomber wurden einige Flugzeuge als Tanker verwendet.

Typ: Handley Page (BAe) H.P.80 Victor B-2
Herkunftsland: Großbritannien
Verwendung: Bombenflugzeug
Spannweite: 36,80 m
Länge: 34,95 m
Antrieb: 4 Rolls-Royce Conway 201 mit je 87,9 kN (8963 kp)
max. Startmasse: 79 450 kg
Höchstgeschwindigkeit: 1024 km/h
Reichweite: 7360 km
Gipfelhöhe: 18 300 m
Besatzung: 5
Bewaffnung: Bomben und Raketen

Heinkel He 70 F

Einmotoriges Mehrzweckflugzeug, freitragender Tiefdecker für militärische Nutzung. Das Flugzeug entsprach bis auf die Bewaffnung und die Verglasung der Pilotenkanzel den zivilen Versionen (Erstflug 01.12.1932). Die Maschine wurde primär als leichtes Bombenflugzeug, aber auch als Fernerkunder und Verbindungsflugzeug eingesetzt, so auch in Spanien bei der Legion Condor.

Typ: Heinkel He 70 F-2
Herkunftsland: Deutschland
Verwendung: Bombenflugzeug
Spannweite: 14,80 m
Länge: 12,00 m
Antrieb: 1 BMW VI 7,3 mit 533 kW (750 PS)
max. Startmasse: 3460 kg
Höchstgeschwindigkeit: 360 km/h
Reichweite: 1820 km
Gipfelhöhe: 5500 m
Besatzung: 2–5
Bewaffnung: 1 MG 7,9 mm (rückwärts gerichtet), 300 kg Bomben

Heinkel He 111

Zweimotoriges Bombenflugzeug, freitragender Tiefdecker, Weiterentwicklung der He 70, ursprünglich als zivile Entwicklung im Auftrag der Luft Hansa (Erstflug 1935). Nach Versuchen mit verschiedenen Motorisierungen wurden bis zum Beginn des 2. Weltkriegs bereits mehr als 1000 Bombenflugzeuge gebaut – und in Spanien bei der Legion Condor erprobt. Bis Herbst 1944 wuchs die Zahl der fertiggestellten Maschinen auf über 7000. Die He 111 war einer der Standardbomber der deutschen Luftwaffe.

Typ: Heinkel He 111 P-4
Herkunftsland: Deutschland
Verwendung: Bombenflugzeug
Spannweite: 22,50 m
Länge: 16,40 m
Antrieb: 2 Daimler-Benz DB 601 A-1 mit je 809 kW (1100 PS)
max. Startmasse: 13 500 kg
Höchstgeschwindigkeit: 390 km/h
Reichweite: 1200–2400 km
Gipfelhöhe: 8000 m
Besatzung: 5
Bewaffnung: 5 MG 7,92 mm, 2 MG 13 mm, 2000 kg Bomben intern

Heinkel He 177 Greif

Viermotoriges schweres Bombenflugzeug, freitragender Mitteldecker (Erstflug 19.11.1939). Der Antrieb bestand aus zwei Doppeltriebwerken, die auf jeweils einen Vierblattpropeller wirkten. Die ersten Serienmaschinen (A-1) waren noch unzuverlässig, 1942 erschien leicht verlängert die Serie A-3, 1943 die Serie A-5 in größerer Stückzahl.

Typ: Heinkel He 177 A-5
Herkunftsland: Deutschland
Verwendung: Bombenflugzeug
Spannweite: 31,44 m
Länge: 20,40 m
Antrieb: 2 Doppelmotoren Daimler-Benz DB 610A/B mit je 2200 kW (2990 PS)
max. Startmasse: 31 000 kg
Höchstgeschwindigkeit: 490 km/h
Reichweite: 5500 km
Gipfelhöhe: 8000 m
Besatzung: 6
Bewaffnung: 2 MK 20 mm, 3 MG 7,92 mm, 3 MG 13 mm, 1000 kg Bomben intern, zwei Gleitbomben

Henschel Hs 129

Zweimotoriges Bombenflugzeug, freitragender Tiefdecker (Erstflug Prototyp am 25.05.1939, Serienproduktion seit 1940). Das Flugzeug war gepanzert und stark bewaffnet, jedoch anfangs untermotorisiert und für den Einsatzzweck, die Erdkampfunterstützung, wegen der durch die Panzerung beschränkten Sicht, nur bedingt geeignet. Spätere Versionen waren stärker motorisiert; die Version B-3 speziell zur Panzerbekämpfung ausgerüstet.

Typ: Henschel Hs 129 B-1
Herkunftsland: Deutschland
Verwendung: Bombenflugzeug, Schlachtflugzeug
Spannweite: 14,20 m
Antrieb: 2 Gnôme-Rhône 14M mit je 522 kW (710 PS)
Länge: 9,75 m
max. Startmasse: 5250 kg
Höchstgeschwindigkeit: 407 km/h
Reichweite: 560 km
Gipfelhöhe: 9000 m
Besatzung: 1
Bewaffnung: 2 MK 20 mm, 2 MG 7,92 mm, 450-kg-Bomben

Iljuschin Il-2 3M Schturmowik

Einmotoriges, gepanzertes Schlachtflugzeug (ein-, später zweisitzig), freitragender Tiefdecker (Erstflug Prototyp 30.12.1939). Die Panzerung des gesamten Rumpfvorderteils schützte Motor, Piloten, Treibstofftank und Bordschützen (bei zweisitzigen Versionen) und hielt selbst direktem Beschuss aus 20-mm-Kanonen stand. Eine verbesserte Version wurde als Il-10 produziert.

Typ: Iljuschin Il-2 3M
Herkunftsland: Sowjetunion
Verwendung: Schlachtflugzeug
Spannweite: 14,60 m
Länge: 11,65 m
Antrieb: 1 Mikulin AM-38F mit 1282 kW (1720 PS)
max. Startmasse: 6360 kg
Höchstgeschwindigkeit: 410 km/h
Reichweite: 765 km
Gipfelhöhe: 4525 m
Besatzung: 2
Bewaffnung: 2 MK 23 mm, 1 MG 7,62 mm, 1 MG 12,7 mm, bis 600 kg Bomben, 4–8 Raketen

Iljuschin Il-4

Zweimotoriges Bombenflugzeug in Tiefdecker-Auslegung (Erstflug Juni 1939), Weiterentwicklung des Typs DB-3 mit vollkommen neu konstruierter aerodynamischer Rumpfnase. Wie sein Vorgänger war auch der Typ Il-4 als Fernbomber entworfen worden. Das Flugzeug war eine Ganzmetallkonstruktion, doch wurden während des Krieges wegen Materialmangels auch Holzteile verbaut. Über 5250 Flugzeuge aller Versionen (u. a. auch als Torpedobomber Il-4T) der Il-4 wurden hergestellt.

Typ: Iljuschin Il-4
Herkunftsland: Sowjetunion
Verwendung: Bombenflugzeug
Spannweite: 21,44 m
Länge: 14,76 m
Antrieb: 2 Tumanski M-88B mit je 810 kW (1100 PS)
max. Startmasse: 10 055 kg
Höchstgeschwindigkeit: 429 km/h
Reichweite: 3800 km
Gipfelhöhe: 9700 m
Besatzung: 3–4
Bewaffnung: 2 MG 7,62 mm, 1 MG 12,7 mm, bis 2500 kg Bomben

Iljuschin Il-28

Zweistrahliges Bombenflugzeug, freitragender Schulterdecker (Erstflug Prototyp 08.07.1948). Das Flugzeug war als taktischer Bomber konzipiert; es wurde in mehreren Versionen (u. a. als Torpedobomber Il-28T) gebaut und war in den prosowjetischen Staaten weit verbreitet.

Typ: Iljuschin Il-28
Herkunftsland: Sowjetunion
Verwendung: Bombenflugzeug
Spannweite: 21,45 m
Länge: 17,65 m
Antrieb: 2 Klimow WK-1 mit je 26,5 kN (2700 kp) Startschub
max. Startmasse: 23 200 kg
Höchstgeschwindigkeit: 900 km/h
Reichweite: 2180 km
Gipfelhöhe: 12 500 m
Besatzung: 3
Bewaffnung: je 2 MK 23 mm im Bug und im Heckstand, bis zu 3000 kg Bomben

Junkers Ju 86

Zweimotoriges Bombenflugzeug, Tiefdecker mit doppeltem Seitenleitwerk (Erstflug Prototyp am 04.11.1934). Das Bombenflugzeug war aus der zivilen Entwicklung eines Schnellverkehrsflugzeugs für die Luft Hansa hervorgegangen. Trotz verbesserter Motorisierung konnte sich die Ju 86 nicht gegen die Heinkel He 111 behaupten und wurde fortan vor allem als Höhenaufklärer eingesetzt.

Typ: Junkers Ju 86 D-1
Herkunftsland: Deutschland
Verwendung: Bombenflugzeug
Spannweite: 22,50 m
Länge: 17,07 m
Antrieb: 2 Jumo 205 C-4 mit je 447 kW (600 PS)
max. Startmasse: 8060 kg
Höchstgeschwindigkeit: 325 km/h
Reichweite: 1500 km
Gipfelhöhe: 5900 m
Besatzung: 4
Bewaffnung: 3 MG 7,92 mm, bis 1000 kg Bomben intern

Junkers Ju 87

Einmotoriges Sturzkampfflugzeug, Tiefdecker mit dreiteiligem Knickflügel und starrem Fahrwerk (Erstflug am 17.09.1935). Die Maschine verfügte ab Version B-2 über eine Abfangautomatik, die das Flugzeug nach dem Bombenabwurf selbsttätig aus dem Sturzflug zog. In den Fahrwerksverkleidungen waren Sirenen eingebaut (sogenannte Jericho-Trompeten), welche die psychologische Wirkung des Angriffs verstärken sollten.

Typ: Junkers Ju 87 B-1 (1938)
Herkunftsland: Deutschland
Verwendung: Sturzkampfflugzeug
Spannweite: 13,80 m
Länge: 11,00 m
Antrieb: 1 Junkers-Jumo 211 Da Motor mit 882 kW (1200 PS)
max. Startmasse: 4250 kg
Höchstgeschwindigkeit: 380 km/h
Reichweite: 600 km
Gipfelhöhe: 8000 m
Besatzung: 2
Bewaffnung: 2 MG 7,92 mm vorwärts, 1 MG 7,92 mm rückwärts, 1 500-kg-Bombe oder 1 250-kg-Bombe und 4 50-kg-Bomben

Junkers Ju 88

Zweimotoriges Bombenflugzeug in Mitteldecker-Auslegung (Erstflug Prototyp 21.12.1936). Das Flugzeug wurde auf Forderung des RLM 1937 sturzflugfähig (mit Abfangautomatik). Den gesamten 2. Weltkrieg über war die Ju 88 in zahlreichen Versionen (etwa als Bomber, Aufklärer und Nachtjäger) im Einsatz. Insgesamt wurden ca. 15 000 Einheiten produziert.

Typ: Junkers Ju 88 A-4
Herkunftsland: Deutschland
Verwendung: Bombenflugzeug
Spannweite: 20,08 m
Länge: 14,40 m
Antrieb: 2 Junkers Jumo 211 J mit je 1045 kW (1420 PS)
max. Startmasse: 14 000 kg
Höchstgeschwindigkeit: 470 km/h
Reichweite: max. 2730 km
Gipfelhöhe: 8200 m
Besatzung: 4
Bewaffnung: 5 MG 7,92 mm, 1 MG 13 mm, 500 kg Bombenlast intern bis zu 3000 kg Bombenlast an Unterflügelträgern

Junkers Ju 188

Zweimotoriges Bombenflugzeug in Mitteldecker-Auslegung. Das Flugzeug entstand 1941 nach den Einsatzerfahrungen mit der Ju 88 als deren Weiterentwicklung. Auffallend war der sphärisch geformte verglaste „Kampfkopf". Auch Tragflächen und Leitwerke wurden überarbeitet. Von Beginn der Serienfertigung im Sommer 1943 bis zum Kriegsende wurden insgesamt 1036 Maschinen gebaut.

Typ: Junkers Ju 188 A-2
Herkunftsland: Deutschland
Verwendung: Bombenflugzeug
Spannweite: 22,02 m
Antrieb: 2 Junkers Jumo 213 A mit je 1287 kW (1750 PS)
Länge: 14,95 m
max. Startmasse: 15 000 kg
Höchstgeschwindigkeit: 525 km/h
Reichweite: 2200 km
Gipfelhöhe: 10 000 m
Besatzung: 4
Bewaffnung: 2 MK 20 mm, 2 MG 13 mm, bis 4 MG 7,92 mm, 3000 kg Bomben oder Torpedos

Lockheed F-117 Nighthawk

Zweistrahliger radargetarnter Tiefdecker für Präzisionsangriffe (Erstflug am 18.06.1981). Die ungewöhnliche Gestaltung ist optimal auf die Stealth-Technologie (reduzierte Radarrückstrahlfläche und Wärmeabstrahlung) ausgerichtet. Die F-117A besteht nahezu aus einer einzigen ebenen, stark mit radarabsorbierendem Material beschichteten Fläche. Zum Schutz gegen IR-Sensoren erhielten die Triebwerke keine Nachbrenner (ihre Schlitzdüsen sind auf der Rumpfoberseite angeordnet). Kampfeinsätze flog die Nighthawk über Panama (1988), in den Golfkriegen 1991 und 2003 sowie über Jugoslawien, wo 1999 eine Maschine verloren ging. Bis Juli 1990 wurden 59 Serienmaschinen gebaut. Die F-Klassifikation ist eine bewusste Fehlklassifikation des Bombers; sie gehört zu dessen Tarnung, die bereits in der Entwicklungsphase begann.

Typ: Lockheed F-117A
Herkunftsland: USA
Verwendung: Bombenflugzeug
Spannweite: 13,20 m
Länge: 20,08 m
Antrieb: 2 General Electric F404-F1D2 Turbofans mit je 48 kN (4895 kp) Schub
max. Startmasse: 23 814 kg
Höchstgeschwindigkeit: 1040 km/h
Reichweite: 2100 km
Besatzung: 1
Bewaffnung: 2268 kg Bomben (lasergelenkt)

Martin MB

Zweimotoriges Bombenflugzeug, dreistieliger verspannter Doppeldecker in Holzbauweise (1918). Vom sogenannten Glenn Martin-Bomber wurden auch Versionen als Passagier- (für 12 Passagiere), Fracht- und Postflugzeug gebaut.

Typ: Martin MB-1
Herkunftsland: USA
Verwendung: Bombenflugzeug
Spannweite: 21,80 m
Länge: 14,10 m
Antrieb: 2 Liberty V-12 313 kW (420 PS)
max. Startmasse: 5477 kg
Höchstgeschwindigkeit: 172 km/h
Reichweite: 898–2400 km
Gipfelhöhe: 2590 m
Besatzung: 2
Bewaffnung: 4–5 MG, 750 kg Bomben oder Torpedos

Martin B-26 Marauder

Zweimotoriges mittelschweres Bombenflugzeug in Schulterdecker-Auslegung (Erstflug 25.11.1940). Kurz nach der ersten Serienversion erschien bereits die verbesserte und schwerer bewaffnete B-26A, die seit Frühjahr 1942 von Australien aus gegen die Japaner operierte. Die Version B-26B wurde seit März 1943 auch in Europa eingesetzt. Die letzte Serienversion B-26G erschien im März 1945. Zahlreiche Maschinen wurden auch an die RAF geliefert.

Typ: Martin B-26G
Herkunftsland: USA
Verwendung: Bombenflugzeug
Spannweite: 21,65 m
Länge: 17,12 m
Antrieb: 2 Pratt & Whitney RR-2800-43 Double Wasp mit je 1412 kW (1920 PS)
max. Startmasse: 17 320 kg
Höchstgeschwindigkeit: 465 km/h
Reichweite: 1760 km
Gipfelhöhe: 6040 m
Besatzung: 7
Bewaffnung: 11 MG 12,7 mm, 1800 kg Bomben

Martin A-30 Baltimore

Zweimotoriges Bombenflugzeug, freitragender Mitteldecker (Erstflug Prototyp 14.06.1941). Obwohl nach den Spezifikationen der USAAF gebaut, war das Flugzeug nie für die US-Streitkräfte im Einsatz, wohl aber für die RAF, die British Fleet Air Arm sowie für die kanadischen, australischen und südafrikanischen Luftwaffen.

Das Flugzeug wurde aus dem Typ Martin 167 entwickelt.

Typ: Martin A-30 Mk.III
Herkunftsland: USA
Verwendung: Bombenflugzeug
Spannweite: 18,69 m
Länge: 14,78 m
max. Startmasse: 10 430 kg
Antrieb: 2 Wright GR-2600-19 Cyclone mit je 1193 kW (1622 PS)
Höchstgeschwindigkeit: 480 km/h
Reichweite: 1530 km
Gipfelhöhe: 7300 m
Besatzung: 4
Bewaffnung: 4 vorwärts feuernde MG 7,62 mm in den Tragflächen, 4 MG 7,62 mm in Waffenständen, 900 kg Bomben

Mitsubishi G4M Hamaki

Zweimotoriges Bombenflugzeug, freitragender Mitteldecker (Erstflug 23.10.1939). Bei der Konstruktion wurde vor allem auf große Reichweite Wert gelegt. Geschwindigkeit und Panzerung wurden hingegen vernachlässigt; dadurch erwies sich die Maschine als sehr verwundbar und erlitt im Pazifikkrieg schwere Verluste.

Typ: Mitsubishi G4M Hamaki
Herkunftsland: Japan
Verwendung: Bombenflugzeug
Spannweite: 24,90 m
Länge: 19,60 m
Antrieb: 2 Mitsubishi MK4A Kasei mit je 1125 kW (1530 PS)
max. Startmasse: 15 000 kg
Höchstgeschwindigkeit: 437 km/h
Reichweite: max. 5040 km
Gipfelhöhe: 9000 m
Besatzung: 7
Bewaffnung: 2 MK 20 mm, 4 MG 7,7 mm, bis 2200 kg Bomben und Torpedos

Mitsubishi Ki-67 Hiryu

Zweimotoriges mittelschweres Bombenflugzeug, freitragender Mitteldecker (Erstflug 27.12.1942). Das Flugzeug sollte die Ki-21 ablösen und fußte konstruktiv auf Elementen des Typs G4M. Das schnelle und sehr manövrierfähige Flugzeug griff ab Oktober 1944 in das Kriegsgeschehen auf dem pazifischen Schauplatz ein.

Typ: Mitsubishi Ki-67-1
Herkunftsland: Japan
Verwendung: Bombenflugzeug
Spannweite: 22,40 m
Antrieb: 2 Mitsubishi Ha-42-11 mit je 1417 kW (1900 PS) Startleistung
max. Startmasse: 14 097 kg
Länge: 18,70 m
Höchstgeschwindigkeit: 550 km/h
Reichweite: 3200 km
Gipfelhöhe: 9150 m
Besatzung: 7
Bewaffnung: 1 MK 20 mm, 4 MG 12,7 mm, 1600 kg Bomben und Torpedos

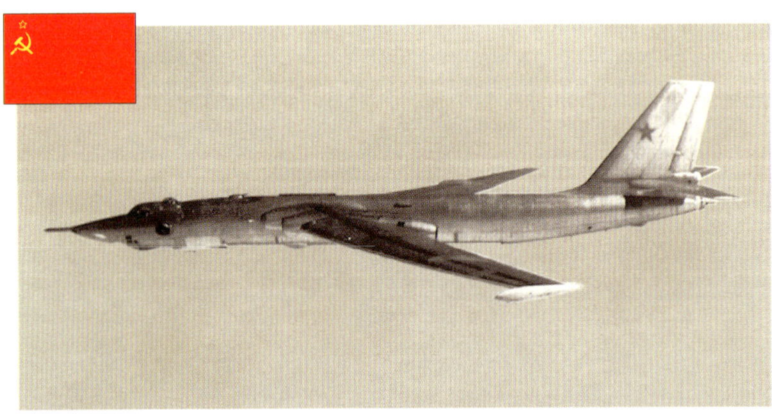

Mjassischtschew M-4

Vierstrahliges Bombenflugzeug (Erstflug 20.01.1953), freitragender Schulterdecker, Tragwerk stark gepfeilt in leichter negativer V-Stellung, Tandemfahrwerk mit Stützrädern in den Wingtips. Schätzungsweise 150 Einheiten dieses strategischen Bombers und Nuklearwaffenträgers wurden seit 1954 gebaut, ein Teil mittlerweile verschrottet, ein anderer Teil „eingemottet". 1981 wurde eine Version als Schwertransporter mit doppeltem Seitenleitwerk (WM-T Atlant) für Außenlasten entwickelt.

Typ: Mjassischtschew M-4
Herkunftsland: Sowjetunion
Verwendung: Bombenflugzeug
Spannweite: 50,48 m
Länge: 47,20 m
Antrieb: 4 Mikulin AM-3D mit je 85,6 kN (8730 kp) Schub
max. Startmasse: 181 000 kg
Höchstgeschwindigkeit: 1000 km/h
Reichweite: max. 10 700 km
Gipfelhöhe: 8200 m
Besatzung: 6–11
Bewaffnung: 6–10 MK 23 mm, bis 40 000 kg Bomben und Raketen

North American B-25 Mitchell

Zweimotoriges mittelschweres Bombenflugzeug, freitragender Mitteldecker mit Knickflügel und doppeltem Seitenleitwerk (Erstflug 19.08.1940). Das Flugzeug gilt als einer der vielseitigsten und leistungsfähigsten Bomber des 2. Weltkriegs. Ihren bekanntesten (später von Hollywood verfilmten) Einsatz hatte die B-25, als eine kleine Formation von 16 Flugzeugen vom Flugzeugträger Hornet aus zu einem Angriff auf Tokio startete und in China landete (18.04.1942: Doolittle-Raid).

Typ: North American B-25 J
Herkunftsland: USA
Verwendung: Bombenflugzeug
Spannweite: 20,60 m
Länge: 16,10 m
Antrieb: 2 Wright R-2600-92 mit je 1250 kW (1700 PS)
max. Startmasse: 15 870 kg
Höchstgeschwindigkeit: 440 km/h
Reichweite: 2100 km
Gipfelhöhe: 7620 m
Besatzung: 3–6
Bewaffnung: 12 MG 12,7 mm, 8 Raketen, 1360 kg Bombenlast

North American B-45 Tornado

Vierstrahliges Bombenflugzeug in Schulterdecker-Auslegung (Erstflug im Februar 1948); erster strahlgetriebener Bomber der USA. 1952 flog eine B-45, die in der Luft betankt werden konnte, erstmals nonstop über den Pazifik. Insgesamt wurden 142 Maschinen in drei Versionen gebaut. Einige Maschinen flogen Kampfeinsätze während des Koreakriegs.

Typ: North American B-45C
Herkunftsland: USA
Verwendung: Bombenflugzeug
Spannweite: 29,26 m
Länge: 23,14 m
Antrieb: 4 General Electric J47-GE-13 mit je 26,7 kN (2720 kp) Schub
max. Startmasse: 51 230 kg
Höchstgeschwindigkeit: 920 km/h
Reichweite: 4070 km
Gipfelhöhe: 12 270 m
Besatzung: 4
Bewaffnung: 2 MG 12,7 mm, 9000 kg Bomben

Northrop-Grumman B-2 Spirit

Vierstrahliges strategisches Bombenflugzeug (Erstflug 17.07.1989). Die B-2 Spirit ist konstruktiv ein Nurflügelflugzeug, ist vielseitig einsetzbar und kann mit konventionellen wie mit Atomwaffen bestückt und in der Luft betankt werden. Sie verfügt über Tarnkappeneigenschaften gegen elektromagnetische und Infrarotstrahlung (z. B. der Triebwerke), Abgasbeseitigung ohne Kondensstreifen, Kühlung der Düsen zur Verringerung der Infrarotsignatur und eine minimierte Radarsignatur (vergleichbar der einer Hummel). Sie gilt als das teuerste bisher gebaute Flugzeug (Stückpreis geschätzt auf 1,8 Milliarden Euro). Lediglich 21 Einheiten wurden gebaut. Die Luftbetankungseinrichtung ermöglicht einen unbegrenzten weltweiten Einsatz.

Typ: Northrop-Grumman B-2
Herkunftsland: USA
Verwendung: Strategisches Bombenflugzeug
Spannweite: 52,43 m
Länge: 21,03 m
Antrieb: 4 General Electric F-118-GE-100 Turbofans mit je 84,53 kN (8620 kp) Schub
max. Startmasse: 152 635 kg
Höchstgeschwindigkeit: 1010 km/h (auf 15 000 m)
Reichweite: ca. 10 000–12 000 km (mit Waffenlast)
Gipfelhöhe: ca. 15 150 m
Besatzung: 2
Bewaffnung: bis 18 144 kg Waffenlast in zwei Waffenschächten

Petljakow Pe-2

Zweimotoriges Sturzkampfflugzeug, freitragender Tiefdecker (Erprobungsbeginn 1939). Ursprünglich als Höhenjagdflugzeug entworfen, wurde er nach den ersten Tests als Sturzkampfflugzeug entwickelt, das während des 2. Weltkriegs an Brennpunkten des Kampfes eingesetzt wurde. Über 11 000 Einheiten wurden gebaut.

Typ: Petljakow Pe-2
Herkunftsland: Sowjetunion
Verwendung: Sturzkampfflugzeug
Spannweite: 17,19 m
Länge: 12,60 m
Antrieb: 2 Klimow WK-105R mit je 920 kW (1250 PS)
max. Startmasse: 8500 kg
Höchstgeschwindigkeit: 536 km/h
Reichweite: 1920 km
Gipfelhöhe: 8200 m
Besatzung: 2
Bewaffnung: 1 MG 12,7 mm, 4 MG 7,62 mm, 1000 kg Bombenlast

Polikarpow R-5

Einmotoriges Mehrzweckkampfflugzeug, einstieliger Anderthalbdecker in Holzbauweise (1928, Serienfertigung ab 1931). Das Flugzeug wurde als leichter Bomber, zur Erdkampfunterstützung, als Verbindungsflugzeug und leichter Transporter genutzt. Eine zivile Version flog als Postflugzeug. Über 7000 Exemplare (davon 1000 in zivilen Ausführungen) wurden gebaut.

Typ: Polikarpow R-5
Herkunftsland: Sowjetunion
Verwendung: Bombenflugzeug
Spannweite: 15,50 m (oben)
Länge: 10,56 m
Antrieb: 1 M-17-Motor mit 367 kW (500 PS)
max. Startmasse: 2955 kg
Höchstgeschwindigkeit: 228 km/h
Reichweite: 800 km
Gipfelhöhe: 6400 m
Besatzung: 2
Bewaffnung: 3 MG 7,62 mm, 500 kg Bomben extern

Rockwell B-1 Lancer

Vierstrahliger strategischer Bomber mit Schwenkflügeln. Mitte der 1960er-Jahre als Nachfolger für die Boeing B-52 konzipiert, ruhte bei North American Rockwell (ab 1973 Rockwell International, 1997 von Boeing übernommen) nach dem Erstflug (B-1A 23.12.1974) die Weiterentwicklung seit 1977, bevor sie 1981 mit gänzlich verändertem Einsatzprofil wieder aufgenommen wurde. Die modernisierte B-1 sollte nun tiefer fliegen, eine geringe Radarsignatur aufweisen und im unteren Überschallbereich Präzisionsangriffe vortragen (Erstflug B-1B 18.10.1984).

Typ: Rockwell B-1B Lancer
Herkunftsland: USA
Verwendung: Strategischer Langstreckenbomber
Spannweite: 41,67 m ungeschwenkt, 23,84 m nach hinten geschwenkt
Länge: 41,81 m
Antrieb: 4 General Electric F-101-GE-102 Turbofans mit je 136,92 kN (13 960 kp) Schub
max. Startmasse: 216 365 kg
Höchstgeschwindigkeit: 1205 km/h (Tiefflug), 1329 km/h (große Höhe)
Reichweite: ca. 11 265 km (ohne Luftbetankung)
Gipfelhöhe: ca. 9100 m
Besatzung: 4
Bewaffnung: bis zu 36 288 kg Waffenlast in drei Waffenschächten

Saab 17

Einmotoriges leichtes Bomben- und Aufklärungsflugzeug (Erstflug im Mai 1940). Insgesamt wurden 322 Exemplare in verschiedenen Ausführungen (u. a. auch mit Schwimmern oder Schneekufen) in verschiedenen Motorisierungsversionen gebaut. 132 B 17A wurden bis 1944 an die schwedische Luftwaffe ausgeliefert. 1948 wurde das Modell offiziell außer Dienst gestellt, jedoch noch bis 1968 weiter genutzt.

Typ: Saab B 17 A
Herkunftsland: Schweden
Verwendung: Kampfflugzeug
Spannweite: 13,70 m
Länge: 9,80 m
Antrieb: 1 Pratt & Whitney SC3-G Twin Wasp mit 794 kW (1080 PS)
max. Startmasse: 3790 kg
Höchstgeschwindigkeit: 435 km/h
Reichweite: 1800 km
Gipfelhöhe: 8700 m
Besatzung: 2
Bewaffnung: 2 MK 12,9 mm, 1 MG M22 7,9 mm, 500 kg Bomben

Savoia Marchetti SM.79 Sparviero

Dreimotoriges Bombenflugzeug (Erstflug 02.10.1934). Ursprünglich als ziviles Transportflugzeug für acht Personen vorgesehen, wurde es schon vom zweiten Prototyp an als Bomber ausgelegt. Die Maschinen der Serie SM.79-I wurden auch im Spanischen Bürgerkrieg eingesetzt. Jugoslawien bestellte davon 45 Stück. Italien trat mit ca. 600 Sparviero in den 2. Weltkrieg ein.

Typ: Savoia Marchetti SM.79-II
Herkunftsland: Italien
Verwendung: Bombenflugzeug
Spannweite: 21,20 m
Länge: 16,20 m
Antrieb: 3 Piaggio P.XI RC.40 mit je 746 kW (1000 PS)
max. Startmasse: 12 500 kg
Höchstgeschwindigkeit: 434 km/h
Reichweite: 1990 km (mit 2 Torpedos)
Gipfelhöhe: 7000 m
Besatzung: 5
Bewaffnung: 3 MG 12,7 mm, 2 MG 7,62 mm, 2 Torpedos 450 mm mit 200-kg-Sprengköpfen

Short S.29 Stirling

Viermotoriges Bombenflugzeug (Erstflug Prototyp 14.05.1939). Die Stirling musste (wg. der Maße der vorhandenen Hangars) mit Tragflächen von so geringer Spannweite auskommen, dass sie keine große Gipfelhöhe erreichen konnte. Im Bombenschacht konnten lediglich Bomben bis zu einem Gewicht von max. 907 kg pro Stück untergebracht werden. Ihren ersten Kriegseinsatz hatte sie am 10.02.1941. Die Maschine wurde in fünf Versionen gebaut, auch Transport- und Passagiermaschinen.

Typ: Short S.29 Mk.III
Herkunftsland: Großbritannien
Verwendung: Bombenflugzeug
Spannweite: 30,20 m
Länge: 26,50 m
Antrieb: 4 Bristol Hercules VI oder XVI mit je 1220 kW (1660 PS)
max. Startmasse: 31 790 kg
Höchstgeschwindigkeit: 434 km/h
Reichweite: 3234 km
Gipfelhöhe: 5030 m
Besatzung: 7–8
Bewaffnung: 8 MG 7,7 mm, 6350 kg Bomben im internen Waffenschacht

Sikorsky S-23 V Ilja Muromez

Viermotoriges Bombenflugzeug in Doppeldecker-Auslegung und Holzbauweise (Erstflug 1913). Die Ilja Muromez wurde als schwerer Bomber aus einem Zivilflugzeug entwickelt. 73 Exemplare mit unterschiedlicher Bewaffnung und Motorisierung wurden während des 1. Weltkriegs gebaut und von der russischen Luftwaffe eingesetzt. Nur eine einzige Maschine ging im Luftkampf verloren.

Typ: Sikorsky S-23 V
Herkunftsland: Russland
Verwendung: Bombenflugzeug
Spannweite: 29,80 m
Länge: 17,10 m
Antrieb: 4 Sunbeam V8 mit je 110 kW (150 PS)
max. Startmasse: 7460 kg
Höchstgeschwindigkeit: 130 km/h
Reichweite: 560 km
Gipfelhöhe: 3200 m
Besatzung: 4–7
Bewaffnung: Verschiedene MG, 8 100-kg-Bomben, 16 50-kg-Bomben oder 1 656-kg-Bombe

Suchoi Su-2

Einmotoriges leichtes Bombenflugzeug, Tiefdecker in Ganzmetallbauweise (Erstflug 25.08.1937) – im Juni 1941 der modernste leichte Bomber der Sowjetunion, der zunächst als Schlachtflugzeug eingesetzt wurde. Wegen der schweren Verluste wurden die Maschinen ab 1942 aus dem Kampfeinsatz gezogen und im Hinterland als Schul-, Schlepp- und Aufklärungsflugzeug verwendet.

Typ: Suchoi Su-2
Herkunftsland: Sowjetunion
Verwendung: Bombenflugzeug
Spannweite: 14,30 m
Länge: 10,25 m
Antrieb: 1 Doppelsternmotor M-88B mit 735 kW (1000 PS)
max. Startmasse: 4375 kg
Höchstgeschwindigkeit: 455 km/h
Reichweite: 1190 km
Gipfelhöhe: 8400 m
Besatzung: 2
Bewaffnung: 2 starre und 1 bewegliches MG SchKAS 7,62 mm, max. 400 kg Bomben oder Raketen RS-82/RS-132

Suchoi Su-25

Zweistrahliges Erdkampfflugzeug (Erstflug 22.02.1975); 1982 in Dienst gestellt. Eine kleine Vorserie wurde im Krieg in Afghanistan eingesetzt. Die Su-25 soll im engen Verbund mit Bodentruppen agieren. Ihr Einsatzziel ist die gezielte Zerstörung fester und beweglicher Ziele (gepanzerte Fahrzeuge, Helikopter, Konvois, Brücken, Straßen, Feldbefestigungen u. Ä.).

Typ: Suchoi Su-25K
Herkunftsland: Sowjetunion
Verwendung: Erdkampfflugzeug
Spannweite: 14,36 m
Länge: 15,53 m
Antrieb: 2 Tumanski R-195 Turbojets mit je 44 kN (4487 kp) Schub
max. Startmasse: 17 600 kg
Höchstgeschwindigkeit: 970 km/h
Reichweite: max. 1250 km
Gipfelhöhe: 7000 m
Besatzung: 1
Bewaffnung: 1 MK 30 mm, bis zu 4400 kg Primärbewaffnung (Bomben, gelenkte Anti-Radar-Raketen und ungelenkte Raketen)

Suchoi T-4 (Su-100)

Vierstrahliges Bombenflugzeug, Tiefdecker mit Deltaflügeln und Canards (Erstflug 22.08.1972, Projekt 1974 eingestellt); sowjetische Antwort auf die amerikanische XB-70. Für die T-4 wurden die damals fortschrittlichsten Werkstoff- und Fertigungstechniken genutzt. Die Maschine sollte über Fly-by-wire-Technologie verfügen. Die Flugzeugnase konnte (wie bei Concorde und Tu-144) für Start und Landung abgesenkt werden. Die insgesamt zehn Testflüge konnten die volle Leistungsfähigkeit des Flugzeugs nicht beweisen.

Typ: Suchoi T-4
Herkunftsland: Sowjetunion
Verwendung: Bombenflugzeug
Spannweite: 22,00 m
Länge: 44,50 m
Antrieb: 4 Kolesow RD-36-41 mit je 159,3 kN (16 244 kp) Schub
max. Startmasse: 135 000 kg
Höchstgeschwindigkeit: 3200 km/h (projektiert)
Reichweite: 6000 km (projektiert)
Gipfelhöhe: 25 000–30 000 m (projektiert)
Besatzung: 2
Bewaffnung: 2 Luft-Boden-Raketen Ch-45 mit 1500 km Reichweite

Tupolew TB-3

Viermotoriges Bombenflugzeug (auch als ANT-6 bezeichnet), freitragender Tiefdecker, Ganzmetallbauweise mit Wellblechbeplankung (Erstflug 22.12.1930). Das Flugzeug zeichnete sich durch eine große Reichweite und Tragfähigkeit aus. Einige Maschinen dienten als „fliegender Flugzeugträger"; sie nahmen Jagdflugzeuge huckepack oder an Unterflügelstationen auf.

Typ: Tupolew TB-3
Herkunftsland: Sowjetunion
Verwendung: Bombenflugzeug
Spannweite: 39,50 m
Antrieb: 4 M-17F-Motoren mit je 526 kW (715 PS) Startleistung
Länge: 24,40 m
max. Startmasse: 17 200 kg
Höchstgeschwindigkeit: 177 km/h
Reichweite: 1350 km
Gipfelhöhe: 3800 m
Besatzung: 8
Bewaffnung: 5 MG 7,7 mm, 2000 kg Bomben

Tupolew SB-2

Zweimotoriges Bombenflugzeug, freitragender Mitteldecker (Erstflug Prototyp am 07.10.1934). Das Flugzeug war seinerzeit schneller als die meisten Jagdflugzeuge. 1936 griffen die SB-2 auf der Seite der Republikaner in den Spanischen Bürgerkrieg ein. 1943 flogen die Maschinen die letzten Kampfeinsätze.

Typ: Tupolew SB-2
Herkunftsland: Sowjetunion
Verwendung: Bombenflugzeug
Spannweite: 20,33 m
Länge: 12,27 m
Antrieb: 2 Klimow M-100A mit je 640 kW (870 PS) Startleistung
max. Startmasse: 5627 kg
Höchstgeschwindigkeit: 424 km/h
Reichweite: 1000 km
Gipfelhöhe: 9500 m
Besatzung: 3
Bewaffnung: 3 MG 7,62 mm, 500 kg Bombenlast

Tupolew Tu-2

Zweimotoriges mittelschweres Kampfflugzeug, freitragender Mitteldecker (Erstflug Prototyp 03.10.1940, Erstflug ANT-58 29.01.1941). Es sollte als Horizontal- und als Sturzkampfbomber, aber auch als Aufklärer verwendet werden können: erster Kampfeinsatz im September 1942. Anfang 1943 bekam das Flugzeug den endgültigen Namen Tu-2.

Typ: Tupolew Tu-2S
Herkunftsland: Sowjetunion
Verwendung: Bomben- und Sturzkampfflugzeug
Spannweite: 18,86 m
Länge: 13,80 m
Antrieb: 2 ASch-82FNW mit je 1380 kW (1850 PS)
max. Startmasse: 11 360 kg
Höchstgeschwindigkeit: 550 km/h
Reichweite: 1400 km
Gipfelhöhe: 9500 m
Besatzung: 4
Bewaffnung: 2 MK 20 mm, 3 MG 12,7 mm, bis 4000 kg Bomben

Tupolew Tu-16

Zweistrahliges Bombenflugzeug, freitragender Mitteldecker (Erstflug Prototyp 27.04.1952); ab 1955 als strategischer, mittelschwerer Bomber in Dienst gestellt. Die Tu-16 bildete das Rückgrat der sowjetischen strategischen Bomberflotte. Aus der militärischen Tu-16 wurde das Verkehrsflugzeug Tu-104 entwickelt.

Typ: Tupolew Tu-16A
Herkunftsland: Sowjetunion
Verwendung: Strategisches Bombenflugzeug
Spannweite: 32,99 m
Länge: 34,80 m
Antrieb: 2 Mikulin AM-3M Turbojets mit je 93,16 kN (9500 kp) Schub
max. Startmasse: 75 800 kg
Höchstgeschwindigkeit: 1050 km/h
Reichweite: 7200 km
Gipfelhöhe: 12 800 m
Besatzung: 6
Bewaffnung: 7 MK 23 mm, bis zu 9000 kg Bomben und Raketen

Tupolew Tu-22

Zweistrahliges Bombenflugzeug, freitragender Mitteldecker (Erstflug Prototyp 21.06.1958), erster sowjetischer Überschall-Bomber. Auffallend ist die hohe Anordnung der Triebwerke am Heck. Die Tu-22 wurde ab 1961 in Serie gebaut. Sie wurde außer in ihrer primären Rolle (Angriff auf Bodenziele) auch für Aufklärungsaufgaben und als Seeaufklärer eingesetzt.

Typ: Tupolew Tu-22B
Herkunftsland: Sowjetunion
Verwendung: Bombenflugzeug
Spannweite: 23,50 m
Länge: 41,60 m
Höchstgeschwindigkeit: 1510 km/h
Antrieb: 2 Kolesow RD-7M mit je 156,9 kN (16 000 kp)
max. Startmasse: 85 500 kg
Reichweite: 5650 km
Gipfelhöhe: 14 700 m
Besatzung: 3
Bewaffnung: 1 MK 23 mm, bis 24 500-kg-Bomben oder 1 9000-kg-Bombe oder Atombombe

Tupolew Tu-22M

Zweistrahliges Bombenflugzeug, ab 1966 als Nachfolgemodell für die Tu-22 entwickelt, aber eine eigenständige Neukonstruktion mit Schwenkflügeln. Nach den Prototypen und Vorserien genügte erst die Version Tu-22M-2 den Anforderungen; die weiter verstärkte Version Tu-22M-3 war als strategische Waffe anzusehen. Über 280 Maschinen aller Versionen wurden gebaut; viele stehen noch immer im Dienst der Luftstreitkräfte und der Seefliegerkräfte.

Typ: Tupolew Tu-22M-3
Herkunftsland: Sowjetunion
Verwendung: Bombenflugzeug
Spannweite: 23,30 m bis 34,28 m
Länge: 42,46 m
Antrieb: 2 Kusnezow/KKBM NK-25 mit je 245,2 kN (25 000 kp) Schub
max. Startmasse: 126 400 kg
Höchstgeschwindigkeit: 2300 km/h
Reichweite: 7000 km
Gipfelhöhe: 13 300 m
Besatzung: 4
Bewaffnung: 1 MK 23 mm, 3 Luft-Boden-Raketen Ch-22M oder 10 Ch-15 oder bis zu 24 000 kg Bomben

Tupolew Tu-95

Viermotoriges Bombenflugzeug, freitragender Mitteldecker mit gepfeilten Tragflächen (Erstflug 1954). Das Flugzeug ist der einzige Langstreckenbomber mit Turboprop-Antrieb über gegenläufige Propellerpaare – militärisches Gegenstück zum Verkehrsflugzeug Tu-114. Es wurde auch als Seeaufklärungs- und U-Boot-Jagdflugzeug (Tu-142) sowie bei der elektronischen Kampfführung eingesetzt.

Typ: Tupolew Tu-95MS
Herkunftsland: Sowjetunion
Verwendung: Bombenflugzeug
Spannweite: 50,04 m
Länge: 46,90 m
Antrieb: 4 Kusnezow NK-12M mit je 11 032 kW (15 000 PS)
max. Startmasse: 188 000 kg
Höchstgeschwindigkeit: 830 km/h
Reichweite: 10 500 km
Gipfelhöhe: 10 500 m
Besatzung: 7
Bewaffnung: 2 MK 23 mm (Heckkanzel); 6 Raketen Ch-55 intern, bis zu 10 Ch-55 extern

Tupolew Tu-160

Vierstrahliges Bombenflugzeug, Tiefdecker mit Schwenkflügeln und Kreuzleitwerk (Erstflug Prototyp 19.12.1981). Das Flugzeug wurde parallel zum Verkehrsflugzeug Tu-144 entwickelt. Es sollte das sowjetische Gegenstück zur Rockwell B-1 werden. 1987 trat das Flugzeug den Dienst bei den sowjetischen Luftstreitkräften an. Bis 1994 wurden 32 Maschinen ausgeliefert.

Typ: Tupolew Tu-160
Herkunftsland: Sowjetunion/Russland
Verwendung: Bombenflugzeug
Spannweite: 35,6 m bis 55,7 m
Länge: 54,10 m
Antrieb: 4 Kusnezow NK-321 mit je 245,2 kN (25 000 kp) Schub
max. Startmasse: 275 000 kg
Höchstgeschwindigkeit: 2200 km/h
Reichweite: 12 300 km
Gipfelhöhe: 15 000 m
Besatzung: 4
Bewaffnung: 12 luftgestützte Marschflugkörper Ch-55 oder 24 Raketen Ch-15P oder bis 40 000 kg Bomben

Vickers Wellington

Zweimotoriges Bombenflugzeug, Mitteldecker mit konventionellem Leitwerk (Erstflug Prototyp 15.06.1936), der wichtigste britische Bomber zu Beginn des 2. Weltkriegs. Bis Oktober 1945 wurden weit über 11 000 Einheiten produziert; seit 1940 flog die Wellington nur noch Nachtangriffe (April 1941: erster Abwurf einer „Blockbuster"-Luftmine). Außerdem wurde sie bei der Küstenüberwachung und U-Boot-Jagd eingesetzt.

Typ: Vickers Wellington Mk.I
Herkunftsland: Großbritannien
Verwendung: Bombenflugzeug
Spannweite: 26,26 m
Länge: 19,68 m
Antrieb: 2 Bristol Hercules VII/XVI mit je 1165 kW (1585 PS)
max. Startmasse: 16 500 kg
Höchstgeschwindigkeit: 410 km/h
Reichweite: 2125 km
Gipfelhöhe: 7325 m
Besatzung: 6
Bewaffnung: 6 MG 7,7 mm oder 7,92 mm, 2720 kg Bomben

Vickers 667 Valiant

Vierstrahliges Bombenflugzeug, Schulterdecker mit gepfeilten Tragflächen (Erstflug 10.08.1951), der erste der drei britischen V-Bomber und Atombombenträger der RAF. 107 Einheiten wurden produziert; mit konventionellen Bomben griffen Valiants 1956 während der Suezkrise Ziele in Ägypten an. Ab 1960 wurden die meisten Maschinen zu Tankflugzeugen umgerüstet,1964 mussten die Tanker wegen Materialermüdung außer Dienst gestellt werden.

Typ: Vickers 667 Valiant Mk.I
Herkunftsland: Großbritannien
Verwendung: Bombenflugzeug
Spannweite: 34,76 m
Länge: 32,91 m
Antrieb: 4 Rolls-Royce Avon R28 mit je 44,5 kN (4540 kp) Schub
max. Startmasse: 63 500 kg
Höchstgeschwindigkeit: 912 km/h
Reichweite: 7240 km
Gipfelhöhe: 16 400 m
Besatzung: 5
Bewaffnung: 1 4540-kg-Bombe oder 20 454-kg-Bomben

Vultee A-31 Vengeance

Einmotoriges Sturzkampfflugzeug in Mitteldecker-Auslegung. Gebaut als Vultee Modell V-72 zunächst ohne Regierungsauftrag, gingen 1940 nach dem Fall Frankreichs Maschinen dieses Typs unter der Bezeichnung A-31 an die RAF. Brasilien, China, die Türkei und die UdSSR kauften dieses Flugzeug ebenfalls.

Typ: Vultee A-31
Herkunftsland: USA
Verwendung: Sturzkampfflugzeug
Spannweite: 14,63 m
Länge: 12,12 m
Antrieb: 1 Wright Cyclone GR-2600-A5B-5 mit 2279 kW (3100 PS)
max. Startmasse: 7440 kg
Höchstgeschwindigkeit: 450 km/h
Reichweite: 3700 km
Gipfelhöhe: 6800 m
Besatzung: 2
Bewaffnung: 6 MG 7,62 mm, 2 225-kg-Bomben intern, 2 113-kg-Bomben extern

Zeppelin Staaken R VI

Viermotoriges Bombenflugzeug, vierstieliger verspannter Doppeldecker. Die Triebwerke trieben in zwei Gondeln jeweils einen Zug- und Druckpropeller. Seit Mitte September 1917 griffen die Staaken wiederholt London an – zum letzten Mal im Oktober 1918. Keine der 18 eingesetzten Staaken wurde abgeschossen.

Typ: Zeppelin R VI Staaken
Herkunftsland: Deutschland
Verwendung: Bombenflugzeug
Spannweite: 42,20 m
Länge: 22,10 m
Antrieb: 4 Mercedes D IVa mit je 191 kW (260 PS)
max. Startmasse: 11 824 kg
Höchstgeschwindigkeit: 135 km/h
Reichweite: 800 km
Gipfelhöhe: 4300 m
Besatzung: 7
Bewaffnung: 4–7 MG, 2000 kg Bomben

Jäger und Jagdbomber

Jäger und Jagdbomber

Als im 1. Weltkrieg Flugzeuge in das Kampfgeschehen eingriffen, ergab sich die Notwendigkeit, die Flugzeuge der jeweiligen Gegenseite abzuwehren. Also stiegen Flugzeuge auf, die andere Flugzeuge jagten. Später begleiteten Jagdflugzeuge andere Flugzeuge wie beispielsweise Bomber oder versuchten Bombenflugzeuge des Gegners abzufangen. Nach den Zeiten der Spezialisierung auf eng begrenzte Einsatzziele folgte der Trend zu Mehrzweckkampfflugzeugen. Sie bauen auf ein und derselben Plattform auf und sollen im Idealfall den Einsatzzweck möglichst während der Mission wechseln können.

Aermacchi MB 339

Einstrahliges Trainingsflugzeug mit hoher Manövrierfähigkeit und gutem Beschleunigungsvermögen (Erstflug 12.08.1976); auf der Basis der MB 326 entwickelt, jedoch mit verstärkter Rumpfstruktur. Es ist u. a. zur Vorbereitung der Piloten auf den Tornado oder Eurofighter, aber auch zur Erdkampfunterstützung einsetzbar. Bei der Flugschau-Katastrophe in Ramstein 1988 kollidierten mehrere MB 339 einer italienischen Kunstflugstaffel.

Typ: Aermacchi MB 339
Herkunftsland: Italien
Verwendung: Strahltrainer
Spannweite: 10,86 m
Länge: 10,79 m
Antrieb: 1 Rolls-Royce Viper MK632-43 mit 17,8 kN (1825 kp) Schub
max. Startmasse: 6350 kg
Höchstgeschwindigkeit: 920 km/h
Reichweite: 2075 km
Gipfelhöhe: 14 200 m
Besatzung: 2
Bewaffnung: 2 DEFA-Kanonen 30 mm, bis 1815 kg Waffen an 6 Flügelstationen

Aero L-39 Albatros

Einstrahliges Trainingsflugzeug, freitragender Tiefdecker (Erstflug 2.11.1968, Prototyp 4.11.1968). Als Nachfolger der L-29 Delfin entwickelt, wurde die L-39 Albatros seit Beginn der Serienfertigung ab 1972 bald das Standard-Übungsflugzeug im Militärblock des Warschauer Vertrags und weiterer Staaten. Insgesamt wurden annähernd 3000 Exemplare gebaut, deren Spezifikation denen eines leichten Jagdflugzeugs entsprachen.

Typ: Aero L-39
Herkunftsland: Tschechoslowakei
Verwendung: Strahltrainer
Spannweite: 9,46 m
Länge: 12,13 m
Antrieb: 1 Progress AI-25 TL mit 168,7 kN (17 200 kp) Schub
max. Startmasse: 4700 kg
Höchstgeschwindigkeit: 750 km/h in 5000 m
Reichweite: 840 km
Gipfelhöhe: 11 500 m
Besatzung: 2
Bewaffnung: 1 zweiläufige Kanone 23 mm Grjazew-Schipunow, bis 1000 kg Waffenlast an 4 Unterflügelstationen

Albatros D.III

Einmotoriges Jagdflugzeug des 1. Weltkriegs in Doppeldecker-Auslegung; als Nachfolger der D.II Standardjagdflugzeug seit 1917. Dank der Vorteile hinsichtlich Schnelligkeit und Manövrierfähigkeit gegenüber den Gegnern gelangen Baron Manfred von Richthofen allein im Monat April 1917 21 Abschüsse mit der D.III. Anfang 1918 wurde sie durch die D.V ersetzt. Annähernd 440 Exemplare wurden gebaut.

Typ: Albatros D.III
Herkunftsland: Deutschland
Verwendung: Jagdflugzeug
Spannweite: 9,05 m
Länge: 7,33 m
Antrieb: 1 Mercedes D.IIIa mit 130 kW (177 PS)
max. Startmasse: 886 kg
Höchstgeschwindigkeit: 175 km/h
Einsatzdauer: ca. 2 h
Gipfelhöhe: 5500 m
Besatzung: 1
Bewaffnung: 2 MG 7,92 mm LMG 08/15 über dem Motor

Albatros D.V

Einmotoriges Jagdflugzeug in Doppeldecker-Auslegung mit schmalerem Unterflügel, Rumpf aus Sperrholz. Nachfolger der D.III als Standardjagdflugzeug, seit Ende 1917 bis zum Kriegsende im Einsatz. Wie die D.III litt auch die D.V an Tragflächenproblemen beim Sturzflug, was häufig zu Abstürzen führte.

Typ: Albatros D.V
Herkunftsland: Deutschland
Verwendung: Jagdflugzeug
Spannweite: 9,05 m
Länge: 7,33 m
Antrieb: 1 Mercedes D.IIIa mit 130 kW (177 PS)
max. Startmasse: 957 kg
Höchstgeschwindigkeit: 187 km/h
Reichweite: 350 km
Gipfelhöhe: 6250 m
Besatzung: 1
Bewaffnung: 2 MG 7,92 mm

Arado Ar 68

Einmotoriges Jagdflugzeug in Doppeldecker-Auslegung und Gemischtbauweise; das Rumpfgerüst bestand aus verschweißtem Stahlrohr, die Flügel aus einem stoffbespannten Holzgerüst (Erstflug 1934). Das Flugzeug, 1936 in Dienst gestellt, sollte zur schnellen Luftrüstung Deutschlands beitragen. Aufgrund enttäuschender Flugeigenschaften wurde es hauptsächlich als Nachtjäger und Trainingsflugzeug eingesetzt und 1940 schließlich ausgemustert.

Typ: Arado Ar 68 E
Herkunftsland: Deutschland
Verwendung: Jagdflugzeug
Spannweite: 11,58 m
Länge: 9,40 m
Antrieb: 1 Junkers Jumo 210 Ea mit 500 kW (680 PS)
max. Startmasse: 2020 kg
Höchstgeschwindigkeit: 335 km/h
Reichweite: 500 km
Gipfelhöhe: 12 800 m
Besatzung: 1
Bewaffnung: 2 MG-17 7,92 mm, bis zu 60 kg Bombenlast extern

Bell P-39 Airacobra

Einmotoriges Jagdbombenflugzeug in Tiefdecker-Auslegung (Erstflug April 1939); für die USA als Jagdflugzeug aufgrund verschiedener Defekte und Leistungsdefizite nicht besonders erfolgreich. Bis August 1944 wurden dennoch 9584 Airacobras hergestellt, wovon rund die Hälfte an die UdSSR geliefert wurde, wo die Maschinen als Erdkampfflugzeuge sehr beliebt waren.

Typ: Bell P-39 Q
Herkunftsland: USA
Verwendung: Jagdbombenflugzeug
Spannweite: 10,36 m
Länge: 9,18 m
Antrieb: 1 12-Zylinder Allison V-1710-85 mit 1044 kW (1420 PS)
max. Startmasse: 3750 kg
Höchstgeschwindigkeit: 615 km/h
Reichweite: bis 2000 km
Gipfelhöhe: 10 600 m
Besatzung: 1
Bewaffnung: 1 Kanone 37 mm, 4 MG 12,7 mm, ca. 230 kg Bombenlast extern

Bell P-59 Airacomet

Zweistrahliges Jagdflugzeug (Erstflug 01.10.1942). Unter schärfster Geheimhaltung gab die US Air Force mit der P-59 ihr erstes Strahlflugzeug in Auftrag. Die Auslieferung der Serienflugzeuge begann im Herbst 1944; von den 100 bestellten Exemplaren wurden allerdings nur 66 gebaut. Hauptsächlich wurde die P-59 als Schulungs- und Versuchsflugzeug für spätere Strahlflugzeuge genutzt.

Typ: Bell P-59 B
Herkunftsland: USA
Verwendung: Jagdflugzeug
Spannweite: 13,47 m
Länge: 11,62 m
Antrieb: 2 General Electric I-16s mit je 8,98 kN (907 kp) Schub
max. Startmasse: 6214 kg
Höchstgeschwindigkeit: 658 km/h
Reichweite: 644 km
Gipfelhöhe: 14 080 m
Besatzung: 1
Bewaffnung: 1 Kanone M4 37 mm, 3 MG 12,7 mm

Blohm & Voss BV 40

Unmotorisiertes militärisches Gleitflugzeug (Erstflug Mai 1944); entwickelt als Versuch der deutschen Luftwaffe, der Knappheit an Rohstoffen und Treibstoff Herr zu werden. Die Gleiter sollten über die Einflughöhe feindlicher Bomber geschleppt werden, die sie dann im Gleitflug zu bekämpfen hatten. Das Projekt wurde bereits wenige Monate nach dem Erstflug wieder eingestellt.

Typ: Blohm & Voss BV 40
Herkunftsland: Deutschland
Verwendung: Gleitflugzeug
Spannweite: 7,90 m
Länge: 5,70 m
max. Startmasse: 950 kg
Höchstgeschwindigkeit: 900 km/h
Gipfelhöhe: 6000 m
Besatzung: 1
Bewaffnung: 2 Kanonen MK 108 30 mm

Boeing P-12

Einmotoriges Jagdflugzeug in Doppeldecker-Auslegung, Modifikation der Navy-Ausführung F4B für das Fliegerkorps der US-Army (Erstflug 06.05.1929). Nach der Navy interessierte sich auch das Fliegerkorps (USAAC) für diese Maschine und ließ sie mit leichten Modifikationen 1932 liefern. Sie blieb bis zur Ablösung durch die P-26 im Dienst.

Typ: Boeing P-12
Herkunftsland: USA
Verwendung: Jagdflugzeug
Spannweite: 9,14 m
Länge: 6,20 m
Antrieb: 1 Pratt & Whitney R-1340-17 mit 373 kW (507 PS)
max. Startmasse: 1220 kg
Höchstgeschwindigkeit: 304 km/h
Reichweite: 917 km
Gipfelhöhe: 8380 m
Besatzung: 1
Bewaffnung: 2 MG 7,62 mm oder je 1 MG 7,62 mm und 12,7 mm, bis 110 kg Bomben

Boulton-Paul Defiant

Einmotoriges Jagdflugzeug, Tiefdecker in Ganzmetallbauweise (Erstflug Prototyp 11.08.1937); setzte sich im Ausschreibungs-Wettbewerb gegen Hawker Hotspur durch und verzeichnete anfänglich Erfolge bei Kampfeinsätzen, wurde aber wegen Schwächen in der Bewaffnung später vor allem als Nachtjäger eingesetzt. Die Defiant war später auch als Schulungsflugzeug im Einsatz. Über 1000 Exemplare wurden gebaut.

Typ: Boulton-Paul Defiant Mk.I
Herkunftsland: Großbritannien
Verwendung: Jagdflugzeug
Spannweite: 11,99 m
Länge: 10,77 m
Antrieb: 1 Rolls-Royce Merlin III mit 768 kW (1044 PS)
max. Startmasse: 3821 kg
Höchstgeschwindigkeit: 504 km/h
Reichweite: 748 km
Gipfelhöhe: 9250 m
Besatzung: 2
Bewaffnung: 4 MG Browning 7,62 mm im Drehturm hinter dem Cockpit

Bristol Beaufighter

Zweimotoriges schweres Jagdflugzeug (Erstflug Prototyp am 17.07.1939). Der Beaufighter gewann mit Beginn des 2. Weltkriegs aufgrund seiner Geschwindigkeit und Feuerkraft an Bedeutung. Bis Kriegsende wurden in mehreren Varianten insgesamt 5564 Maschinen gebaut. Der Beaufighter fand auch als Nachtjäger, Jagdbomber gegen Seeziele und als Torpedobomber Verwendung.

Typ: Bristol 156 Beaufighter T.F.X
Herkunftsland: Großbritannien
Verwendung: Jagdflugzeug
Spannweite: 17,64 m
Länge: 12,59 m
Antrieb: 2 Bristol Hercules XVII mit je1286 kW (1748 PS)
max. Startmasse: 11 520 kg
Höchstgeschwindigkeit: 514 km/h auf 3000 m Höhe
Reichweite: 2816 km
Gipfelhöhe: 5790 m
Besatzung: 2
Bewaffnung: 4 Kanonen 20 mm, 7 MG, alternativ 8 Raketen, Torpedos

BAe/McDonnell Douglas Harrier II

Einstrahliges Jagdbombenflugzeug mit STOVL-Eigenschaften (Erstflug AV-8 B: 05.11.1981 bzw. BAe Harrier GR Mk.5: 30.04.1985). Der Harrier II ist ein Produkt von BAe Systems und McDonnell Douglas (jetzt zu Boeing gehörend). Er wurde seit den 1980er-Jahren mehrfach modernisiert. Neben amerikanischen und britischen Flugzeugträgern sind auch die Träger Spaniens und Italiens damit bestückt.

Typ: AV-8 B Harrier II plus
Herkunftsland: USA, Großbritannien
Verwendung: Jagdbombenflugzeug
Spannweite: 9,25 m
Länge: 14,12 m
max. Startmasse: 14 061 kg
Antrieb: Rolls-Royce-Pegasus 11-61 F408-RR-408 mit 105 kN (10 707 kp) Schub
Höchstgeschwindigkeit: 1065 km/h
Reichweite: 1780 km
Gipfelhöhe: 15 240 m
Besatzung: 1
Bewaffnung: 2 MK 30 mm, AIM-9 Sidewinder- und AGM-65 Maverick-Raketen

British Aerospace BAe Hawk T 1

Einstrahliges Kampfflugzeug (Erstflug 1974). Anfangs als Ersatz für die Folland Gnat geplant und ab 1968 von Hawker Siddeley als Unterschall-Jet entwickelt, wurde der Strahltrainer 1973 in Hawk umbenannt und schließlich 1976 in Dienst genommen. Die Kunstflugstaffel „Red Arrows" setzt die Maschine bei Flugschauen ein.

Typ: British Aerospace BAe Hawk T 1
Herkunftsland: Großbritannien
Verwendung: Strahltrainer
Spannweite: 9,39 m
Länge: 11,96 m
Antrieb: 1 Rolls-Royce Turbomeca Adour Mk.151 mit 23,75 kN (2422 kp) Schub
max. Startmasse: 8340 kg
Höchstgeschwindigkeit: 1040 km/h
Reichweite: 2400 km
Gipfelhöhe: 15 250 m
Besatzung: 2
Bewaffnung: 1 Kanone Aden 20 mm, 2 AIM-9 Sidewinder, 3084 kg Bombenlast extern

CASA C-101 Aviojet

Einstrahliges spanisches Mehrzweckflugzeug (Erstflug 27.06.1977); ab Sommer 1974 bis 1997 in Kooperation mit Northrop und MBB entwickelt und gebaut. Dank der modularen Bauweise kann die Aviojet leicht und schnell vom Schulungs- zum Kampfflugzeug umgewandelt werden.

Typ: CASA C-101
Herkunftsland: Spanien
Verwendung: Mehrzweckflugzeug
Spannweite: 10,60 m
Länge: 12,25 m
Antrieb: 1 Garrett TFE731-2-25 mit 15,6 kN (1590 kp) Schub
max. Startmasse: 5600 kg
Höchstgeschwindigkeit: 685 km/h
Reichweite: 480 km
Gipfelhöhe: 13 700 m
Besatzung: 2
Bewaffnung: 1 Kanone DEFA 30 mm, 1000 kg Waffenlast an 4 Flügelstationen

Convair F-102 Delta Dagger

Einstrahliges Jagdflugzeug, freitragender Mitteldecker mit fünfholmigem Deltaflügel (Erstflug 24.10.1953); weltweit erster allwettertauglicher Überschall-Jet. Bordelektronik und Radar führten die Maschine in die richtige Gefechtsposition und lösten die Feuer-Automatik aus. Allerdings blieb die Flugleistung hinter den Erwartungen zurück. Notwendige technische Verbesserungen wurden erst beim Nachfolgemodell Delta Dart realisiert.

Typ: Convair F-102
Herkunftsland: USA
Verwendung: Jagdflugzeug
Spannweite: 11,62 m
Länge: 20,84 m
Antrieb: 1 Pratt & Whitney J57-P-23 mit 76,54 kN (7800 kp) Schub
max. Startmasse: 14 300 kg
Höchstgeschwindigkeit: 1328 km/h
Reichweite: 2175 km
Gipfelhöhe: 16 460 m
Besatzung: 1
Bewaffnung: 6 Lenkraketen, 24 ungelenkte 70-mm-Raketen

Convair F-106 Delta Dart

Einstrahliges Jagdflugzeug, freitragender Mitteldecker (Erstflug 26.12.1956); als Verbesserung der F-102 Delta Dagger entwickelt, um sowjetische Überschall-Bomber in Flughöhe und Geschwindigkeit zu übertreffen. Das allwettertaugliche Modell diente über 28 Jahre lang und hält noch heute den Geschwindigkeitsrekord bei einstrahligen Jets (2455,736 km/h). Die letzte der 340 gebauten Maschinen wurde 1988 außer Dienst gestellt.

Typ: Convair F-106 A
Herkunftsland: USA
Verwendung: Jagdflugzeug
Spannweite: 11,67 m
Länge: 21,56 m
Antrieb: 1 Pratt & Whitney J57-P-17 mit 109 kN (11 115 kp) Schub
max. Startmasse: 17 350 kg
Höchstgeschwindigkeit: 2455 km/h
Reichweite: 4300 km
Gipfelhöhe: 17 400 m
Besatzung: 1
Bewaffnung: 1 Kanone M61 Vulcan 20 mm, 1 AIR 2A oder AIR-2B Atombombe, 4 Raketen

Curtiss F9C Sparrowhawk

Einmotoriges Jagdflugzeug, ausgelegt als Doppeldecker mit Metallrahmen (Erstflug 14.04.1932). Die F9C wurde mit Lufthaken ausgestattet und dem Militär-Luftschiff USS Akron als Begleitschutz zugewiesen, auf der die sieben gebauten Exemplare bis zum Untergang der Akron auf See 1933 Dienst taten. Das neue Träger-Luftschiff der Sparrowhawk, die USS Macon, teilte das Schicksal der Vorgängerin bereits 1935.

Typ: Curtiss XF9C-1
Herkunftsland: USA
Verwendung: Jagdflugzeug
Spannweite: 7,75 m
Länge: 6,13 m
Antrieb: 1 Wright R-975-E3 Whirlwind mit 321 kW (436 PS)
max. Startmasse: 1256 kg
Höchstgeschwindigkeit: 248 km/h auf 1220 m Höhe
Reichweite: 563 km
Gipfelhöhe: 5850 m
Besatzung: 1
Bewaffnung: 2 MG Browning 7,62 mm

Curtiss P-40E Warhawk

Einmotoriges Erdkampf- und Jagdbombenflugzeug, ursprünglich als Jagdflugzeug entwickelt, war die Maschine bereits 1940 – im Dienst der RAF – ihren Gegnern unterlegen. RAF und USAAF nutzten sie daher zur Nahunterstützung der Bodentruppen. Auf dem chinesischen Kriegsschauplatz konnte sich die P-40 gegen die dort eingesetzten japanischen Flugzeuge behaupten.

Typ: Curtiss P-40E
Herkunftsland: USA
Verwendung: Jagdbombenflugzeug
Spannweite: 11,38 m
Länge: 10,16 m
Antrieb: 1 Allison V-1710-99 mit 882 kW (1200 PS)
max. Startmasse: 3780 kg
Höchstgeschwindigkeit: 552 km/h
Reichweite: 1200 km
Gipfelhöhe: 9450 m
Besatzung: 1
Bewaffnung: 6 MG 12,7 mm, 3 227-kg-Bomben

Dassault Super Etendard

Einstrahliges, trägergestütztes Jagdbombenflugzeug (Erstflug am 21.05.1958). Die Super Etendard wurde 1978 in den Dienst der französischen Marine gestellt. Sie kam aber auch im Falkland-Krieg auf argentinischer Seite zum Einsatz und versenkte mit Exocet-Raketen zwei britische Schiffe (u. a. die Fregatte Sheffield).

Typ: Dassault-Bréguet Super Etendard
Herkunftsland: Frankreich
Verwendung: Jagdbombenflugzeug
Spannweite: 9,60 m
Länge: 14,31 m
Antrieb: 1 SNECMA Atar 9K50 mit 49 kN (5000 kp) Schub
max. Startmasse: 12 000 kg
Höchstgeschwindigkeit: 1200 km/h
Reichweite: 820 km
Gipfelhöhe: 13 700 m
Besatzung: 1
Bewaffnung: 2 Kanonen DEFA 552A 30 mm, bis zu 2100 kg Bombenlast oder Exocet-Raketen

Dassault Mirage F1

Einstrahliges Jagdbombenflugzeug (Erstflug 23.12.1966). Auf Basis der Mirage III entwickelt, gewann sie gegenüber der Vorgängerin an Reichweite und Manövrierfähigkeit. Sie wurde Standard-Kampfflugzeug der französischen Luftwaffe bis zur Einführung der Mirage 2000.

Typ: Dassault-Bréguet Mirage F1C
Herkunftsland: Frankreich
Verwendung: Jagdbombenflugzeug
Spannweite: 8,40 m
Länge: 15,00 m
Antrieb: 1 SNECMA Atar 9K50 mit 49 kN (5000 kp) Schub
max. Startmasse: 16 200 kg
Höchstgeschwindigkeit: 2355 km/h
Reichweite: 836 km
Gipfelhöhe: 20 000 m
Besatzung: 1
Bewaffnung: 2 MK 30 mm, 2 Raketen, bis zu 4000 kg Bombenlast extern

Dassault Mirage 2000

Einstrahliges Jagdbombenflugzeug, Tiefdecker mit Deltaflügeln (Erstflug 10.03.1978). Mit stark erweitertem „Fly-by-wire"-System ausgestattet, wurde das Flugzeug 1975 zum Standard-Kampfflugzeug der französischen Luftwaffe bestimmt. Anknüpfend an die bewährte Dassault-Strategie wurde es in etlichen Varianten ausgeführt und für den Export konfiguriert.

Typ: Dassault-Bréguet Mirage 2000
Herkunftsland: Frankreich
Verwendung: Jagdbombenflugzeug
Spannweite: 9,00 m
Länge: 15,33 m
Antrieb: 1 SNECMA M53-5 mit 88,26 kN (9000 kp) Schub
max. Startmasse: 15 000 kg
Höchstgeschwindigkeit: 2445 km/h
Reichweite: 700 km
Gipfelhöhe: 16 460 m
Besatzung: 1
Bewaffnung: 2 MK 30 mm, 6300 kg Bomben

Dassault Rafale

Zweistrahliges Mehrzweck-Kampfflugzeug (Erstflug Prototyp am 04.07.1986). Die Rafale ist das modernste Kampfflugzeug der Armée de l'Air und soll ab 2006 in unterschiedlichen Ausführungen fast alle älteren Modelle bei den See- und Luftstreitkräften ersetzen.

Typ: Dassault-Bréguet Rafale A
Herkunftsland: Frankreich
Verwendung: Kampfflugzeug
Spannweite: 11,20 m
Länge: 15,80 m
Antrieb: 2 General Electric GE F404-GE-100 mit je 69,8 kN (7120 kp) Schub
max. Startmasse: 20 000 kg
Höchstgeschwindigkeit: 2124 km/h
Reichweite: 1850 bis 3705 km
Gipfelhöhe: 19 810 m
Besatzung: 1
Bewaffnung: 1 MK 30 mm, 6000 kg Bomben

Dassault/Dornier Alpha-Jet

Zweistrahliges Kampfflugzeug, als Strahltrainer (Frankreich) und leichtes Kampfflugzeug (Deutschland) verwendet (Erstflug 1973). Die deutsche Version war wegen der Auslegung für den Kampfeinsatz mit modernerer Technologie ausgestattet; der zweite Sitz der Schulversion konnte gegen zusätzliche Elektronik ausgetauscht werden.

Typ: Dassault/Dornier Alpha-Jet A
Herkunftsland: Frankreich, Deutschland
Verwendung: Jagdbombenflugzeug
Spannweite: 9,11 m
Länge: 12,46 m
Antrieb: 2 SNECMA/Turboméca Larzac 04-C20 Turbofans mit je 14,12 kN (1440 kp) Schub
max. Startmasse: 8000 kg
Höchstgeschwindigkeit: 1000 km/h
Reichweite: 2940 km (mit Zusatztanks)
Gipfelhöhe: 14 630 m
Besatzung: 2
Bewaffnung: 1 Kanone 27 mm, bis zu 2500 kg Waffenlast extern

De Havilland DH.100 Vampire

Einstrahliges Jagdbombenflugzeug mit Doppelleitwerk (Erstflug 20.09.1943). Auffallend war der gondelförmige Rumpf mit den doppelten Leitwerksträgern. Für den Einsatz im 2. Weltkrieg kam die Maschine zu spät, sie wurde ab 1946 eingeführt. Schon 1949 flog sie auch für die Schweizer Luftwaffe.

Typ: De Havilland DH.100
Herkunftsland: Großbritannien
Verwendung: Jagdbombenflugzeug
Spannweite: 11,58 m
Länge: 9,37 m
Antrieb: 1 De Havilland Goblin 3 mit 14,9 kN (1520 kp) Schub
max. Startmasse: 5620 kg
Höchstgeschwindigkeit: 880 km/h
Reichweite: max. 1900 km
Gipfelhöhe: 13 000 m
Besatzung: 1
Bewaffnung: 4 MK 20 mm, 8 27-kg-Bomben oder 2 454-kg-Bomben

Dornier Do 335 Pfeil

Zweimotoriges Jagdflugzeug (Erstflug Prototyp 26.10.1943). Konzipiert als Mehrzweck-Kampfflugzeug war die Do 335 durch die Anordnung der beiden Motoren an Bug und Heck (Zug- und Druckpropeller in Tandemanordnung) das schnellste serienmäßige kolbenmotorgetriebene Flugzeug der Welt. Bis Kriegsende 1945 wurden 37 Exemplare in unterschiedlichen Versionen hergestellt, die jedoch nicht über Testeinsätze hinauskamen.

Typ: Dornier Do 335 A-1
Herkunftsland: Deutschland
Verwendung: Jagdflugzeug
Spannweite: 13,80 m
Länge: 13,90 m
Antrieb: 2 Daimler-Benz DB 603A mit je 1287 kW (1750 PS)
max. Startmasse: 9510 kg
Höchstgeschwindigkeit: 775 km/h
Reichweite: 2150 km
Gipfelhöhe: 11 500 m
Besatzung: 1
Bewaffnung: 1 MK 103 30 mm, 2 MG 151, 1000 kg Bomben

Douglas A-1 Skyraider

Einmotoriges Jagdbombenflugzeug in Tiefdecker-Auslegung (Erstflug 18.03.1945); sollte planmäßig die Dauntless als Torpedobomber der US-Navy ersetzen, kam aber im 2. Weltkrieg nicht mehr zum Einsatz. Der Skyraider, von dem es 50 Modifikationen gab, erwies sich allerdings in Korea und Vietnam als extrem leistungsstark. Bis Februar 1957 wurden 3180 Exemplare hergestellt.

Typ: Douglas A-1J
Herkunftsland: USA
Verwendung: Jagdbombenflugzeug
Spannweite: 15,47 m
Länge: 11,84 m
Antrieb: 1 Wright R 3350-26WB Cyclone mit 2243 kW (3050 PS)
max. Startmasse: 11 340 kg
Höchstgeschwindigkeit: 512 km/h
Reichweite: 2500 km
Gipfelhöhe: 7800 m
Besatzung: 1
Bewaffnung: 4 Kanonen 20 mm, 3630 kg Waffenlast extern

Douglas A-3 Skywarrior

Zweistrahliges trägergestütztes Jagdbombenflugzeug (Erstflug 28.10.1952). Die Maschine wurde als Kernwaffenträger entwickelt. Die erste Serienversion kam seit 1956 zum Einsatz. Eine grundlegende Weiterentwicklung flog unter der Bezeichnung B-66. Die Skywarrior war das am längsten (bis 1974) in Dienst stehende Trägerflugzeug der U.S. Navy.

Typ: Douglas A-3B
Herkunftsland: USA
Verwendung: Jagdbombenflugzeug
Spannweite: 22,10 m
Länge: 23,27 m
Antrieb: 2 Pratt & Whitney J57-P-10 mit je 46,7 kN (4760 kp) Schub ohne Nachbrenner und 55,2 kN (5630 kp) mit Nachbrenner
max. Startmasse: 37 195 kg
Höchstgeschwindigkeit: 982 km/h
Reichweite: max. 4660 km
Gipfelhöhe: 12 500 m
Besatzung: 2
Bewaffnung: 4 907-kg- oder 12 454-kg- oder 24 227-kg-Bomben im Waffenschacht, alternativ auch Atombomben

Douglas A-4 Skyhawk

Einstrahliges Jagdbombenflugzeug in Tiefdecker-Auslegung mit Deltaflügeln, ursprünglich als trägergestützter Atombomber geplant (Erstflug 22.06.1954). Die Skyhawk stellte 1954 den damaligen Geschwindigkeits-Weltrekord auf. Insgesamt 2960 Skyhawks wurden bis 1980 produziert, einige Exemplare sind heute noch bei den Streitkräften kleinerer Länder in Dienst.

Typ: Douglas A-4 Skyhawk II
Herkunftsland: USA
Verwendung: Jagdbombenflugzeug
Spannweite: 8,38 m
Länge: 12,27 m
Antrieb: 1 Turbojet Pratt & Whitney J52-P-8A mit 40,5 kN (4130 kp) Schub
max. Startmasse: 11 113 kg
Höchstgeschwindigkeit: 1086 km/h
Reichweite: max. 3300 km
Gipfelhöhe: 14 500 m
Besatzung: 1
Bewaffnung: 2 MK 20 mm, 3720 kg Bombenlast extern

Embraer AMX

Einstrahliges leichtes Jagdbombenflugzeug, das in Kooperation zwischen Brasilien und Italien entwickelt wurde. Das Flugzeug wird für die bewaffnete Aufklärung und zur Erdkampfunterstützung eingesetzt.

Typ: Embraer AMX
Herkunftsland: Brasilien, Italien
Verwendung: Jagdflugzeug
Spannweite: 9,97 m
Länge: 13,24 m
Antrieb: 1 Rolls-Royce Spey Mk. 807 mit 49 kN (5000 kp) Schub
max. Startmasse: 13 000 kg
Höchstgeschwindigkeit: 940 km/h
Reichweite: 3335 km
Gipfelhöhe: 13 500 m
Besatzung: 1
Bewaffnung: 1 MK 20 mm, 2 MK 30 mm, 3800 kg Bomben, Raketen (z. B. Sidewinder)

English Electric Lightning

Zweistrahliges Jagdflugzeug in Mitteldecker-Auslegung mit übereinander liegenden Triebwerken (Erstflug 04.04.1954); erreichte als erstes britisches Jagdflugzeug im Horizontalflug die doppelte Schallgeschwindigkeit. Trotz hoch geschätzter Flugeigenschaften wurden Reichweite und Bewaffnung als zu schwach bewertet.

Typ: English Electric P-1 F.2A
Herkunftsland: Großbritannien
Verwendung: Jagdflugzeug
Spannweite: 10,60 m
Länge: 16,25 m
Antrieb: 2 Rolls-Royce Avon 211 R mit je 73,94 kN (7540 kp) Schub (mit Nachbrenner)
max. Startmasse: 17 554 kg
Höchstgeschwindigkeit: 2044 km/h
Reichweite: 600 km
Gipfelhöhe: 18 300 m
Besatzung: 2
Bewaffnung: bis zu 4 30-mm-Kanonen ADEN, 2 gelenkte oder 48 ungelenkte Raketen

Eurofighter Typhoon

Zweistrahliges Mehrzweckkampfflugzeug in Deltakonfiguration mit Entenflügeln (Erstflug 27.03.1994). 1983 als Gemeinschaftsprojekt der NATO-Partner Deutschland, Frankreich, Großbritannien, Italien und Spanien gestartet, sind die Franzosen inzwischen nicht mehr beteiligt. Wegen den geänderten sicherheitspolitischen Rahmenbedingungen wurde die Zahl der ursprünglich geplanten 620 Flugzeuge deutlich reduziert.

Typ: Eurofighter Typhoon
Herkunftsland: EU
Verwendung: Mehrzweckkampfflugzeug
Spannweite: 10,95 m
Länge: 15,96 m
Antrieb: 2 Turbofans EJ200 mit je 90 kN (9166 kp) Schub
max. Startmasse: 23 500 kg
Höchstgeschwindigkeit: 2125 km/h
Reichweite: 1398 km
Gipfelhöhe: 16 765 m
Besatzung: 1 oder 2
Bewaffnung: 1 Kanone 27 mm, 15 Außenstationen für Luft-Luft- und Luft-Boden-Flugkörper kurzer, mittlerer und großer Reichweite

FIAT CR.32 Chirri

Einmotoriges Jagdflugzeug in Anderthalbdecker-Auslegung (Erstflug 28.04.1933); zuerst im Spanischen Bürgerkrieg, später auch im 2. Weltkrieg im Einsatz. Bis Mai 1939 waren bei der italienischen Luftwaffe bereits 1052 Maschinen in Dienst gestellt. Ab 1942 wurde die CR.32 allerdings verstärkt zu Schulungszwecken und Nachteinsätzen eingesetzt, da sie neueren gegnerischen Maschinen nicht mehr gewachsen war.

Typ: FIAT CR.32
Herkunftsland: Italien
Verwendung: Jagdflugzeug
Spannweite: 9,50 m
Länge: 7,45 m
Antrieb: 1 12-Zylinder V-Reihenmotor FIAT A.30 RA mit 441 kW (600 PS)
max. Startmasse: 1850 kg
Höchstgeschwindigkeit: 375 km/h
Reichweite: 680 km
Gipfelhöhe: 8800 m
Besatzung: 1
Bewaffnung: 2 MG 7,7 mm

FIAT G.91

Einstrahliges Jagdbombenflugzeug in Tiefdecker-Auslegung (Erstflug Prototyp 1956); das erste nach dem 2. Weltkrieg auch in Deutschland gebaute Strahlflugzeug, fast 30 Jahre lang das wichtigste leichte Erdkampf- und Aufklärungsflugzeug der Luftwaffe. Auch eine zweisitzige Trainingsversion wurde gefertigt.

Typ: FIAT G.91 R3
Herkunftsland: Italien
Verwendung: Jagdbombenflugzeug
Spannweite: 8,53 m
Länge: 10,06 m
Antrieb: 1 Turbojet Bristol Siddeley Orpheus 801 mit 22,3 kN (2270 kp) Schub
max. Startmasse: 5670 kg
Höchstgeschwindigkeit: 1075 km/h
Reichweite: 1850 km
Gipfelhöhe: 13 100 m
Besatzung: 1
Bewaffnung: 2 MK 30 mm DEFA, Raketen oder Bomben an 4 Unterflügelstationen

Focke-Wulf Fw 190

Einmotoriges Jagdflugzeug in Tiefdecker-Auslegung (Erstflug am 13.05.1939). Bei ihrer Einführung 1941 im Kriegseinsatz war die Fw 190 nicht nur der Me 109 überlegen, sondern auch den meisten alliierten Jagdflugzeugen. Bis Kriegsende wurden ca. 20 000 Einheiten in verschiedenen Versionen gebaut, etwa zwei Drittel als Jagdflugzeuge und Nachtjäger, ein Drittel als Jagdbomber und Erdkampfflugzeuge. Einige weitere Maschinen waren als Torpedobomber, Fernaufklärer oder als zweisitzige Schuljäger ausgerüstet. Nach dem Krieg wurden in Frankreich 64 Maschinen der Version A-8 gebaut und als NC 900 geflogen.

Typ: Focke-Wulf Fw 190 A-8
Herkunftsland: Deutschland
Verwendung: Jagdflugzeug
Spannweite: 10,50 m
Länge: 8,95 m
Antrieb: 1 BMW 801 D mit 1300 kW (1770 PS)
max. Startmasse: 4400 kg
Höchstgeschwindigkeit: 656 km/h
Reichweite: 800 km
Gipfelhöhe: 10 350 m
Besatzung: 1
Bewaffnung: 2 MG 131 12 mm, 4 MG 151 20 mm

Focke-Wulf Ta 152

Einmotoriges Jagdflugzeug in Tiefdecker-Auslegung (Erstflug im Herbst 1944), als Höhenjäger ab 1943 als Weiterentwicklung der Fw 190 D zur Abwehr der leistungsstarken alliierten Höhenbomber konzipiert. Die Maschine mit ausgezeichneter Flugleistung und Bewaffnung kam allerdings erst Anfang 1945 – und damit zu spät für die Luftwaffe – zum Einsatz. Es wurden 150 Exemplare in mehreren Versionen gebaut.

Typ: Focke-Wulf Ta 152 H-1
Herkunftsland: Deutschland
Verwendung: Jagdflugzeug
Spannweite: 14,44 m
Länge: 10,71 m
Antrieb: 1 Junkers Jumo 213 E-1 mit 1288 kW (1751 PS)
max. Startmasse: 4750 kg
Höchstgeschwindigkeit: 760 km/h
Reichweite: bis zu 1500 km
Gipfelhöhe: 14 800 m
Besatzung: 1
Bewaffnung: 1 MK 108 30 mm, 2 MG 151 20 mm

Fokker Dr.I

Einmotoriges Jagdflugzeug in Dreidecker-Auslegung (Erstflug Juli 1917). Vom Niederländer Fokker in Schwerin ab 1916 entwickelt und in einer Stückzahl von ca. 350 Einheiten gebaut. Gegen Ende des 1. Weltkriegs erwiesen sich die Dreidecker gegenüber Doppeldeckern generell als unterlegen. Am 21.04.1918 wurde der „Rote Baron" Manfred von Richthofen in einer Fokker Dr.I abgeschossen.

Typ: Fokker Dr.I
Herkunftsland: Deutschland
Verwendung: Jagdflugzeug
Spannweite: 7,20 m
Länge: 8,80 m
max. Startmasse: 670 kg
Antrieb: 1 9-Zylinder-Umlaufmotor Oberursel UR II mit 81 kW (110 PS)
Höchstgeschwindigkeit: 185 km/h
Reichweite: 250 km
Gipfelhöhe: 6000 m
Besatzung: 1
Bewaffnung: 2 LMG 08/15 Spandau 7,92 mm

Fokker D.21

Einmotoriges Jagdflugzeug in Tiefdecker-Auslegung (in Dienst 1938–1940). Beim deutschen Überfall auf die Niederlande im Mai 1940 waren 28 Maschinen dieses Typs gefechtsklar: fünf wurden am Boden zerstört, elf bei Kampfhandlungen. Fokker lieferte auch einige D.21 an Finnland; sie wurden dort im Winterkrieg gegen die Sowjetunion eingesetzt.

Typ: Fokker D.21
Herkunftsland: Niederlande
Verwendung: Jagdflugzeug
Spannweite: 11,01 m
Länge: 8,20 m
Antrieb: 1 Bristol Mercury VIII mit 610 kW (830 PS)
max. Startmasse: 2050 kg
Höchstgeschwindigkeit: 460 km/h (auf 5100 m)
Einsatzradius: 930 km
Gipfelhöhe: 11 350 m
Besatzung: 1
Bewaffnung: 4 MG in Tragflächen

General Dynamics F-111

Zweistrahliges Jagdbombenflugzeug, Schulterdecker mit Schwenkflügeln (Erstflug 21.12.1964). Aus dem TFX-Programm (für Mehrzweckjäger, taktische Bomber) entwickelt; erstes betriebsfähiges Schwenkflügelflugzeug der Welt. Aufgrund unterschiedlicher Anforderungen von Navy und Air Force gab es in der Frühphase bei einigen Versionen Abstürze und technische Probleme. Dennoch wurden insgesamt 563 Exemplare gebaut.

Typ: General Dynamics F-111 A
Herkunftsland: USA
Verwendung: Jagdbombenflugzeug
Spannweite: 9,76 m/19,40 m
Länge: 22,40 m
Antrieb: 2 Pratt & Whitney TF30-P-100 mit je 111,6 kN (11 385 kp) Schub
max. Startmasse: 41 500 kg
Höchstgeschwindigkeit: 2655 km/h
Reichweite: 6115 km
Gipfelhöhe: 17 600 m
Besatzung: 2
Bewaffnung: 1 MK 20 mm, 13 600 kg Waffen an 8 Stationen

General Dynamics F-16 Fighting Falcon

Einstrahliges Jagdbombenflugzeug in Mitteldecker-Auslegung mit Pfeilflügeln und geraden Tragflächenhinterkanten (Erstflug Prototyp 13.12.1973, Serie 07.08.1978); aufgrund hoher Wendigkeit und hervorragender Flugeigenschaften eines der erfolgreichsten Kampfflugzeuge aller Zeiten. Über 8000 F-16 wurden in mehr als zehn Versionen produziert und in rund 20 Länder exportiert.

Typ: General Dynamics F-16 A
Herkunftsland: USA
Verwendung: Jagdbombenflugzeug
Spannweite: 9,45 m
Länge: 14,52 m
max. Startmasse: 16 050 kg
Antrieb: 1 Pratt & Whitney F100-PW 200 mit 106 kN (10 810 kp) Schub
Höchstgeschwindigkeit: 2145 km/h
Einsatzradius: 1250 km
Gipfelhöhe: 15 240 m
Besatzung: 1
Bewaffnung: 1 MK 20 mm, 5440 kg Bomben extern oder 2–6 AIM-9 Sidewinder-Raketen

Gloster Meteor

Zweistrahliges Jagd- und Jagdbombenflugzeug, freitragender Tiefdecker (Erstflug Prototyp 05.03.1943); erstes britisches strahlgetriebenes Kampfflugzeug, kam Mitte 1944 noch zum Einsatz im 2. Weltkrieg, z. B. zur Abwehr deutscher V1-Flugbomben. Konstruktionsbedingt litt die Gloster Meteor an Untermotorisierung und schlechten Sichtverhältnissen. Dennoch stellte sie nach dem Krieg mehrere Geschwindigkeitsrekorde auf.

Typ: Gloster G.41
Herkunftsland: Großbritannien
Verwendung: Jagd-/Jagdbombenflugzeug
Spannweite: 13,11 m
Länge: 12,57 m
Antrieb: 2 Turbojets Rolls-Royce W.2B mit je 7,6 kN (770 kp) Schub
max. Startmasse: 6257 kg
Höchstgeschwindigkeit: 668 km/h
Reichweite: 2156 km
Gipfelhöhe: 12 190 m
Besatzung: 1
Bewaffnung: 4 MG Hispano 20 mm

Grumman F6F Hellcat

Einmotoriges Jagdflugzeug in Mitteldecker-Auslegung (Erstflug Prototyp Juni 1942). Bereits vor dem Angriff auf Pearl Harbour geplant, dann mit Nachdruck als Nachfolger der Wildcat entwickelt und Mitte 1943 als trägergestützter Jagdbomber in Dienst gestellt. Das Flugzeug war vielseitig im Luftkampf, Erdkampf, für Aufklärungs- und Patrouillenflüge sowie Nachteinsätze verwendbar. Es wurden rund 12 500 Exemplare gebaut, von denen einige bis in die späten 1950er-Jahre in Dienst standen.

Typ: Grumman F6F-5
Herkunftsland: USA
Verwendung: Jagdflugzeug
Spannweite: 13,06 m
Länge: 10,24 m
Antrieb: 1 Pratt & Whitney R-2800-10W mit 1450 kW (1973 PS)
max. Startmasse: 6990 kg
Höchstgeschwindigkeit: 612 km/h
Reichweite: 2462 km
Gipfelhöhe: 11 370 m
Besatzung: 1
Bewaffnung: 6 MG 12,7 mm, ca. 900 kg Bomben oder Raketen

Grumman F9F Panther

Einstrahliges Jagdbombenflugzeug, freitragender Mitteldecker (Erstflug Prototyp 24.11.1947). 1949 bei der US-Navy in Dienst gestellt, wurde die F9F eines der wichtigsten US-Kampfflugzeug im Koreakrieg. Zusammen mit der Pfeilflügel-Version F9F-6 Cougar und anderen wurden rund 1300 Maschinen gebaut. Einzelexemplare standen bis in die 1960er-Jahre in Dienst.

Typ: Grumman F9F-6
Herkunftsland: USA
Verwendung: Jagdbombenflugzeug
Spannweite: 10,52 m
Länge: 13,54 m
Antrieb: 1 Turbojet Pratt & Whitney J48-P-8A mit 37,8 kN (3856 kp) Schub
max. Startmasse: 9352 kg
Höchstgeschwindigkeit: 1050 km/h
Reichweite: 1610 km
Gipfelhöhe: 13 600 m
Besatzung: 1
Bewaffnung: 4 MK 20 mm und 900 kg Bomben oder Raketen

Grumman F-14 Tomcat

Zweistrahliges Jagdbombenflugzeug in Mitteldecker-Auslegung mit Schwenkflügeln und doppeltem Seitenleitwerk (Erstflug Prototyp 21.12.1970). 1969 aus einem Entwicklungswettbewerb der Navy als Sieger hervorgegangen, befand sich die Tomcat früh in der Rolle des Luftüberlegenheitsjägers, Aufklärungs- und Patrouillenflugzeugs bei zahlreichen internationalen Einsätzen. Sie war während ihrer Dienstzeit das wichtigste trägergestützte Kampfflugzeug der US-Streitkräfte. Seit 2004 werden die ältesten Maschinen nach und nach ausgemustert. Ende der 1970er-Jahre wurden 80 Exemplare an den Iran geliefert, die noch heute in Dienst stehen.

Typ: Grumman F-14 A
Herkunftsland: USA
Verwendung: Jagdbombenflugzeug
Spannweite: 19,54 m
Länge: 19,10 m
Antrieb: 2 Turbofans Pratt & Whitney TF-30P-412A mit je 91,2 kN (9300 kp) Schub
max. Startmasse: 33 724 kg
Höchstgeschwindigkeit: 2550 km/h
Reichweite: 2460 km
Gipfelhöhe: 20 000 m
Besatzung: 2
Bewaffnung: 1 MK 20 mm, 6500 kg Waffen extern (z. B. Phoenix-, Sidewinder- und Sparrow-Raketen)

Hawker Hurricane

Einmotoriges Jagdflugzeug, freitragender Tiefdecker (Erstflug Prototyp 06.11.1935). Das Flugzeug bildete zusammen mit der Spitfire das Rückgrat der britischen Jagdabwehr gegen die deutschen Angriffe zu Beginn des 2. Weltkriegs. Nach 1942 wurden die Hurricanes zu Erdkampf- und Schlachtflugzeugen modifiziert. Über 14 000 Einheiten wurden in verschiedenen Versionen ausgeliefert, von der RAF eingesetzt und in zahlreiche Länder exportiert.

Typ: Hawker Hurricane
Herkunftsland: Großbritannien
Verwendung: Jagdflugzeug
Spannweite: 12,20 m
Länge: 9,98 m
Antrieb: 1 Rolls-Royce Merlin XX mit 940 kW (1280 PS)
max. Startmasse: 3740 kg
Höchstgeschwindigkeit: 542 km/h
Reichweite: 2125 km
Gipfelhöhe: 11 000 m
Besatzung: 1
Bewaffnung: 12 MG 7,7 mm, 2 Bomben oder 8 Raketen

Hawker Tempest

Einmotoriges Jagdflugzeug in Tiefdecker-Auslegung (Erstflug am 02.09.1942); Weiterentwicklung des Typs Hawker Typhoon. Die Tempest entwickelte in niedrigen und mittleren Höhen eine überlegene Geschwindigkeit. Das Flugzeug wurde gegen die einfliegenden Flügelbomben Fi 103 (V-1) eingesetzt, später auch gegen die Me 262. Insgesamt wurden annähernd 1400 Hawker Tempest gebaut.

Typ: Hawker Tempest Mk.V
Herkunftsland: Großbritannien
Verwendung: Jagdflugzeug
Spannweite: 12,50 m
Länge: 10,26 m
Antrieb: 1 Napier Sabre IIB mit 1780 kW (2420 PS)
max. Startmasse: 6142 kg
Höchstgeschwindigkeit: 696 km/h
Reichweite: 2445 km
Gipfelhöhe: 11 000 m
Besatzung: 1
Bewaffnung: 4 MK 20 mm

Heinkel He 51

Einmotoriges Jagdflugzeug in Doppeldecker-Auslegung (Vorserie ab Mai 1933). Das Flugzeug bildete den Übergang von der Ära der Jagdflugzeuge des 1. Weltkriegs zu den völlig neuen Konstruktionen wie etwa der Messerschmitt Bf 109. Schon beim Einsatz im Verband der Legion Condor waren die Maschinen ihrer Rolle als Jäger nicht mehr gewachsen und wurden als Schlachtflugzeuge eingesetzt.

Typ: Heinkel He 51
Herkunftsland: Deutschland
Verwendung: Jagdflugzeug
Spannweite: 11,00 m
Länge: 8,40 m
Antrieb: 1 BMW VI-7.3-Z mit 550 kW (750 PS)
max. Startmasse: 1900 kg
Höchstgeschwindigkeit: 310 km/h
Reichweite: 700 km
Gipfelhöhe: 7500 m
Besatzung: 1
Bewaffnung: 2 MG 7,92 mm, Bomben an Außenstationen

Heinkel He 100

Einmotoriges Jagdflugzeug, Tiefddecker mit konventionellem Leitwerk (Erstflug V1 22.01.1938). Obwohl Heinkel mit dem Entwurf der He 112 gegen Messerschmitts Bf 109 im Wettbewerb um den deutschen Standardjäger unterlag, ließ er einen neuen Hochgeschwindigkeitsjäger entwickeln, mit dem auch der Geschwindigkeitsweltrekord erflogen wurde. Die Luftwaffenführung hielt jedoch an der Entscheidung für die Messerschmitt fest und die He 100 ging trotz guter Flugleistungen nicht in Serie.

Typ: Heinkel He 100
Herkunftsland: Deutschland
Verwendung: Jagdflugzeug
Spannweite: 9,42 m
Länge: 8,17 m
Antrieb: 1 Daimler-Benz DB 601 M mit 865 kW (1175 PS)
max. Startmasse: 2500 kg
Höchstgeschwindigkeit: 670 km/h
Reichweite: 1000 km
Gipfelhöhe: 11 000 m
Besatzung: 1
Bewaffnung: 1 MK 20 mm, 2 MG 7,92 mm

Heinkel He 219 Uhu

Zweimotoriges Jagdflugzeug, Schulterdecker mit doppeltem Seitenleitwerk (Erstflug Prototyp 15.11.1942). Das Flugzeug wurde seit 1943 als Nachtjäger eingesetzt; seine Flugleistungen übertrafen die der Ju 188 in der Rolle als Nachtjäger deutlich. Eine leichtere Version mit Höhenmotor war in der Lage, die schnell und hoch einfliegenden Mosquitos abzufangen.

Typ: Heinkel He 219
Herkunftsland: Deutschland
Verwendung: Nachtjäger
Spannweite: 18,53 m
Länge: 15,55 m
Antrieb: 2 DB 603A/G mit je 1287/1434 kW (1750/1900 PS) Startleistung
max. Startmasse: 16 500 kg
Höchstgeschwindigkeit: 615 km/h
Reichweite: 1545–2000 km
Gipfelhöhe: 9400–12 700 m
Besatzung: 2
Bewaffnung: 6 MK 20 mm

Heinkel He 280

Zweistrahliges Jagdflugzeug, Tiefdecker mit doppeltem Seitenleitwerk (Erstflug 30.03.1941), bei der Flugerprobung des ersten deutschen Strahljägers ergaben sich Probleme mit dem Leitwerk und dem Treibstoffverbrauch. Sieben Versuchsmuster wurden gebaut, auch die Triebwerke Jumo 004 und BMW 003 wurden erprobt. Im September 1942 strich die Luftwaffenführung das Flugzeug zugunsten der Me 262 von der Bauliste.

Typ: Heinkel He 280
Herkunftsland: Deutschland
Verwendung: Jagdflugzeug
Spannweite: 12,20 m
Länge: 10,40 m
Antrieb: 2 Heinkel He S 8 A mit je 5,9 kN (600 kp) Schub
max. Startmasse: 4125 kg
Höchstgeschwindigkeit: 820 km/h
Reichweite: 970 km
Gipfelhöhe: 11 500 m
Besatzung: 1
Bewaffnung: 3 MG 20 mm

Hunting P-84 Jet Provost (BAC 145)

Leichtes einstrahliges Jagdflugzeug, Strahltrainer, freitragender Tiefdecker (Erstflug 26.06.1954). Das Flugzeug wurde aus dem Provost mit Kolbenmotorantrieb entwickelt. Die Version Mk.4 war voll kunstflugtauglich, die Mk.5 wurde mit moderner Elektronik ausgerüstet und hatte eine Druckkabine. Bis Ende der 1980er-Jahre war der Jet Provost Standardtrainer der RAF.

Typ: Hunting P-84
Herkunftsland: Großbritannien
Verwendung: Jagdflugzeug, Strahltrainer
Spannweite: 10,77 m
Länge: 10,36 m
Antrieb: 1 Bristol Siddeley Viper Mk 202 mit 11,1 kN (1134 kp) Schub
max. Startmasse: 4173 kg
Höchstgeschwindigkeit: 708 km/h
Reichweite: 1450 km
Gipfelhöhe: 11 180 m
Besatzung: 2
Bewaffnung: 2 MG, Raketen, Bomben (max. 1724 kg an Außenstationen)

Jakowlew Jak-1

Einmotoriges Jagdflugzeug in Tiefdecker-Auslegung (Erstflug Prototyp 13.01.1940). 1941 wurde das Flugzeug zur Luftverteidigung Moskaus eingesetzt. Die Stahlrohr-/Holzkonstruktion wurde bei laufender Serienproduktion aufgrund der Fronterfahrungen verbessert. Die Version Jak-1M hatte ein stahlblechummanteltes Cockpit und eine stärkere Bewaffnung.

Typ: Jakowlew Jak-1M
Herkunftsland: Sowjetunion
Verwendung: Jagdflugzeug
Spannweite: 10,00 m
Länge: 8,47 m
Antrieb: 1 Klimow WK-105PF mit 912 kW (1240 PS) Startleistung
max. Startmasse: 2600 kg
Höchstgeschwindigkeit: 613 km/h (in 3200 m)
Reichweite: 710 km
Gipfelhöhe: 10 770 m
Besatzung: 1
Bewaffnung: 1 MK 20 mm, 1 MG 12,7 mm, 2 100-kg-Bomben extern oder 4 82-mm-Raketen RS-82

Jakowlew Jak-3

Einmotoriges Jagdflugzeug in Tiefdecker-Auslegung (Erstflug und Beginn der Serienfertigung 1943); Weiterentwicklung der Jak-1. Die Einsatzerfahrung mit der Vorgängerin wirkte sich auf die Konstruktion aus. So wurde die hintere Rumpfsektion niedriger gehalten, um dem Piloten eine gute Rundumsicht zu gewähren. Bis Kriegsende wurden 4500 Flugzeuge dieses Typs in verschiedenen Versionen gefertigt.

Typ: Jakowlew Jak-3
Herkunftsland: Sowjetunion
Verwendung: Jagdflugzeug
Spannweite: 16,68 m
Länge: 11,23 m
Antrieb: 1 Klimow WK-105PF-2 mit 913 kW (1241 PS)
max. Startmasse: 2650 kg
Höchstgeschwindigkeit: 655 km/h (in 3100 m)
Reichweite: 900 km
Gipfelhöhe: 10 700 m
Besatzung: 1–2
Bewaffnung: 1 MK 20 mm, 2 MG 12,7 mm, 2 100-kg-Bomben

Jakowlew Jak-9

Einmotoriges Jagdflugzeug in Tiefdecker-Auslegung (Erstflug 1942). Das Flugzeug fußte konstruktiv auf der Jak-1 und wertete die Erfahrungen mit der Jak-3 und der Jak-7 aus. Bis Kriegsende wurden über 14 500 Maschinen in verschiedenen Versionen (u. a. als Panzerbekämpfungs-Flugzeug mit 45-mm-Kanone) hergestellt.

Typ: Jakowlew Jak-9
Herkunftsland: Sowjetunion
Verwendung: Jagdflugzeug
Spannweite: 9,74 m
Länge: 8,55 m
Antrieb: 1 Klimow WK-107A mit 1250 kW (1700 PS)
max. Startmasse: 3260 kg
Höchstgeschwindigkeit: 689 km/h
Reichweite: 875 km
Gipfelhöhe: 10 500 m
Besatzung: 1
Bewaffnung: 1 MK 23 mm, 2 MG 12,7 mm, 2 100-kg-Bomben extern

Jakowlew Jak-38

Einstrahliges Mehrzweckkampfflugzeug mit VTOL-Eigenschaften (erster Schwebeflug 22.09.1970; erster vollständiger Flug mit doppelter Transition 25.02.1972). Das Flugzeug ging aus der Jak-36 hervor. Die Einsatzversion wurde auf den Flugzeugträgern der Kiew-Klasse stationiert. Seit 1981 wurde eine modernisierte Version mit stärkerem Triebwerk als Jak-38M entwickelt.

Typ: Jakowlew Jak-38M
Herkunftsland: Sowjetunion
Verwendung: Jagdbombenflugzeug
Spannweite: 7,32 m
Länge: 16,37 m
Antrieb: 1 R-28W-300 mit 69,6 kN (7000 kp), 2 Hubgebläse RD-38 mit je 31,9 kN (3250 kp)
max. Startmasse: 11 700 kg
Höchstgeschwindigkeit: 1010 km/h
Reichweite: 680 km
Gipfelhöhe: 12 000 m
Besatzung: 1
Bewaffnung: 2000 kg extern bei Kurzstart, 600 kg bei Vertikalstart

Junkers J 10

Einmotoriges Kampfflugzeug, Tiefdecker in Ganzmetallbauweise (Erstflug 04.05.1918). Insgesamt wurden 44 Einheiten dieses Typs in Serie gefertigt, davon wurden aber nur acht bis Kriegsende fertig gestellt. Das Ganzmetallflugzeug J 10 wurde besonders wegen seiner Beschussfestigkeit und Wetterbeständigkeit von den Frontfliegern geschätzt.

Typ: Junkers J 10-1
Herkunftsland: Deutschland
Verwendung: Erdkampfflugzeug, Aufklärer
Spannweite: 12,02 m
Länge: 7,90 m
Antrieb: 1 Mercedes D III a mit 118 kW (160 PS)
max. Startmasse: 1135 kg
Höchstgeschwindigkeit: 190 km/h
Reichweite: 380 km
Gipfelhöhe: 5000 m
Besatzung: 2
Bewaffnung: 1 MG, Kleinbomben und Handgranaten zum Abwurf

Kawanishi N1K-J Shiden

Einmotoriges Jagdflugzeug in Tiefdecker-Auslegung (27.12.1942), abgeleitet als landgestützte Version vom Trägerflugzeug N1K. Das Flugzeug gehörte nach dem Verlust der japanischen Träger zu den wichtigsten Jagdflugzeugen der Japaner; es erwies sich als sehr wirkungsvoll gegen die amerikanischen Kampfflugzeuge, doch kam sein Einsatz zu spät und die Stückzahl blieb mit rund 1000 produzierten Einheiten zu gering, um den Ausgang der Kämpfe entscheidend zu beeinflussen.

Typ: Kawanishi N1K-J
Herkunftsland: Japan
Verwendung: Jagdflugzeug
Spannweite: 12,00 m
Länge: 8,89 m
Antrieb: 1 NK9N Homare-21 mit 1324 kW (1800 PS)
max. Startmasse: 4321 kg
Höchstgeschwindigkeit: 575 km/h
Reichweite: 1400 km
Gipfelhöhe: 12 500 m
Besatzung: 1
Bewaffnung: 2 MK 20 mm, 2 MG 7,7 mm, 500 kg Bomben

Lawotschkin La-7

Einmotoriges Jagdflugzeug, Tiefdecker in Holzbauweise, Tragflächen mit Metallholmen; Weiterentwicklung des Typs La-5 (Erprobung Frühjahr 1944). Versuchsmuster wurden mit Raketentriebwerken am Heck oder zusätzlichen Staustrahltriebwerken unter den Flügeln ausgestattet.

Typ: Lawotschkin La-7
Herkunftsland: Sowjetunion
Verwendung: Jagdflugzeug
Spannweite: 9,80 m
Länge: 8,60 m
Antrieb: 1 ASch FNW mit 1360 kW (1850 PS)
max. Startmasse: 3400 kg
Höchstgeschwindigkeit: 665 km/h
Reichweite: 635 km
Gipfelhöhe: 11 000 m
Besatzung: 1
Bewaffnung: 2–3 MK SchWAK 20 mm, 150 kg Bomben oder Raketen RS-82

Lockheed P-38 Lightning

Zweimotoriges Jagdflugzeug (Erstflug Prototyp 27.01.1939), Rumpfgondel zwischen zwei Leitwerksträgern, doppeltes Seitenleitwerk durch Höhenleitwerk verbunden. Zunächst als Abfang- und Begleitjäger eingesetzt, flogen spätere Versionen als Jagdbomber, zur Erdkampfunterstützung und als Pfadfinder für Bombergeschwader.

Typ: Lockheed P-38L
Herkunftsland: USA
Verwendung: Jagdbombenflugzeug
Spannweite: 15,88 m
Länge: 11,55 m
Antrieb: 2 Allison V-1710-111 mit je 1085 kW (1475 PS)
max. Startmasse: 7950 kg
Höchstgeschwindigkeit: 633 km/h
Reichweite: 3620 km
Gipfelhöhe: 13 390 m
Besatzung: 1
Bewaffnung: 4 MG 12,7 mm, 1 MK 20 mm, bis zu 1820 kg Bomben oder Raketen

Lockheed F-80 Shooting Star

Einstrahliges Jagdflugzeug, freitragender Tiefdecker mit konventionellem Leitwerk (Erstflug am 09.01.1944). Die F-80 war das erste strahlgetriebene Kampfflugzeug im Dienst der USAF. Am 19.06.1947 errang es einen Weltrekord mit 1003,91 km/h. Im November 1950 stand die F-80 über Korea als erstes amerikanisches Flugzeug im direkten Gefecht mit chinesischen MiG-15 sowjetischer Bauart.

Typ: Lockheed F-80
Herkunftsland: USA
Verwendung: Jagdflugzeug
Spannweite: 11,81 m
Länge: 10,49 m
Antrieb: 1 Allison J33-A-35 mit 24 kN (2450 kp) Schub
max. Startmasse: 7646 kg
Höchstgeschwindigkeit: 966 km/h
Reichweite: 1328 km
Gipfelhöhe: 14 265 m
Besatzung: 1
Bewaffnung: 6 MG 12,7 mm, 2 454-kg-Bomben oder Raketen

Lockheed F-104 Starfighter

Einstrahliges Jagdflugzeug, freitragender Mitteldecker mit T-Leitwerk (Erstflug am 28.02.1954). Das Flugzeug entstand aus den Erfahrungen des Koreakriegs. Die weiterentwickelte Version F-104G Super Starfighter (Erstflug 05.10.1960) war bereits ein Mehrzweckkampfflugzeug (Abfangjäger, Aufklärer, Jagdbomber).

Typ: Lockheed F-104
Herkunftsland: USA
Verwendung: Jagdflugzeug
Spannweite: 13,56 m
Länge: 18,87 m
Antrieb: 1 General Electric J79-GE-11A mit 47,5 kN (4850 kp) Schub
max. Startmasse: 13 170 kg
Höchstgeschwindigkeit: 1845 km/h
Reichweite: 1740 km
Gipfelhöhe: 15 240 m
Besatzung: 1
Bewaffnung: 1 Kanone 20 mm, 2 Luft-Luft-Raketen, 1814 kg Bomben

Lockheed Martin F-22 Raptor

Zweistrahliger, mehrrollenfähiger Luftüberlegenheitsjäger (Erstflug 07.09.1997). Seit 2002 in Serienfertigung, war die erste reguläre USAF-Staffel Ende 2005 einsatzbereit. Mit der F-22 Raptor („Greifvogel") setzte Lockheed Martin neue Standards für die Jäger der 5. Generation im 21. Jahrhundert. Konstruiert nach den Stealth-Prinzipien (radargetarnt), verbindet die F-22 hohe Wendigkeit mit modernster Avionik und fliegt ohne Nachbrenner Überschall-Marschgeschwindigkeit. Um die Stealth-Eigenschaften nicht negativ zu beeinflussen, werden die Waffen bevorzugt in internen Waffenschächten mitgeführt.

Typ: Lockheed Martin F-22A Raptor
Herkunftsland: USA
Verwendung: Mehrrollenfähiger Luftüberlegenheitsjäger
Spannweite: 13,56 m
Länge: 18,87 m
Antrieb: 2 Turbofans Pratt & Whitney F119-100 mit je 156,06 kN (15 914 kp) Nachbrennerschub
max. Startmasse: 27 216 kg
Höchstgeschwindigkeit: 2335 km/h
Reichweite: ca. 3000 km
Gipfelhöhe: über 19 000 m
Besatzung: 1
Bewaffnung: 1 MK 20 mm, Luft-Luft- und Luft-Boden-Flugkörper, Bomben

Lockheed Martin F-35 Lightning II

Einstrahliges, radargetarntes Mehrzweckkampfflugzeug (Erstflug 15.12.2006). 2001 Sieger im JSF-Wettbewerb für ein gemeinsames Kampfflugzeug für USAF, US Marine Corps (USMC) und US Navy. An der Entwicklung waren neun Staaten beteiligt. Geschaffen wurde eine „Familie" von weitgehend identischen Varianten, die sowohl für landgestützte Einsätze (F-35A) geeignet als auch STOVL-fähig (F-35B mit Hubfan) und flugzeugträgertauglich (F-35C) ist. Im Frühjahr 2008 begann der Serienbau und zwischen Dezember 2008 und Juli 2009 wurde der Rollout aller drei Varianten gefeiert. Bis etwa 2030 sollen die F-16 der USAF und die Jäger der US Navy und des USMC durch F-35 Lightning II ersetzt sein.

Typ: Lockheed Martin F-35A Lightning II
Herkunftsland: USA
Verwendung: Mehrzweckkampfflugzeug
Spannweite: 10,67 m
Länge: 15,67 m
Antrieb: 1 Turbofan Pratt & Whitney F135 mit 181,36 kN (18 494 kp) max. Schub
max. Startmasse: 31 751 kg
Höchstgeschwindigkeit: 1915 km/h
Reichweite: 2225 km
Gipfelhöhe: 15 240 m
Besatzung: 1
Bewaffnung: 1 MK 25 mm, Luft-Luft- und Luft-Boden-Flugkörper, Bomben

Macchi MC.200

Einmotoriges Jagdflugzeug in Tiefdecker-Auslegung mit konventionellem Leitwerk (Erstflug Prototyp 24.12.1937). Das Flugzeug war trotz seiner Wendigkeit aufgrund der schwachen Motorleistung und der mangelhaften Feuerkraft anderen Jagdflugzeugen unterlegen. Das hoch aufgesetzte Cockpit war bei den Prototypen zunächst geschlossen, bei den Serienmaschinen auf Wunsch der Piloten offen ausgeführt worden.

Typ: Macchi MC.200
Herkunftsland: Italien
Verwendung: Jagdflugzeug
Spannweite: 10,58 m
Länge: 8,19 m
Antrieb: 1 FIAT-A.74-RC 38-Sternmotor mit 649 kW (840 PS)
max. Startmasse: 2590 kg
Höchstgeschwindigkeit: 502 km/h
Reichweite: 870 km
Gipfelhöhe: 8900 m
Besatzung: 1
Bewaffnung: 2 MG 12,7 mm (Motorhaube), später zusätzlich 2 MG 7,7 mm

McDonnell F-101 Voodoo

Zweistrahliges Jagdflugzeug in Mitteldecker-Auslegung mit T-Leitwerk (Erstflug Prototyp 29.09.1954). Ursprünglich als Begleitjagdflugzeug in Auftrag gegeben, erstreckten sich seine Einsatzmöglichkeiten bald auf Fähigkeiten eines typischen Mehrzweckkampfflugzeugs, das auch als Jagdbomber und als Atomwaffenträger vorgesehen war. Zu Beginn seiner Serienfertigung war es das schnellste Flugzeug seiner Zeit.

Typ: McDonnell F-101
Herkunftsland: USA
Verwendung: Jagd- und Jagdbombenflugzeug
Spannweite: 12,09 m
Länge: 20,54 m
max. Startmasse: 21 170 kg
Antrieb: 2 Pratt & Whitney J57-P-55 mit je 53,35 kN (5440 kp) Schub
Höchstgeschwindigkeit: 1963 km/h
Reichweite: 2500 km
Gipfelhöhe: 15 850 m
Besatzung: 2
Bewaffnung: 4 MK 20 mm, bis zu 15 Raketen (z. B. AIM-4E Super Falcon, AIR-2A Genie)

McDonnell Douglas F-4 Phantom II

Zweistrahliges Jagdflugzeug, freitragender Tiefdecker mit konventionellem Leitwerk (Erstflug 27.05.1958). Das Flugzeug war primär als Allwetter-Abfangjäger ausgelegt, wurde aber auch zur Erdkampfunterstützung oder als Aufklärer eingesetzt. Im Lauf der Produktionszeit durchlief das Flugzeug viele Modifikationen und Modernisierungsprogramme. Es war an fast allen militärischen Konflikten seit 1960 beteiligt. Bis Oktober 1979 wurden 5059 Einheiten (zzgl. japanischer Lizenzbauten) gefertigt.

Typ: McDonnell Douglas F-4
Herkunftsland: USA
Verwendung: Jagd-/Jagdbombenflugzeug
Spannweite: 11,78 m
Länge: 19,18 m
Antrieb: 2 General Electric J79-GE-17 mit je 79,6 kN (8120 kp) Schub mit Nachbrennern
max. Startmasse: 26 300 kg
Höchstgeschwindigkeit: 2417 km/h (als Jäger)
Reichweite: 2200 km
Gipfelhöhe: 18 180 m
Besatzung: 2
Bewaffnung: MK 20 mm, Raketen an 9 Außenstationen; als Jagdbomber 5625 kg Bomben extern

McDonnell Douglas F-15 Eagle

Zweistrahliges Jagdflugzeug in Mitteldecker-Auslegung mit doppeltem Seitenleitwerk (Erstflug Prototyp 27.07.1972). Das Flugzeug ist in erster Linie als Luftüberlegenheitsjäger konzipiert; dank moderner Elektronik kann die Crew gegnerische Flugzeuge im eigenen oder feindlichen Luftraum aufspüren, verfolgen und bekämpfen. Daneben erlaubt die Waffenausstattung (mit Gleitbomben, Clusterbomben, lasergelenkten Raketen u. Ä.) auch den Einsatz als Jagdbomber. Sogar eine zweistufige Satellitenabwehrrakete ist schon von einer Eagle aus gestartet worden.

Typ: McDonnell Douglas F-15A
Herkunftsland: USA
Verwendung: Jagdflugzeug
Spannweite: 16,68 m
Länge: 11,23 m
max. Startmasse: 25 000 kg
Antrieb: 2 Pratt & Whitney F100-PW-100 Turbofans mit je 112,1 kN (11 430 kp) Schub mit Nachbrennern
Höchstgeschwindigkeit: 2655 km/h (in 11 000 m)
Reichweite: 4500 km
Gipfelhöhe: 20 400 m
Besatzung: 2
Bewaffnung: 1 Gatling-MK 20 mm, 8 Raketen (4 Sidewinder, 4 Sparrow oder 8 AIM-120 AMRAAM) extern

McDonnell Douglas F-18 Hornet

Zweistrahliges Jagdbombenflugzeug in Mitteldecker-Auslegung mit doppeltem Seitenleitwerk und einklappbaren Tragflächen (Erstflug 18.11.1978). Das Flugzeug überzeugte die Militärs durch seine Standfestigkeit (es überstand sogar direkte Treffer von Boden-Luft-Raketen) und seine Variabilität: Schnell lässt sich die Einsatzweise vom Luftüberlegenheitsjäger zum Erdkampfflugzeug umstellen, gegebenenfalls bei laufender Mission. Die Versionen A und C sind einsitzig, die Versionen B und D zweisitzig (ein Pilot und ein Waffensystemoffizier).

Typ: McDonnell F-18D
Herkunftsland: USA
Verwendung: Jagd- und Jagdbombenflugzeug
Spannweite: 11,43 m
Länge: 17,07 m
Antrieb: 2 General Electric F404/402-GE-400 Turbofans mit je 79,16 kN (8070 kp) Schub
max. Startmasse: 25 400 kg
Höchstgeschwindigkeit: 1912 km/h
Reichweite: 3700 km (mit Zusatztanks)
Gipfelhöhe: 15 240 m
Besatzung: 2
Bewaffnung: 1 MK Gatling 20 mm, Raketen (Sidewinder, Sparrow, AMRAAM, Harpoon, HARM, Shrike, SLAM, Maverick u. a. Waffen)

Messerschmitt Bf 109 (Me 109)

Einmotoriges Jagdflugzeug, freitragender Tiefdecker in Ganzmetallbauweise, Leitwerksruder stoffbespannt (Erstflug September 1935). Im Wettbewerb gegen die Entwürfe mehrerer anderer Firmen setzte sich Messerschmitts Typ (noch aus seiner Arbeit in den Bayerischen Flugzeugwerken stammend) durch und wurde zum Standardjagdflugzeug der deutschen Luftwaffe: als Luftüberlegenheitsjäger, Begleit- und Abfangjäger sowie als Jagdbomber. Insgesamt wurden mehr als 33 000 Einheiten (darunter viele Lizenzbauten) in zahlreichen Versionen gefertigt; namentlich während des 2. Weltkriegs wurden aufgrund der Einsatzerfordernisse und -erfahrungen ständig Verbesserungen und Anpassungen vorgenommen. In der Baureihe G (Großserie ab 1943) entstanden 70 Prozent aller Versionen.

Typ: Messerschmitt Bf 109 G-10
Herkunftsland: Deutschland
Verwendung: Jagdflugzeug
Spannweite: 9,97 m
Länge: 8,95 m
Antrieb: 1 DB 605 B mit max. 1085 kW (1475 PS)
max. Startmasse: 3500 kg
Höchstgeschwindigkeit: 685 km/h (in 7000 m)
Reichweite: 560 km
Gipfelhöhe: 12 500 m
Besatzung: 1
Bewaffnung: 2 MG 13 mm, 1 MK 20 mm oder 30 mm (durch die Propellernabe feuernd), weitere Rohrwaffen, Raketen und Bomben (50, 250 oder 500 kg) an Unterflügelstationen

Messerschmitt Bf 110 (Me 110)

Zweimotoriges Jagdflugzeug, freitragender Tiefdecker, Höhenleitwerk auf Rumpf aufsitzend mit doppeltem Seitenleitwerk (Erstflug 12.05.1936). Das Flugzeug sollte als sogenannter Zerstörer die Bomberstaffeln begleiten. Jedoch erwies sich in der Luftschlacht über England, dass die Me 110 zu unbeweglich für diese Aufgabe war (über 200 Maschinen Verlust). Ab Ende 1940 wurden deshalb veränderte Versionen als Jagdbomber, Aufklärer und Nachtjäger gebaut, ab 1943 fast ausschließlich als Nachtjäger (mit Lichtensteingerät und „schräger Musik" ausgestattete Modifikationen).

Typ: Messerschmitt Bf 110
Herkunftsland: Deutschland
Verwendung: Nachtjäger
Spannweite: 16,29 m
Länge: 12,68 m
Antrieb: 2 Daimler-Benz DB 605 B mit je 1085 kW (1475 PS)
max. Startmasse: 9800 kg
Höchstgeschwindigkeit: 585 km/h
Reichweite: max. 850 km
Gipfelhöhe: 8000 m
Besatzung: 3
Bewaffnung: 4 MG 7,92 mm, 2 MK 20 mm, 1 Zwillings-MG 7,92 mm im Kanzelheck (ab1944 2 MG FF/M als „schräge Musik")

Messerschmitt Me 163 Komet

Einstrahliges Jagdflugzeug mit Raketenantrieb, freitragender Mitteldecker, Seitenleitwerk ohne Höhenleitwerk (erster Gleitflug Frühjahr 1941, Flugerprobung mit Antrieb Sommer 1941). Am 02.10.1941 erreichte das Versuchsmuster im Horizontalflug eine Geschwindigkeit von 1003 km/h. Im Sommer 1944 wurde eine Jagdflieger-Einheit mit den neuen Raketenjägern ausgerüstet und gegen amerikanische B-17 eingesetzt. Die Einsätze verliefen mit neun Abschüssen bei 14 eigenen Verlusten nicht erfolgreich.

Typ: Messerschmitt Me 163 B-1a
Herkunftsland: Deutschland
Verwendung: Jagdflugzeug
Spannweite: 9,30 m
Länge: 5,70 m
Antrieb: 1 Walter HWK 109-509 A-2 mit 15,7 kN (1600 kp) Schub
max. Startmasse: 4310 kg
Höchstgeschwindigkeit: 955 km/h
Reichweite: 80–100 km
Gipfelhöhe: 12 000 m
Besatzung: 1
Bewaffnung: 2 MK 30 mm

Messerschmitt Me 262

Zweistrahliges Jagdflugzeug, freitragender Tiefdecker (Erstflug 17.07.1942, zuvor Erstflug mit Kolbenmotor 18.04.1941). Hitler verbot persönlich den Einsatz der Me 262 als Jagdflugzeug; stattdessen musste das Flugzeug als „Blitzbomber" eingesetzt werden, wodurch es seinen Geschwindigkeitsvorteil gegenüber den alliierten Jägern wieder verlor. Überdies erlitt die ohne ausreichende Erprobung in Dienst gestellte Maschine zahlreiche Unfälle. 1945 konnten die meisten der insgesamt 1433 gefertigten Me 262 wegen Treibstoffmangels nicht mehr aufsteigen. Die von den Alliierten befürchtete Düsenjägeroffensive blieb aus.

Typ: Messerschmitt Me 262 A-1a
Herkunftsland: Deutschland
Verwendung: Jagdflugzeug
Spannweite: 12,65 m
Länge: 10,60 m
Antrieb: 2 Junkers Jumo 004 B mit je 8,8 kN (900 kp) Schub
max. Startmasse: 6775 kg
Höchstgeschwindigkeit: 870 km/h (in 6000 m)
Reichweite: 1050 km
Gipfelhöhe: 11 400 m
Besatzung: 1
Bewaffnung: 4 MK 108 30 mm

Mikojan/Gurewitsch MiG-3

Einmotoriges Jagdflugzeug, freitragender Tiefdecker (Serienbau ab 1941); Weiterentwicklung der MiG-1. Der Rumpf war etwas verlängert und die Reichweite wurde durch Einbau eines Zusatztanks vergrößert. Jedoch blieb die Geschwindigkeit in den unteren und mittleren Einsatzhöhen zu gering, so dass die MiG-3 vor allem als Höhenjäger in Erscheinung trat.

Typ: Mikojan/Gurewitsch MiG-3
Herkunftsland: Sowjetunion
Verwendung: Jagdflugzeug
Spannweite: 10,20 m
Länge: 8,26 m
Antrieb: 1 Mikulin AM-35A mit 1007 kW (1350 PS)
max. Startmasse: 3350 kg
Höchstgeschwindigkeit: 640 km/h
Reichweite: 1195 km
Gipfelhöhe: 12 000 m
Besatzung: 1
Bewaffnung: 1 MG 12,7 mm, 2 MG 7,62 mm, 200 kg Bomben oder 6 Raketen RS-82

Mikojan/Gurewitsch MiG-19

Zweistrahliges Jagdflugzeug, freitragender Mitteldecker (Erstflug 16.05.1951), Weiterentwicklung der MiG-17 mit zwei Strahltriebwerken, das als Allwetter-Jagdflugzeug und als Jagdbomber eingesetzt werden konnte. Die Maschinen wurden in 25 Staaten von deren Luftstreitkräften geflogen (bei der NVA 1959–1967 in Dienst). MiG-19 Abfangjäger kamen im Vietnamkrieg zum Einsatz.

Typ: Mikojan/Gurewitsch MiG-19
Herkunftsland: Sowjetunion
Verwendung: Jagdflugzeug
Spannweite: 9,20 m
Länge: 12,60 m
Antrieb: 2 Tumanski WP-6 mit je 31,9 kN (3250 kp) Schub
max. Startmasse: 8700 kg
Höchstgeschwindigkeit: 1450 km/h
Reichweite: max. 1370 km
Gipfelhöhe: 17 500 m
Besatzung: 1
Bewaffnung: 3 MK 30 mm, gelenkte und ungelenkte Raketen oder 1000 kg Bomben an 4 Unterflügelstationen

Mikojan/Gurewitsch MiG-23

Einstrahliges Jagdflugzeug, freitragender Schulterdecker mit Schwenkflügeln (Erstflug 1967). Das Flugzeug wurde als Abfang- und Luftüberlegenheitsjäger und als Jagdbomber eingesetzt. Dank verbesserter Langsamflugeigenschaften (Schwenkflügel) konnten extrem kurze Pisten genutzt werden. 25 Luftwaffen betrieben die MiG-23 in verschiedenen Versionen; Indien produzierte sie in Lizenz. Die Jagdbomberversion (MiG-23BN, auch MiG-27) weist erhebliche technische Abweichungen von den Jagdflugzeugen auf.

Typ: Mikojan/Gurewitsch MiG-23
Herkunftsland: Sowjetunion
Verwendung: Jagdflugzeug
Spannweite: 7,77–13,96 m
Länge: 16,70 m
Antrieb: 1 Strahltriebwerk Tumanski R-29-300 mit 112,8 kN (11 500 kp) Schub
max. Startmasse: 18 800 kg
Höchstgeschwindigkeit: 2245 km/h
Reichweite: max. 2420 km
Gipfelhöhe: 18 200 m
Besatzung: 1
Bewaffnung: 1 MK 23 mm im Rumpf mittig auf absenkbarer Lafette; gelenkte Luft-Luft-Raketen (R-3S, R-60, R-23T, R-23R u. Ä.)

Mikojan/Gurewitsch MiG-29

Zweistrahliges Jagdflugzeug, freitragender Mitteldecker mit pfeilförmigem Trapezflügel (Erstflug Prototyp am 06.10.1977). Das Flugzeug ist vom Entwurf her als Gegenstück zu den amerikanischen Kampfflugzeugen F-15 und F-16 geplant worden und soll als Luftüberlegenheitsjäger der Frontstreitkräfte eingesetzt werden. Für den Start von Feldflugplätzen können die tief angebrachten Lufteinläufe der Triebwerke geschlossen werden, damit keine Fremdkörper angesaugt werden. Die MiG-29 ist außerordentlich wendig und kann das sogenannte Kobra-Manöver im Nahluftkampf ausführen. Das Flugzeug verfügt über moderne Zielerfassungs- und Feuerleittechnik (Frontscheibenprojektor, Helmvisieranlage, Laser und Infrarotpeiler usw.); es wird nach wie vor gebaut und in viele Länder exportiert. Die Version MiG-29K dient auf dem Flugzeugträger Admiral Kusnezow der Russischen Marine.

Typ: Mikojan/Gurewitsch MiG-29
Herkunftsland: Sowjetunion, Russland
Verwendung: Jagdflugzeug
Spannweite: 11,36 m
Länge: 17,32 m
Antrieb: 2 Tumanski R-33D Turbofans mit je 86,4 kN (8810 kp) Schub mit Nachbrenner
max. Startmasse: 21 000 kg
Höchstgeschwindigkeit: 2430 km/h
Reichweite: max. 2900 km
Gipfelhöhe: 18 000 m
Besatzung: 1–2
Bewaffnung: 1 MK 30 mm, gelenkte und ungelenkte Raketen, bis 3500 kg Bomben an bis zu 6 Außenlaststationen

Mikojan/Gurewitsch MiG-31

Zweistrahliges Jagdflugzeug, freitragender Schulterdecker (Erstflug 16.09.1975), das als Abfangjäger gegen strategische Bomber, Marschflugkörper und Tarnkappenbomber eingesetzt werden kann und aus der MiG-25 entwickelt wurde. Als erstes sowjetisches Flugzeug besaß es digitale Waffenleittechnik. Die Serienproduktion begann 1979; ca. 500 Einheiten wurden produziert.

Typ: Mikojan/Gurewitsch MiG-31
Herkunftsland: Sowjetunion
Verwendung: Jagdflugzeug
Spannweite: 13,46 m
Länge: 22,69 m
Antrieb: 2 Solowjow D-30F-6 Perm mit je 151,9 kN (15 500 kp) Schub
max. Startmasse: 46 200 kg
Höchstgeschwindigkeit: 3000 km/h
Reichweite: max. 3300 km
Gipfelhöhe: 24 400 m
Besatzung: 2
Bewaffnung: 1 MK 23 mm, bis 6 Luft-Luft-Raketen R-33, weitere Raketen an Außenlaststationen

Mikojan/Gurewitsch MiG-33

Zweistrahliges Jagdflugzeug, freitragender Mitteldecker, modernisierte Version der MiG-29 (offiziell als MiG-29M bezeichnet). Die Bezeichnung MiG-33 verwendet der Hersteller für potenzielle Kunden aus dem Ausland. Die Zelle wurde auf der Basis der trägergestützten MiG-29K grundlegend überarbeitet. Die Lufteinläufe wurden vergrößert und besser gegen Fremdkörper gesichert.

Typ: Mikojan/Gurewitsch MiG-33
Herkunftsland: Russland
Verwendung: Jagdflugzeug
Spannweite: 11,40 m
Länge: 17,30 m
Antrieb: 2 RD-33K Turbojets mit je 81,4 kN (8300 kp) Schub
max. Startmasse: 15 300 kg
Höchstgeschwindigkeit: 2450 km/h
Reichweite: 1500 km
Gipfelhöhe: 18 000 m
Besatzung: 1
Bewaffnung: 1 MK 30 mm, Luft-Luft-Raketen (AA-10, AA-11, AA-12) und weitere Raketen oder Bomben bis zu 4500 kg Gesamtwaffenlast

Mitsubishi A5M

Einmotoriges Jagdflugzeug, freitragender Tiefdecker mit konventionellem Leitwerk und offenem Cockpit (Erstflug 04.02.1934). Die Version A5M4 diente als Kampfflugzeug auf den Flugzeugträgern der Kaiserlichen Marine Japans. Sie wurde auch als leichter Bomber eingesetzt. Seine ersten Kriegseinsätze absolvierte das Flugzeug in China. Beim Überfall auf Pearl Harbor waren nur noch wenige der einst über 880 Flugzeuge dieses Typs auf den Flugzeugträgern stationiert.

Typ: Mitsubishi A5M
Herkunftsland: Japan
Verwendung: Jagdflugzeug
Spannweite: 11,00 m
Länge: 7,57 m
Antrieb: 1 Sternmotor Kotobuki 41 mit 523 kW (710 PS)
max. Startmasse: 1670 kg
Höchstgeschwindigkeit: 440 km/h
Reichweite: 1200 km
Gipfelhöhe: 9800 m
Besatzung: 1
Bewaffnung: 2 MG 7,7 mm, 2 30-kg-Bomben

Mitsubishi A6M

Einmotoriges Jagdflugzeug, freitragender Tiefdecker mit konventionellem Leitwerk (Erstflug 01.04.1939). Das Flugzeug entstand aufgrund einer Ausschreibung der japanischen Marine für ein trägergestütztes Jagdflugzeug als Nachfolger der A5M4. Der offizielle alliierte Codename Zeke konnte sich nie gegen den populären Namen Zero durchsetzen. Zeros bildeten das Rückgrat des Angriffs auf Pearl Harbor. Die Gesamtproduktionszahl lag bei über 11 000.

Typ: Mitsubishi A6M5b
Herkunftsland: Japan
Verwendung: Jagdflugzeug
Spannweite: 12,00 m
Länge: 9,07 m
Antrieb: 1 Nakajima Sakae 21 mit 830 kW (1128 PS)
max. Startmasse: 2940 kg
Höchstgeschwindigkeit: 561 km/h
Reichweite: 1560 km
Gipfelhöhe: 10 700 m
Besatzung: 1
Bewaffnung: 2 MK 20 mm, 1 MG 12,7 mm, 1 MG 7,7 mm, bis 318 kg Bomben

Mitsubishi J2M Raiden

Einmotoriges Jagdflugzeug, freitragender Tiefdecker (Erstflug 20.03.1942), der als Abfangjäger eingesetzt werden sollte. Bei der Erprobung zeigten sich verschiedene Mängel, die nur unzureichend abgestellt werden konnten. 476 Maschinen verschiedener Versionen wurden gebaut. Ab September 1944 griffen die Raiden in die Kämpfe um die Philippinen und um die japanischen Hauptinseln ein.

Typ: Mitsubishi J2M3
Herkunftsland: Japan
Verwendung: Jagdflugzeug
Spannweite: 10,82 m
Länge: 9,95 m
Antrieb: 1 Mitsubishi MK-4R-A Kasei 23a mit 1340 kW (1820 PS)
max. Startmasse: 3945 kg
Höchstgeschwindigkeit: 595 km/h
Reichweite: max. 1055 km
Gipfelhöhe: 11 700 m
Besatzung: 1
Bewaffnung: 4 MK 20 mm, 2 60-kg-Bomben

Mitsubishi F-1

Zweistrahliges Jagdbombenflugzeug, freitragender Schulterdecker, auf der Grundlage des Entwurfs der SEPECAT Jaguar, zunächst als zweisitziger Strahltrainer T-2 (Erstflug Prototyp 20.07.1971) entwickelt, 1975 dann als einsitziges Mehrzweckkampfflugzeug für die japanischen Selbstverteidigungskräfte gebaut (Erstflug am 03.06.1975), das vor allem der Erdkampfunterstützung und dem Einsatz gegen Schiffsziele dienen soll.

Typ: Mitsubishi F-1
Herkunftsland: Japan
Verwendung: Jagdbombenflugzeug
Spannweite: 7,88 m
Länge: 17,86 m
Antrieb: 2 Ishikawajima-Harisma TF40-IHI-801 mit je 32,49 kN (3313 kp) Schub
max. Startmasse: 13 674 kg
Höchstgeschwindigkeit: 1700 km/h
Reichweite: 1100 km
Gipfelhöhe: 15 240 m
Besatzung: 1 (T-2: 2)
Bewaffnung: 1 MK 20 mm, 2722 kg Waffenlast an 6 Unterflügelstationen

Morane-Saulnier Typ N

Einmotoriges Jagdflugzeug, verspannter Mitteldecker (1913). Das Flugzeug wurde zu Beginn des ersten Weltkriegs zum Abfangen gegnerischer Aufklärungs- und Kampfflugzeuge eingesetzt. Dazu ließ der Luftfahrtpionier Roland Garros ein MG starr über der Motorhaube montieren, das durch den Propellerkreis feuerte. Die Propellerblätter wurden zu diesem Zweck mit Metall gepanzert, um Beschädigungen durch zufällige Treffer auszuschließen. Die so bewaffnete Morane-Saulnier wurde damit zum ersten Jagdflugzeug der Geschichte. Wegen der eigentümlichen Form der Propellernabe nannten die Piloten des Royal Flying Corps, das die Maschine ebenfalls einsetzte, auch „Bullet".

Typ: Morane-Saulnier Typ N
Herkunftsland: Frankreich
Verwendung: Jagdflugzeug
Spannweite: 8,30 m
Länge: 6,70 m
Antrieb: 1 Sternmotor Le Rhône 9J mit 82 kW (110 PS)
max. Startmasse: 510 kg
Höchstgeschwindigkeit: 165 km/h
Einsatzdauer: 1 h 30 min
Gipfelhöhe: 4000 m
Besatzung: 1
Bewaffnung: 1 MG 7,7 mm oder 1 MG 7,9 mm

Nakajima Ki-84 Hayate

Einmotoriges Jagdflugzeug, freitragender Tiefdecker (Erstflug April 1943). Das vielseitige Flugzeug war bei der Luftwaffe des japanischen Heeres als Abfang- und Nachtjäger, als Sturzkampfflugzeug und zur Erdkampfunterstützung im Einsatz. Die Ki-84 war leichter und wendiger als ihre alliierten Gegner und besaß bessere Steigleistungen. Noch im Juli 1945 wurden Maschinen dieses Typs anstelle der zu schwachen Ki-45 zur Luftverteidigung Tokios eingesetzt.

Typ: Nakajima Ki-84
Herkunftsland: Japan
Verwendung: Jagdflugzeug
Spannweite: 11,23 m
Länge: 9,92 m
Antrieb: 1 Nakajima Homare Ha-45 Modell 11 mit 1417 kW (1926 PS)
max. Startmasse: 3890 kg
Höchstgeschwindigkeit: 631 km/h
Reichweite: max. 2160 km
Gipfelhöhe: 10 500 m
Besatzung: 1
Bewaffnung: 4 MK 20 mm, 2 250-kg-Bomben

Nieuport 17

Einmotoriges Jagdflugzeug, einstieliger Doppeldecker (Erstflug im Januar 1916). Das Flugzeug war mit einem synchronisierten MG bewaffnet, das durch den Propellerkreis feuerte. Außerdem waren an den Tragflächenstreben kleine ungelenkte Raketen installiert, die dazu dienten, Fesselballone und Luftschiffe in Brand zu schießen. Das Flugzeug wurde in größerer Zahl in der Schlacht an der Somme und in den Schlachten am Isonzo eingesetzt.

Typ: Nieuport 17
Herkunftsland: Frankreich
Verwendung: Jagdflugzeug
Spannweite: 8,20 m
Länge: 5,80 m
Antrieb: 1 Le Rhône JB mit 81 kW (110 PS)
max. Startmasse: 560 kg
Höchstgeschwindigkeit: 164 km/h
Reichweite: 250 km
Gipfelhöhe: 5300 m
Besatzung: 1
Bewaffnung: 1 MG 7,7 mm

North American P-51 Mustang

Einmotoriges Jagdflugzeug, freitragender Tiefdecker (Erstflug Prototyp 26.10.1940). Das Flugzeug wurde im 2. Weltkrieg (ab Version P-51B mit neuem Motor) ab Dezember 1943 als Langstrecken-Begleitjäger für die alliierten Bomberpulks eingesetzt und sicherte den Alliierten die Luftherrschaft über Deutschland. 1947 erfolgte die Umklassifizierung von P-51 (für „Pursuit", Verfolger) in F-51 (für „Fighter", Kämpfer).

Typ: North American P-51D
Herkunftsland: USA
Verwendung: Jagdflugzeug
Spannweite: 11,28 m
Länge: 9,82 m
Antrieb: 1 Rolls-Royce/Packard-Merlin V-1650-7 mit 1229 kW (1670 PS)
max. Startmasse: 5260 kg
Höchstgeschwindigkeit: 703 km/h
Reichweite: max. 3307 km
Gipfelhöhe: 12 500 m
Besatzung: 1
Bewaffnung: 6 MG 12,7 mm, bis zu 907 kg Bombenlast oder 12,7-mm-Raketen

North American F-86 Sabre

Einstrahliges Jagdflugzeug, freitragender Tiefdecker (Erstflug Prototyp 01.10.1947). Das Erscheinen des Flugzeugs über Korea beendete die „Alleinherrschaft" der chinesischen MiG-15 sowjetischer Bauart. Das Flugzeug wurde in mehr als 30 Staaten bei den Luftwaffen zum Standardjäger. Die Version 86D war zum Abfangen sowjetischer Atombombenflugzeuge konfiguriert.

Typ: North American F-86D
Herkunftsland: USA
Verwendung: Jagdflugzeug
Spannweite: 11,28 m
Länge: 12,27 m
Antrieb: 1 General Electric J47-GE-17B mit 33,35 kN (3400 kp) Schub
max. Startmasse: 7756 kg
Höchstgeschwindigkeit: 1138 km/h
Reichweite: 1344 km
Gipfelhöhe: 16 640 m
Besatzung: 1
Bewaffnung: 24 Luft-Luft-Raketen

North American F-100 Super Sabre

Einstrahliges Jagdbombenflugzeug (Erstflug 25.05.1953) in Tiefdecker-Auslegung, Tragflächen und Leitwerk stark gepfeilt. Als Jäger veraltete die Super Sabre schnell, in der Jagdbomberrolle stand sie – mehrfach modernisiert – bis 1970 in Dienst und wurde auch in Vietnam eingesetzt.

Typ: North American F-100D-75-NA
Herkunftsland: USA
Verwendung: Jagdbombenflugzeug
Spannweite: 11,82 m
Länge: 14,36 m
Antrieb: 1 Pratt & Whitney J57-P-21A mit 75,4 kN (7689 kp) Schub mit Nachbrenner
max. Startmasse: 15 800 kg
Höchstgeschwindigkeit: 1390 km/h
Reichweite: 966 km (ohne Zusatztanks)
Gipfelhöhe: 14 000 m
Besatzung: 1
Bewaffnung: 4 MK 20 mm, 3400 kg Bomben und Raketen extern

Northrop P-61

Zweimotoriges Jagdflugzeug in Mitteldecker-Auslegung mit Doppelleitwerk (Erstflug Prototyp Mai 1942). Die Maschine war speziell für die Nachtjagd konzipiert worden. Die ersten Serienmaschinen hatten noch eine Kanonenkuppel (siehe Abb.) auf der zentralen Rumpfgondel, die aber zu instabilen Fluglagen führte und später weggelassen wurde. Das Flugzeug wurde der Standard-Nachtjäger der USAF, konnte aber auch als Jagdbomber und zur Erdkampfunterstützung eingesetzt werden. Später wurden auch Versionen als Aufklärungs-, Foto- und Verbindungsflugzeug gebaut.

Typ: Northrop P-61B
Herkunftsland: USA
Verwendung: Jagdflugzeug
Spannweite: 20,11 m
Länge: 15,09 m
Antrieb: 2 Pratt & Whitney R-2800-65 Double Wasp mit je 1491 kW (2027 PS)
max. Startmasse: 17 230 kg
Höchstgeschwindigkeit: 585 km/h
Reichweite: 4820 km
Gipfelhöhe: 10 640 m
Besatzung: 2
Bewaffnung: 4 MK 20 mm, 4 MG 12,7 mm, bis zu 2900 kg Bombenlast

Northrop F-89 Scorpion

Zweistrahliges Jagdflugzeug in Mitteldecker-Auslegung (Erstflug Prototyp am 16.08.1948) Auffallend sind die großen Waffenbehälter an den Flügelenden und die weit nach vorn verlagerten Triebwerke. Seit Mitte 1950 wurden die Staffeln der USAF mit diesem Allwetter-Abfangjäger ausgerüstet, der 1957 als erstes Jagdflugzeug mit Atomwaffen ausgerüstet wurde. Von 1957 an wurde das Muster schrittweise durch die Convair F-102 ersetzt. Die Scorpions kamen danach zur Air-Force-Reserve und zur Nationalgarde.

Typ: Northrop F-89D
Herkunftsland: USA
Verwendung: Jagdflugzeug
Spannweite: 18,19 m
Länge: 16,41 m
Antrieb: Allison J35-A-35 mit je 33,4 kN (3400 kp) Schub mit Nachbrenner
max. Startmasse: 19 160 kg
Höchstgeschwindigkeit: 1024 km/h
Reichweite: 3200 km
Gipfelhöhe: 15 000 m
Besatzung: 2
Bewaffnung: 1 MG 7,7 mm oder 7,92 mm, 104 70-mm-Raketen oder 27 Raketen und 3 Falcon-Lenkflugkörper, bis 2720 kg Bomben

Northrop F-5 Freedom Fighter

Zweistrahliges Jagdflugzeug, freitragender Tiefdecker (Erstflug 30.07.1959). Mit dem Ziel, die Lookheed T-33 als Strahltrainer abzulösen, wurde ein leichtes Jagdflugzeug (F-5A: einsitzig, F-5B: zweisitzig) entwickelt, das auch als Schul- und Übungsmaschine (T-38 Talon) angeboten wurde. Das Flugzeug wurde weiterentwickelt zur F-5E und F und schließlich zur F-5G (1982). In sämtlichen Versionen wurden über 2700 Einheiten gefertigt und in 30 Länder exportiert.

Typ: Northrop F-5 E
Herkunftsland: USA
Verwendung: Jagdflugzeug
Spannweite: 8,13 m
Länge: 14,45 m
Antrieb: 2 General Electric J85-GE-21B mit je 22,24 kN (2270 kp) Schub mit Nachbrenner
max. Startmasse: 11 190 kg
Höchstgeschwindigkeit: 1743 km/h
Einsatzradius: 1400 km
Gipfelhöhe: 15 970 m
Besatzung: 1
Bewaffnung: 2 MK 20 mm, 3175 kg Bomben und Raketen (Sparrow, Sidewinder, Maverick) an 7 Außenlaststationen

Panavia Tornado

Zweistrahliges Aufklärungsflugzeug, Schulterdecker mit Schwenkflügeln (Erstflug 14.08.1974). Seit 1967 von einem internationalen Konsortium als Nachfolgemodell für die F-104 Starfighter, als Multi-Role Combat Aircraft (MRCA) entwickelt. Auf einer Plattform sollten Flugzeuge für möglichst viele Einsatzzwecke (Erdkampfunterstützung, Luftherrschaft, Marineeinsatz, Aufklärung u. Ä.) entstehen, wobei das Schwergewicht auf der Rolle als Jagdbomber lag. Für die Produktion wurde das Gemeinschaftsunternehmen Panavia gegründet.

Typ: Panavia Tornado IDS
Herkunftsland: EU
Verwendung: Jagdbombenflugzeug
Spannweite: 8,60 m bis 13,91 m
Länge: 16,72 m
Antrieb: 2 Turbo Union RB199-34 Mk.103 bzw. Mk.101 mit je 74,7 kN (7620 kp) Schub
max. Startmasse: 27 215 kg
Höchstgeschwindigkeit: 2300 km/h
Reichweite: 2775 km
Gipfelhöhe: 15 000 m
Besatzung: 2
Bewaffnung: 2 MK 27 mm, 8165 kg Waffenlast (Sidewinder, Maverick u. Ä.) an 8 Außenlaststationen

Polikarpow I-16

Einmotoriges Jagdflugzeug, freitragender Tiefdecker in Holzbauweise (Erstflug am 21.12.1933). Das Flugzeug zeichnete sich durch ein günstiges Verhältnis von Geschwindigkeit, Wendigkeit und Bewaffnung aus. Es wurde im Spanischen Bürgerkrieg auf Seiten der Republikaner eingesetzt. 1939 verschoss man von diesem Flugzeug aus erstmals Raketengeschosse.

Typ: Polikarpow I-16 Typ 24
Herkunftsland: Sowjetunion
Verwendung: Jagdflugzeug
Spannweite: 8,88 m
Länge: 6,04 m
Antrieb: 1 Sternmotor M-62 mit 735 kW (1000 PS)
max. Startmasse: 2060 kg
Höchstgeschwindigkeit: 489 km/h
Reichweite: 600 km
Gipfelhöhe: 9470 m
Besatzung: 1
Bewaffnung: 4 MG 7,62 mm, 200 kg Bomben oder 6 Raketen RS-82 an Unterflügelstationen

Republic P-47 Thunderbolt

Einmotoriges Jagdflugzeug, freitragender Mitteldecker in Ganzmetallbauweise (Erstflug 06.05.1941). Die Thunderbolt war das schwerste einmotorige Jagdflugzeug, das im 2. Weltkrieg eingesetzt wurde. Ab 1943 erschien die P-47C auf dem europäischen Kriegsschauplatz; ihre Reichweite war aber zu gering. Statt als Begleitjäger wurden die Thunderbolts häufig als Jagdbomber eingesetzt. Von den verschiedenen Versionen wurden über 15 600 Einheiten (davon ca. 12 500 in Version D) gefertigt.

Typ: Republic P-47D
Herkunftsland: USA
Verwendung: Jagdflugzeug
Spannweite: 12,42 m
Länge: 11,01 m
Antrieb: 1 Pratt & Whitney R-2800-59 Double Wasp mit 1865 kW (2535 PS)
max. Startmasse: 8200 kg
Höchstgeschwindigkeit: 686 km/h (in 9150 m)
Reichweite: 950 km
Gipfelhöhe: 12 800 m
Besatzung: 1
Bewaffnung: 6–8 MG 12,7 mm, bis 1175 kg Bomben oder 10 Raketen

Republic F-84 Thunderjet/Thunderstreak

Einstrahliges Jagdbombenflugzeug, Mitteldecker mit Kreuzleitwerk (Erstflug Prototyp 28.02.1946), ursprünglich mit geraden, ab Version 84F mit gepfeilten Flügeln (Thunderstreak). Bis 1953 wurden 4450 Serienmaschinen produziert und in viele andere Staaten exportiert. Das Flugzeug wurde im Koreakrieg eingesetzt und war der MiG-15 nicht gewachsen. Die Einheiten der USAF gingen Anfang der 1960er-Jahre in den Bestand der Nationalgarde über oder wurden an kleinere Länder veräußert, wo sie noch lange Jahre flogen.

Typ: Republic F-84F
Herkunftsland: USA
Verwendung: Jagdbombenflugzeug
Spannweite: 11,13 m
Länge: 11,73 m
Antrieb: 1 Allison J35 mit 21,8 kN (2222 kp) Schub
max. Startmasse: 12 200 kg
Höchstgeschwindigkeit: 998 km/h
Reichweite: 2390 km
Gipfelhöhe: 13 180 m
Besatzung: 1
Bewaffnung: 6 MG 12,7 mm, 8 Raketen 12,7 mm, 900 kg Bomben

Republic F-105 Thunderchief

Einstrahliges Jagdbombenflugzeug, Mitteldecker mit konventionellem Leitwerk (Erstflug 22.10.1955). Das Flugzeug sollte als Überschall-Jagdbomber sowohl konventionelle als auch nukleare Waffen tragen können. Eingesetzt wurden die Maschinen im Vietnamkrieg.

Typ: Republic F-105D
Herkunftsland: USA
Verwendung: Jagdbombenflugzeug
Spannweite: 10,64 m
Länge: 19,58 m
Antrieb: 1 Pratt & Whitney J75-P-19W mit 118 kN (12 300 kp) mit Nachbrenner
max. Startmasse: 23 835 kg
Höchstgeschwindigkeit: 2285 km/h
Reichweite: 2410 km
Gipfelhöhe: 15 240 m
Besatzung: 1
Bewaffnung: 1 MK M61A1 Vulcan 20 mm, bis zu 6350 kg Waffen

Saab 21

Einstrahliges Jagdflugzeug mit Doppelleitwerk (1950), das erste in Schweden gebaute Düsenflugzeug und zugleich das einzige, das vom Antrieb mit Heckpropeller (21A, siehe Abb.) zum Strahlantrieb (21R) umgerüstet und in Serie gebaut wurde. Insgesamt wurden 1945–1949 298 Exemplare mit Propellerantrieb gebaut, 64 weitere 1950–1952 mit Strahltriebwerk. Hinderlich waren allerdings die geringe Einsatzdauer (46 Minuten) und -reichweite.

Typ: Saab 21
Herkunftsland: Schweden
Verwendung: Jagd- und Kampfflugzeug
Spannweite: 11,60 m
Länge: 10,45 m
Antrieb: 1 De Havilland Goblin 3 mit 14,71 kN (1500 kp) Schub
max. Startmasse: 4990 kg
Höchstgeschwindigkeit: 800 km/h
Reichweite: 720 km
Gipfelhöhe: 12 000 m
Besatzung: 1
Bewaffnung: 1 Kanone 20 mm, 4 MG 13,2 mm, 2000 kg Waffen an 6 Flügelstationen

Saab 37 Viggen

Einstrahliges Jagdflugzeug in Tiefdecker-Auslegung mit großen, nach oben versetzten Canards (Erstflug 08.02.1967), das als Nachfolger für den Typ Saab 35 Draken gebaut wurde. Das Flugzeug wurde als Jagd- und Erdkampfflugzeug sowie für Aufklärungsaufgaben modifiziert.

Typ: Saab JA 37
Herkunftsland: Schweden
Verwendung: Allwetter-Abfangjäger
Spannweite: 10,60 m
Länge: 16,40 m
Antrieb: 1 Volvo Flygmotor RM8B Turbofan mit 125 kN (12 750 kp) Schub
max. Startmasse: 20 500 kg
Höchstgeschwindigkeit: 2125 km/h
Reichweite: über 1000 km
Gipfelhöhe: 15 500 m
Besatzung: 1
Bewaffnung: 1 MK 30 mm, Raketen an 7 Außenlaststationen, optional Bomben

Saab 39 Gripen

Einstrahliges Jagdflugzeug, Mitteldecker mit beweglichen Canards (Erstflug am 09.12.1988), das als leichtes Mehrzweckkampfflugzeug die Saab 37 Viggen ablösen sollte. Die Gripen wird als Abfang- und Luftüberlegenheitsjäger sowie für Aufklärungsaufgaben eingesetzt.

Typ: Saab JAS 39
Herkunftsland: Schweden
Verwendung: Jagdflugzeug
Spannweite: 8,40 m
Länge: 14,10 m
Antrieb: 1 Volvo Flygmotor RM12 Turbofan mit 80,5 kN (8200 kp) Schub
max. Startmasse: 14 000 kg
Höchstgeschwindigkeit: 2450 km/h
Reichweite: über 3000 km
Gipfelhöhe: 18 500 m
Besatzung: 1
Bewaffnung: 1 MK 27 mm, 6 Luft-Luft-Raketen, weitere Waffen (max. 5000 kg)

Saab 105/Sk 60

Zweistrahliges Jagd- und Trainingsflugzeug in Schulterdecker-Auslegung mit T-Leitwerk (Erstflug Prototyp 29.06.1963). Neben seiner Primärrolle als Strahltrainer (Sk 60) wird es auch als leichtes Kampf- und Aufklärungsflugzeug eingesetzt. Pilot und Co-Pilot (bzw. Flugschüler) sitzen nebeneinander. Die Exportversion Saab 105 XT ging ab 1970 nach Österreich (siehe Abbildung).

Typ: Saab 105 XT
Herkunftsland: Schweden
Verwendung: Kampf- und Schulflugzeug
Spannweite: 9,50 m
Länge: 10,50 m
Antrieb: 2 General Electric J85-GE-17B mit je 12,65 kN (1290 kp) Schub
max. Startmasse: 6500 kg
Höchstgeschwindigkeit: 825 km/h
Reichweite: 2770 km (mit Zusatztanks)
Gipfelhöhe: 13 700 m
Besatzung: 2
Bewaffnung: MK und Raketen (max. 2000 kg)

SEPECAT Jaguar

Zweistrahliges Jagdbombenflugzeug in Schulterdecker-Auslegung (Erstflug Prototyp 08.09.1968); französisch-britisches Gemeinschaftsprojekt. Frankreich erwarb 200 Maschinen als Ersatz für die F-100 Super Sabre, Großbritannien übernahm 202 Einheiten als Ersatz für die Hawker Hunter.

Typ: SEPECAT Jaguar
Herkunftsland: Frankreich, Großbritannien
Verwendung: Jagdbombenflugzeug
Spannweite: 8,69 m
Länge: 15,52 m
Antrieb: 2 Rolls-Royce/Turboméca Adour Mk811 mit je 37,4 kN (3815 kp) Schub
max. Startmasse: 15 700 kg
Höchstgeschwindigkeit: 1750 km/h
Reichweite: 1000–1400 km
Gipfelhöhe: 15 240 m
Besatzung: 1
Bewaffnung: 2 30-mm-Kanonen im Rumpf, 7 Außenlaststationen für bis zu 4763 kg Waffen

SPAD S.VII

Einmotoriges Jagdflugzeug in Doppeldecker-Auslegung (Erstflug April 1916). Das Flugzeug wurde, ab der zweiten Serienversion mit stärkeren Motoren, erfolgreich im 1. Weltkrieg eingesetzt – außer bei der französischen Luftwaffe auch bei den britischen, belgischen, russischen und weiteren Luftstreitkräften. Aus der SPAD S.VII wurde die vergrößerte und zweisitzige S.XI entwickelt.

Typ: SPAD S.VII (2. Serie)
Herkunftsland: Frankreich
Verwendung: Jagdflugzeug
Spannweite: 7,82 m
Länge: 6,16 m
Antrieb: 1 Hispano-Suiza 8Ac-V8-Reihenmotor mit 134 kW (180 PS)
max. Startmasse: 755 kg
Höchstgeschwindigkeit: 190 km/h (in 2000 m)
Einsatzdauer: 2 h 15 min
Gipfelhöhe: 5485 m
Besatzung: 1
Bewaffnung: 1 MG 7,7 mm synchronisiert

SPAD S.XIII

Einmotoriges Jagdflugzeug in Doppeldecker-Auslegung (Erstflug Prototyp 04.04.1917), Weiterentwicklung der S.VII. Der runde Stirnkühler des V-Motors ließ die Frontpartie wie die eines Flugzeugs mit Sternmotor wirken. Die S.XIII hatte eine größere Spannweite und eine stärkere Bewaffnung als ihre Vorgängerin. Sie wurde auch nach dem 1. Weltkrieg noch viele Jahre bei verschiedenen Luftwaffen (u. a. in Polen und der Tschechoslowakei) geflogen.

Typ: SPAD S.XIII
Herkunftsland: Frankreich
Verwendung: Jagdflugzeug
Spannweite: 8,10 m
Länge: 6,30 m
Antrieb: 1 Hispano-Suiza 8B-V8 mit 164 kW (220 PS)
max. Startmasse: 845 kg
Höchstgeschwindigkeit: 234 km/h
Reichweite: 300 km
Gipfelhöhe: 6650 m
Besatzung: 1
Bewaffnung: 2 MG 7,7 mm synchronisiert

Suchoi Su-7B

Einstrahliges Kampfflugzeug, Mitteldecker mit stark gepfeilten Tragflügeln (Erstflug Prototyp 1955). Das Flugzeug konnte zur Verkürzung der Startstrecke mit Starthilfsraketen ausgestattet werden, was dem Operieren von Feldflugplätzen aus entgegenkam. Es wurde – als Standardjagdbomber der sowjetischen Luftstreitkräfte – als Abfangjäger und als Erdkampfflugzeug eingesetzt. Außer in der Sowjetunion flog es auch in einer Reihe weiterer Staaten.

Typ: Suchoi Su-7B
Herkunftsland: Sowjetunion
Verwendung: Jagdbombenflugzeug
Spannweite: 8,90 m
Länge: 17,38 m
Antrieb: 1 Ljulka AL 7 F1 mit max. 88,2 kN (9000 kp) Schub
max. Startmasse: 13 500 kg
Höchstgeschwindigkeit: 1700 km/h
Gipfelhöhe: 18 000 m
Reichweite: 1450 km
Besatzung: 1
Bewaffnung: 2 MK 30 mm, Bomben oder Raketen an Unterflügelstationen

Suchoi Su-24

Ein zweistrahliges Jagdbombenflugzeug, Schulterdecker mit Schwenkflügeln (Erstflug Su-19 1970). Die Entwicklung führte von der zweisitzigen Su-19 über die modifizierte Su-19M zur Su-24 (1974) und Su-24 M (1986). Als erstem sowjetischen Flugzeug wurde der Su-24 ein integriertes Avioniksystem (Bombenvisier, Waffenkontrollrechner, Navigationssystem) eingebaut.

Typ: Suchoi Su-24 M
Herkunftsland: Sowjetunion
Verwendung: Jagdbombenflugzeug
Spannweite: 17,64 m/10,50 m
Länge: 21,29 m
Antrieb: 2 Ljulka AL-21F-3 Turbojets mit je 110 kN (11 200 kp)
max. Startmasse: 39 700 kg
Höchstgeschwindigkeit: 1450 km/h
Reichweite: 2500 km
Gipfelhöhe: 12 000 m
Besatzung: 1
Bewaffnung: 1 MK 23 mm, 8000 kg Waffenlast extern

Suchoi Su-30

Zweistrahliges Jagdflugzeug mit doppeltem Seitenleitwerk (Erstflug Dezember 1989), Weiterentwicklung der Su-27. Auf einer Plattform sollte eine Flugzeugfamilie entstehen, der Luftüberlegenheitsjäger, Langstreckenabfangjäger und Mehrzweckkampfflugzeug angehören. Seit 1992 tat die Su-30 Dienst bei den russischen Luftstreitkräften. Verwandte Versionen sind: die Su-32 als taktisches Bombenflugzeug, die Su-33 als Marine-Version.

Typ: Suchoi Su-30 MKK
Herkunftsland: Russland
Verwendung: Jagdbombenflugzeug
Spannweite: 14,70 m
Länge: 21,94 m
Antrieb: 2 Ljulka AL-31F mit je 122,6 kN (12 440 kp) Schub mit Nachbrenner
max. Startmasse: 33 000 kg
Höchstgeschwindigkeit: 2125 km/h
Reichweite: 3000 km
Gipfelhöhe: 17 500 m
Besatzung: 2
Bewaffnung: 1 Kanone GSch-301 30 mm, Waffenzuladung 6000 kg an 10 Außenlaststationen

Suchoi Su-33

Zweistrahliges Jagdbombenflugzeug, spezielle Ableitung der Su-27 für den trägergestützten Einsatz (Erstflug Prototyp 1985). Höhenleitwerk und Tragflächen können eingeklappt werden. 1994 bekam die russische Marine die ersten Maschinen, von denen 24 auf dem derzeit einzigen russischen Flugzeugträger Admiral Kusnezow Dienst tun (Su-33 MK: einsitzig, Su-33 KUB: zweisitzig).

Typ: Suchoi Su-33
Herkunftsland: Russland
Verwendung: Jagdbombenflugzeug
Spannweite: 14,70 m
Länge: 21,19 m
Antrieb: 2 Ljulka AL-31F mit je 122,6 kN (12 440 kp) Schub mit Nachbrenner
max. Startmasse: 33 000 kg
Höchstgeschwindigkeit: 2300 km/h
Reichweite: 3000 km
Gipfelhöhe: 17 000 m
Besatzung: 1–2
Bewaffnung: 1 Kanone GSch-301 30 mm, Waffenzuladung 6500 kg an 12 Außenlaststationen

Supermarine Spitfire

Einmotoriges britisches Jagdflugzeug, freitragender Tiefdecker (Erstflug Prototyp am 05.03.1936). Im Lauf der Bauzeit wurde die Triebwerksleistung verdoppelt, die Höchstgeschwindigkeit um ein Drittel erhöht und die Steigfähigkeit um 80 Prozent verbessert. Die Maschine war bei ihren Piloten besonders wegen ihrer Wendigkeit beliebt, die sie nicht zuletzt ihrer charakteristischen, elliptischen Tragflächengeometrie verdankte. Während der Luftschlacht um England trug sie neben der Hawker Hurricane die Hauptlast der Kämpfe gegen die deutsche Luftwaffe. Mehr als 20 000 Spitfires in 24 Versionen und zahlreichen Untervarianten wurden gebaut.

Typ: Supermarine Spitfire Mk.1
Herkunftsland: Großbritannien
Verwendung: Jagdflugzeug
Spannweite: 11,23 m
Länge: 9,12 m
Antrieb: 1 Rolls-Royce Merlin Mk.2 mit 758 kW (1030 PS)
max. Startmasse: 2415 kg
Höchstgeschwindigkeit: 571 km/h
Reichweite: 805 km
Gipfelhöhe: 10 360 m
Besatzung: 1
Bewaffnung: 8 MG 7,7 mm

Tupolew I-4/ANT-5

Einmotoriges Jagdflugzeug, einstieliger Anderthalbdecker in Ganzmetallbauweise (Erprobungsbeginn Juli 1927). 370 Einheiten dieses Flugzeugs wurden gebaut und in Jagdfliegerstaffeln eingesetzt. Nach 1934 wurde die I-4 schrittweise Schulungszwecken zugeführt.

Typ: Tupolew I-4 (ANT-5)
Herkunftsland: Sowjetunion
Verwendung: Jagdflugzeug
Spannweite: 11,40 m (oben), 5,70 m (unten)
Länge: 7,28 m
Antrieb: 1 Sternmotor M-22 (Gnôme-Rhône GR-9ASB) mit 353 kW (480 PS)
max. Startmasse: 1430 kg
Höchstgeschwindigkeit: 231 km/h
Reichweite: 840 km
Gipfelhöhe: 7000 m
Besatzung: 1
Bewaffnung: 2 MG 7,62 mm, 4 50-kg-Bomben

Tupolew Tu-128 (Tu-28B)

Zweistrahliges Jagdflugzeug, freitragender Mitteldecker mit stark gepfeilten Tragflächen (ausgeliefert 1961). Das Flugzeug war als Langstrecken-Abfangjäger konzipiert und wahrscheinlich eines der schwersten Jagdflugzeuge, das je gebaut wurde. Ab 1971 wurde die Tu-128M gebaut, die auch im bodennahen Luftraum (500–1500 m) operieren sollte.

Typ: Tupolew T-128M
Herkunftsland: Sowjetunion
Verwendung: Jagdflugzeug
Spannweite: 17,53 m
Länge: 30,06 m
Antrieb: 2 Ljulka AL-7F-2 mit je 99,1 kN (10 105 kp) Schub
max. Startmasse: 43 260 kg
Höchstgeschwindigkeit: 1910 km/h
Reichweite: 2460 km
Gipfelhöhe: 15 600 m
Besatzung: 2
Bewaffnung: 4 Langstrecken-Luft-Luft-Raketen, je 2 Raketen R-4TM und R-4RM

Vought F4U Corsair

Einmotoriges Jagdflugzeug, freitragender Tiefdecker mit Knickflügel (Erstflug Prototyp 29.05.1940). Die Auslieferung der Corsair konnte aufgrund von Änderungswünschen erst im Juli 1942 erfolgen. Aufgrund der starken Nachfrage während des 2. Weltkriegs bauten auch Goodyear und Brewster das Modell unter abweichenden Namen in Lizenz. Die Maschinen wurden vom US-Marinekorps bzw. der US-Navy vor allem auf dem pazifischen Kriegsschauplatz eingesetzt. Im Koreakrieg flogen sie zur Erdkampfunterstützung.

Typ: Chance Vought F4U-1
Herkunftsland: USA
Verwendung: Jagdflugzeug
Spannweite: 12,49 m
Länge: 9,99 m
Antrieb: 1 Pratt & Whitney R-2800-8 mit 1491 kW (2027 PS)
max. Startmasse: 6280 kg
Höchstgeschwindigkeit: 631 km/h
Reichweite: 1722 km
Gipfelhöhe: 11 310 m
Besatzung: 1
Bewaffnung: 6 MG M2 12,7 mm, bis zu 1000 kg Bombenlast

Vought F7U Cutlass

Zweistrahliges Jagdflugzeug (Erstflug Prototyp 29.09.1948). Aufgrund einer Spezifikation der US-Streitkräfte aus dem Jahr 1945 sollte ein zweistrahliges Jagdflugzeug mit einer Geschwindigkeit von über 900 km/h in rund 12 000 m Höhe entwickelt werden. Die Cutlass wurde in 162 Exemplaren gebaut und war das erste Flugzeug, das im Sturzflug die Schallmauer durchbrach.

Typ: Chance Vought 346 F7U-1
Herkunftsland: USA
Verwendung: Jagdflugzeug
Spannweite: 11,78 m
Länge: 12,06 m
Antrieb: 2 Westinghouse J34-WE-42 mit je 15,57 kN (1588 kp) Schub
max. Startmasse: 14 400 kg
Höchstgeschwindigkeit: 1115 km/h
Reichweite: 1050 km
Gipfelhöhe: 12 200 m
Besatzung: 1
Bewaffnung: 4 Kanonen 20 mm, 1 Bombe oder Rakete

Vought A-7 Corsair II

Einstrahliges Jagdbombenflugzeug in Schulterdecker-Auslegung (Erstflug am 27.09.1965). Die Maschine war als trägergestütztes leichtes Angriffsflugzeug konzipiert worden. Seit Ende 1967 wurde das Flugzeug von der US-Navy bei Kampfeinsätzen über Vietnam geflogen. Die Maschine wurde aber auch landgestützt eingesetzt (Version 7D für die USAF) und flog bei den Luftwaffen anderer Länder.

Typ: Vought A-7D
Herkunftsland: USA
Verwendung: Jagdbombenflugzeug
Spannweite: 11,81 m
Länge: 14,06 m
Antrieb: 1 Allison TF41 Turbofan mit 64,5 kN (6580 kp) Schub
max. Startmasse: 19 050 kg
Höchstgeschwindigkeit: 1123 km/h
Reichweite: 1150 km
Gipfelhöhe: 12 800 m
Besatzung: 1
Bewaffnung: 1 MK M61 20 mm, 4310 kg Waffenlast unter Rumpf und Flügeln

Westland Whirlwind

Zweimotoriges Jagdflugzeug, Tiefdecker mit Kreuzleitwerk (Erstflug am 11.10.1938). Das Flugzeug war als Langstreckenjäger konzipiert und zeichnete sich durch hohe Geschwindigkeit und starke Bewaffnung aus. Allerdings konnten die Motorprobleme nie ganz behoben werden. Im Seegebiet um Großbritannien wurde es erfolgreich gegen Schiffsziele eingesetzt.

Typ: Westland Whirlwind
Herkunftsland: Großbritannien
Verwendung: Jagdbombenflugzeug
Spannweite: 13,72 m
Länge: 9,83 m
Antrieb: 2 Rolls-Royce Peregrine I V-12 mit je 650 kW (885 PS)
max. Startmasse: 5175 kg
Höchstgeschwindigkeit: 576 km/h
Reichweite: 1290 km
Gipfelhöhe: 9240 m
Besatzung: 1
Bewaffnung: 4 MK 20 mm, 453 kg Bomben

AB
3693
600
NAVY

Aufklärer

Aufklärer

Die ersten militärischen Einsätze, zu denen Flugzeuge starteten, waren Aufklärungsflüge. Früher suchten sich Feldherren eine erhöhte Position als Befehlsstand, um den Überblick nicht zu verlieren. Jetzt gab ihnen die Luftfahrt einen fliegenden Feldherrenhügel, der überdies beweglich war. Die Einsatzmöglichkeiten und -erfordernisse für Aufklärungsflugzeuge haben sich im Laufe der Militärgeschichte gewandelt; geblieben ist das Grundprinzip: das Versteckte – seien es Raketensilos, U-Boote oder nächtliche Truppenbewegungen – aufzuspüren und gegebenenfalls auch zu bekämpfen. Überdies fungieren spezielle Maschinen als Kommandoeinheiten – sind also tatsächlich so etwas wie ein fliegender Feldherrenhügel – und der Störung der gegnerischen Kommunikation mittels elektronischer Kampfführung.

AEG B.I

Einmotoriges Aufklärungsflugzeug in Doppeldecker-Auslegung. Vorläufer der erfolgreicheren und bewaffneten C-Modelle von AEG. Bereits Ende 1914 wurde der unbewaffnete Aufklärer durch die verbesserte, allerdings noch immer wenig leistungsfähige AEG B.II ersetzt und diente bis Kriegsende als Schulflugzeug.

Typ: AEG B.I
Herkunftsland: Deutschland
Verwendung: Aufklärungsflugzeug
Spannweite: 14,50 m
Länge: 10,50 m
Antrieb: 1 Reihenmotor Benz FX mit 74 kW (100 PS)
max. Startmasse: 1040 kg
Höchstgeschwindigkeit: 110 km/h
Gipfelhöhe: 2500 m
Besatzung: 2

Airspeed AS 39 Fleet Shadower

Viermotoriges Aufklärungsflugzeug, abgestrebter Hochdecker (Erstflug am 18.10.1940); seit 1939 konzipiert zur seegestützten Flottenbeobachtung. Es wurde allerdings nur ein Prototyp gebaut, da sich die ambitionierten Vorgaben hinsichtlich der Flugeigenschaften nicht umsetzen ließen.

Typ: Airspeed AS 39
Herkunftsland: Großbritannien
Verwendung: Aufklärungsflugzeug
Spannweite: 16,26 m
Länge: 12,20 m
Antrieb: 4 Niagara V mit je 97 kW (132 PS)
max. Startmasse: 3146 kg
Höchstgeschwindigkeit: 202 km/h
Reichweite: 1000 km
Gipfelhöhe: 4500 m
Besatzung: 3

Arado Ar 240

Zweimotoriges Mehrzweck-Kampfflugzeug, freitragender Tiefdecker mit H-Leitwerk (Erstflug Prototyp Juni 1940). Konzipiert als Zerstörer, Schnellbomber und Nachtjäger, war die Ar 240 unmittelbares Konkurrenzflugzeug zur Me 210 und He 219, hatte jedoch sehr problematische Flugeigenschaften. Sie wurde hauptsächlich zur Aufklärung an der Kanalküste eingesetzt.

Typ: Arado Ar 240
Herkunftsland: Deutschland
Verwendung: Aufklärungsflugzeug
Spannweite: 16,59 m
Länge: 13,45 m
Antrieb: 2 Daimler-Benz DB 603A mit 1305 kW (1774 PS)
max. Startmasse: 10 700 kg
Höchstgeschwindigkeit: 670 km/h
Reichweite: 2090 km
Gipfelhöhe: 9800 m
Besatzung: 2
Bewaffnung: 6 MG 151, bis zu 2000 kg Bombenzuladung extern

Avro 500

Einmotoriges Mehrzweckflugzeug in Doppeldecker-Auslegung (Erstflug Prototyp 03.12.1912); entwickelt ab 1911 als zweisitziges Militärflugzeug mit besonderen Anforderungen an Flugdauer und Ladekapazität. Insgesamt wurden 21 Maschinen gebaut, die als Beobachtungs- und Verbindungsflugzeuge, für leichte Transportaufgaben und für Schulungszwecke noch zu Beginn des 1. Weltkriegs eingesetzt wurden.

Typ: Avro 500 E
Herkunftsland: Großbritannien
Verwendung: Mehrzweckflugzeug
Spannweite: 10,97 m
Länge: 8,84 m
Antrieb: Umlaufmotor Gnôme mit 37 kW (50 PS)
max. Startmasse: 617 kg
Höchstgeschwindigkeit: 100 km/h
Reichweite: 220 km
Gipfelhöhe: über 1300 m
Besatzung: 2

Avro 504

Einmotoriges Aufklärungsflugzeug (Erstflug Juli 1913). Zeitweilig aufgrund ihrer Gipfelhöhe die einzige wirksame Waffe gegen deutsche Zeppeline, wurde die Avro 504 bis in die 1930er-Jahre hinein eingesetzt, hauptsächlich als Schulflugzeug. Zahlreiche Variationen bis hin zu Amphibienflugzeugen sowie Lizenzproduktion und Exporte in mehrere Länder führten zu einer Gesamtzahl von mehr als 10 000 hergestellten Maschinen.

Typ: Avro 504 K
Herkunftsland: Großbritannien
Verwendung: Aufklärungsflugzeug
Spannweite: 10,97 m
Länge: 8,97 m
Antrieb: Umlaufmotor Rhône Clerget 9 B mit 96 kW (130 PS)
max. Startmasse: 830 kg
Höchstgeschwindigkeit: 169 km/h
Reichweite: 245 km
Gipfelhöhe: 5800 m
Besatzung: 2
Bewaffnung: 1 MG, 45 kg Bombenlast

Avro 555 Bison

Einmotoriges Aufklärungsflugzeug in Doppeldecker-Auslegung, Rumpf als stoffbespannter Stahlrohr-Rahmen ausgeführt (Erstflug Prototypen 1921, 1922 und 1923). Als Aufklärungsflugzeug der Marine zum Einsatz auf Flugzeugträgern konzipiert, wurde das Flugzeug in geringer zweistelliger Stückzahl gebaut.

Typ: Avro 555 Mk.1a Bison
Herkunftsland: Großbritannien
Verwendung: Aufklärungsflugzeug
Spannweite: 14,02 m
Länge: 10,97 m
Antrieb: 1 Napier Lion II mit 358 kW (487 PS)
max. Startmasse: 2631 kg
Höchstgeschwindigkeit: 177 km/h
Reichweite: 550 km
Gipfelhöhe: 4265 m
Besatzung: 3
Bewaffnung: 1 MG 7,7 mm

Blackburn B-26 Botha

Zweimotoriges Aufklärungsflugzeug, freitragender Schulterdecker, der zur Seeaufklärung und als Torpedobomber vorgesehen war (Erstflug 28.12.1938). Aufgrund von Triebwerksschwierigkeiten wurde die Ende 1939 in Dienst gestellte B-26 bereits 1944 wieder ausgemustert. Zuletzt wurde sie als Schulungsflugzeug eingesetzt.

Typ: Blackburn B-26 Botha Mk.I
Herkunftsland: Großbritannien
Verwendung: Aufklärungsflugzeug
Spannweite: 17,98 m
Länge: 15,58 m
Antrieb: 2 Bristol Perseus X A mit je 683 kW (928 PS)
max. Startmasse: 8369 kg
Höchstgeschwindigkeit: 401 km/h
Reichweite: 2044 km
Gipfelhöhe: 5335 m
Besatzung: 4
Bewaffnung: 3 MG 7,7 mm, ca. 900 kg Bomben/Wasserbomben oder 1 Torpedo

Blériot XI La Manche/XI-2

Einmotoriges Aufklärungsflugzeug. Louis Blériot überflog mit dieser 1908 entworfenen Eigenkonstruktion am 25.07.1909 als erster Mensch den Ärmelkanal. Im 1. Weltkrieg wurde die Blériot XI in Frankreich und Italien als Aufklärungsflugzeug und Artilleriebeobachter eingesetzt.

Typ: Blériot XI-2
Herkunftsland: Frankreich
Verwendung: Aufklärungsflugzeug
Spannweite: 8,45 m
Länge: 10,25 m
Antrieb: 1 Umlaufmotor Gnôme-7B mit 52 kW (71 PS)
max. Startmasse: 625 kg
Höchstgeschwindigkeit: 106 km/h
Einsatzdauer: 3 h 30 min
Gipfelhöhe: 200 m
Besatzung: 1

Blohm & Voss BV 142

Viermotoriges Aufklärungsflugzeug in Tiefdecker-Auslegung mit Knickflügeln und Doppelleitwerk (Erstflug am 11.10.1938); ursprünglich auf der Basis des Wasserflugzeugs Ha 139 als Landflugzeug für den Transatlantik-Verkehr entwickelt, jedoch nach vier Prototypen nicht weiter gebaut. Die zu Kriegszwecken umgebauten Prototypen wurden bis 1942 ausgemustert.

Typ: Blohm & Voss BV 142 V2/U1
Herkunftsland: Deutschland
Verwendung: Aufklärungsflugzeug
Spannweite: 29,35 m
Länge: 20,45 m
Antrieb: 4 BMW 132H1 mit je 610 kW (830 PS)
max. Startmasse: 16 700 kg
Höchstgeschwindigkeit: 375 km/h
Reichweite: 4400 km
Gipfelhöhe: 6800 m
Besatzung: 4–5
Bewaffnung: 5 MG 15 7,9 mm, ca. 400 kg Bombenlast

Boeing RC-135

Vierstrahliges Aufklärungsflugzeug, das auf der Grundlage des C-135-Basismodells entstand. In 17 Exemplaren seit 1964 gebaut und ständig modernisiert, flog die RC-135 unter anderem Einsätze während der Operation „Desert Storm", auf Haiti, in Bosnien und zuletzt im Irak.

Typ: Boeing RC-135
Herkunftsland: USA
Verwendung: Aufklärungsflugzeug
Spannweite: 44,40 m
Länge: 46,60 m
Antrieb: 4 Turbofans Pratt & Whitney TF33-P-5 mit je 71 kN (7231 kp) Schub
max. Startmasse: ca. 152 400 kg
Höchstgeschwindigkeit: 966 km/h
Reichweite: 6500 km
Gipfelhöhe: 13 400 m
Besatzung: 5

Boeing E-3 Sentry

Vierstrahliges Aufklärungsflugzeug auf der Basis der Boeing 707-320B, freitragender Tiefdecker (Erstflug 09.02.1972). Das Flugzeug trug als erster Typ das von Boeing entwickelte AWACS (Airborne Warning and Control System) und wurde im Rahmen der NATO zur Luftraumüberwachung und Frühwarnung eingesetzt.

Typ: Boeing E-3 Sentry
Herkunftsland: USA
Verwendung: Frühwarn- und Luftraumkontrollflugzeug
Spannweite: 44,45 m
Länge: 46,68 m
max. Startmasse: 157 400 kg
Antrieb: 4 Pratt & Whitney TF33-100A mit je 91,1 kN (9290 kp) oder 4 CFM56-2A-2/3 mit je 106,8 kN (10 890 kp) Schub
Höchstgeschwindigkeit: 850 km/h
Einsatzdauer: 10 h (ohne Luftbetankung)
Gipfelhöhe: über 10 670 m
Besatzung: 4 + 14–17 AWACS-Spezialisten in der Kabine

Breguet Atlantic

Zweimotoriges Aufklärungsflugzeug in Mitteldecker-Auslegung (Erstflug 21.10.1961), von der NATO für die Nachfolge der Lockheed P2 V-7 vorgesehen und ab 1963 erstmals ausgeliefert. Dank vielfältiger Modernisierungsmaßnahmen ist die Maschine bis heute im Einsatz. Die Atlantic dient zur Seeaufklärung, für die U-Boot-Jagd, die Seezielbekämpfung, ferner für Suchaufgaben und Rettungsmaßnahmen.

Typ: Breguet 1150 Atlantic
Herkunftsland: Frankreich
Verwendung: Seeaufklärer
Spannweite: 36,60 m
Länge: 31,80 m
Antrieb: 2 Rolls-Royce Tyne RTy20 mit je 4410 kW (6000 PS)
max. Startmasse: 43 500 kg
Höchstgeschwindigkeit: 650 km/h
Reichweite: 9000 km
Gipfelhöhe: 10 000 m
Besatzung: 12
Bewaffnung: 1 Kanone Mk.46; Torpedos, Wasserbomben, Minen, Raketen und Lenkwaffen

British Aerospace Nimrod

Vierstrahliges Aufklärungsflugzeug in Tiefdecker-Auslegung. (Erstflug Prototyp 23.05.1967, MR1 28.06.1968, letzte Version MRA4 26.08.2004); unmittelbar aus dem ersten strahlgetriebenen Verkehrsflugzeug der Welt, der De Havilland Comet 4C, als leistungsfähiger Seeaufklärer entwickelt. Die Maschine war mit Radar-, Sonar- und Funktechnik umfassend ausgestattet. Für die Besatzung gab es sogar eine kleine Teeküche.

Typ: British Aerospace Nimrod MR1
Herkunftsland: Großbritannien
Verwendung: Aufklärungsflugzeug
Spannweite: 35,08 m
Länge: 38,63 m
Antrieb: 4 Rolls-Royce RB 168-20 Spey Mk.250 mit je 54 kN (5506 kp) Schub
max. Startmasse: 87 090 kg
Höchstgeschwindigkeit: 925 km/h
Reichweite: 9265 km
Gipfelhöhe: 13 040 m
Besatzung: bis 13
Bewaffnung: 9 Torpedos oder Bomben intern; weitere Raketen, Kanonen oder Seeminen extern

Canadair CL 28 Argus

Viermotoriges Seeaufklärungsflugzeug in Tiefdecker-Auslegung (Erstflug 28.03.1957), das – ähnlich wie die zivile Version Canadair CL 44 – konstruktiv auf der Bristol 175 Britannia fußt. Der Rumpf wurde vollständig neu konstruiert; der Heckstachel enthielt die Magnetsuchgeräte für die U-Boot-Jagd. Das Flugzeug sollte in niedrigen Höhen 24 Stunden in der Luft bleiben können.

Typ: Canadair CL 28
Herkunftsland: Kanada
Verwendung: Seeaufklärer
Spannweite: 43,40 m
Länge: 39,30 m
Antrieb: 4 Wright R-3350-EA1 Cyclone mit je 2535 kW (3446 PS)
max. Startmasse: 71 214 kg
Höchstgeschwindigkeit: 470 km/h
Reichweite: 9495 km
Gipfelhöhe: 7620 m
Besatzung: 15
Bewaffnung: 3629 kg Waffenlast im Rumpf, 1724 kg an Außenstationen

Cessna O-2

Zweimotoriges Aufklärungsflugzeug (Erstflug Januar 1967), angetrieben von Zug- und Druckpropeller an Bug und Heck. Die militärische Version der Cessna 337 Skymaster ersetzte die Cessna O-1 Bird Dog. Die Cessna O-2 kam unter anderem in Vietnam als Beobachtungsflugzeug und zur Zielmarkierung zum Einsatz. Die letzten der 532 bis 1970 produzierten Exemplare standen bis in die 1980er-Jahre im Dienst der USAF.

Typ: Cessna O-2 A
Herkunftsland: USA
Verwendung: Aufklärungsflugzeug
Spannweite: 11,63 m
Länge: 9,07 m
Antrieb: 2 Continental IO-360-GB mit je 157 kW (213 PS)
max. Startmasse: 2100 kg
Höchstgeschwindigkeit: 420 km/h
Reichweite: 2288 km
Gipfelhöhe: 9500 m
Besatzung: 2
Bewaffnung: MG 7,62 mm, leichte Raketen an 4 Unterflügelstationen

Consolidated PB4Y Privateer

Viermotoriges Aufklärungsflugzeug in Schulterdecker-Auslegung (Erstflug 20.09.1943); Marine-Variante der B-24 Liberator. Der Rumpf der B-24 wurde verlängert und beschussfester ausgelegt. Einzelne der über 700 Exemplare, die hauptsächlich im pazifischen Raum eingesetzt wurden, waren bis 2002 zur Brandbekämpfung im Einsatz.

Typ: Consolidated PB4Y-2
Herkunftsland: USA
Verwendung: Aufklärungsflugzeug
Spannweite: 33,53 m
Länge: 22,73 m
Antrieb: 4 Pratt & Whitney R-1830-94 mit je 1007 kW (1369 PS)
max. Startmasse: 29 480 kg
Höchstgeschwindigkeit: 381 km/h
Reichweite: 4506 km
Gipfelhöhe: 6310 m
Besatzung: 11
Bewaffnung: 12 MG 12,7 mm, bis zu 5800 kg Bombenlast

DFS 228

Einstrahliges Aufklärungsflugzeug (Erstflug 1943); Prototyp-Entwicklung als Höhenaufklärer (mit zwei Zeiss-Infrarotkameras) ab 1941 mit einem Raketenantrieb, der Überschallgeschwindigkeit ermöglichen sollte. Bis Kriegsende wurden mehr als 40 Testflüge ausgeführt (Abb.: DFS 228 auf Dornier Do-217). Die gewonnenen Erkenntnisse sollten beim Bau der DFS 228 V2 umgesetzt werden, deren Prototyp jedoch im Frühjahr 1945 zerstört wurde.

Typ: DFS 228 V1
Herkunftsland: Deutschland
Verwendung: Aufklärungsflugzeug
Spannweite: 17,60 m
Länge: 10,59 m
Antrieb: 1 Raketentriebwerk Walter HWK 109-509 A-1 mit 15,7 kN (1600 kp) Schub
max. Startmasse: 4200 kg
Höchstgeschwindigkeit: 900 km/h
Reichweite: 1050 km
Gipfelhöhe: 10 000 m
Besatzung: 1

Fieseler Fi 156 Storch

Einmotoriges Mehrzweckflugzeug mit STOL-Eigenschaften (Erstflug 24.04.1936). Von 1937 bis 1945 in einer Stückzahl von ca. 2900 Exemplaren produziert und hauptsächlich als Verbindungs- und Aufklärungsflugzeug eingesetzt. Nach dem Krieg in Frankreich und der Tschechoslowakei weiter produziert bzw. als Vorlage für Weiterentwicklungen genutzt. Einzelexemplare fliegen noch heute.

Typ: Fieseler Fi 156 C 2
Herkunftsland: Deutschland
Verwendung: Aufklärungsflugzeug
Spannweite: 14,25 m
Länge: 9,90 m
Antrieb: 1 Argus As 10C-3 mit 175 kW (238 PS)
max. Startmasse: 1325 kg
Höchstgeschwindigkeit: 175 km/h
Reichweite: 470 km
Gipfelhöhe: 5300 m
Passagiere: 2 + 1 Pilot
Bewaffnung: 1 MG 15 7,92 mm

Focke-Wulf Fw 189 Eule

Zweimotoriges Aufklärungsflugzeug in Tiefdecker-Auslegung mit doppeltem Leitwerk (Erstflug 1938). Die Maschine wurde für die Nahaufklärung eingesetzt. Dem Einsatzzweck entsprechend ist der Rumpf – eine auf dem Flügelmittelstück aufgesetzte Gondel – weitgehend verglast und erlaubt gute Rundumsicht; Lichtbildausrüstungen waren an Bord.

Typ: Focke-Wulf Fw 189 A-1
Herkunftsland: Deutschland
Verwendung: Aufklärungsflugzeug
Spannweite: 18,40 m
Länge: 11,90 m
Antrieb: 2 Argus As 410 A-1 mit je 345 kW (465 PS)
max. Startmasse: 3950 kg
Höchstgeschwindigkeit: 317 km/h
Reichweite: 940 km
Gipfelhöhe: 7000 m
Besatzung: 3
Bewaffnung: 4 MG 7,92 mm, 4 50-kg-Bomben

Focke-Wulf Fw 200 Condor

Viermotoriges Aufklärungsflugzeug (Erstflug 27.07.1937). Ursprünglich als transatlantisches Passagierflugzeug konstruiert, wurde die Fw 200 mit Beginn des 2. Weltkriegs umgebaut und als Seeaufklärungsflugzeug für lange Strecken und als Marinebomber im Nordatlantik zur Geleitzugbekämpfung eingesetzt.

Typ: Focke-Wulf Fw 200 C-1 Condor
Herkunftsland: Deutschland
Verwendung: Aufklärungsflugzeug
Spannweite: 30,86 m
Länge: 23,85 m
Antrieb: 4 BMW 132 G mit je 735 kW (1000 PS)
max. Startmasse: 17 000 kg
Höchstgeschwindigkeit: 430 km/h
Reichweite: 1770 km
Gipfelhöhe: 7500 m
Besatzung: 4
Bewaffnung: 2 MG 151 20 mm, 4 MG 15 7,92 mm, bis 5600 kg Bomben

Grumman S-2 Tracker

Zweimotoriges Aufklärungsflugzeug (Erstflug Prototyp am 04.12.1952). Im Einsatz von 1954 bis in die 1970er-Jahre, hauptsächlich als Seeaufklärer und U-Boot-Jäger. Nach Ausmusterung dienten noch einige Exemplare als Löschflugzeuge. Insgesamt wurden in mehreren Versionen 1186 Maschinen hergestellt, von denen einige exportiert wurden und noch heute in Dienst stehen.

Typ: Grumman S-2 F-1
Herkunftsland: USA
Verwendung: Seeaufklärer
Spannweite: 21,23 m
Länge: 12,88 m
Antrieb: 2 Wright R-1820-82WA Cyclone mit je 1137 kW (1546 PS)
max. Startmasse: 11 900 kg
Höchstgeschwindigkeit: 462 km/h
Reichweite: 1350 km
Gipfelhöhe: 6710 m
Besatzung: 4
Bewaffnung: 2180 kg Torpedos, Raketen, Seeminen

Grumman OV-1 Mohawk

Zweimotoriges Aufklärungsflugzeug, Mitteldecker mit dreifachem Seitenleitwerk und Turboprop-Antrieb (Erstflug 14.04.1959); 1959 in Dienst gestellt und bis 1996 im Einsatz. Anfangs unbewaffnet, nach den Erfahrungen des Vietnamkriegs später mit Abwehrraketen ausgestattet. Zwischen 1957 und 1969 wurden 380 Maschinen in unterschiedlichen Versionen hergestellt.

Typ: Grumman OV-1
Herkunftsland: USA
Verwendung: Aufklärungsflugzeug
Spannweite: 14,63 m
Länge: 13,69 m
Antrieb: 2 Avco Lycoming T53-L-701 mit je 1044 kW (1420 PS)
max. Startmasse: 8085 kg
Höchstgeschwindigkeit: 491 km/h
Reichweite: 1728 km
Gipfelhöhe: 9240 m
Besatzung: 2

Iljuschin Il-20

Viermotoriges Aufklärungsflugzeug, freitragender Tiefdecker in Ganzmetallbauweise. Das Flugzeug war eine Ableitung aus der zivilen Il-18. Es wurde für Radarabtastung, Kartografierung, das Abhören des Funkverkehrs und zur Luftbilderfassung eingesetzt. In der Zeit des Kalten Krieges wurde es häufig bei der Überwachung der Seegebiete der NATO-Staaten beobachtet.

Typ: Iljuschin Il-20
Herkunftsland: Sowjetunion
Verwendung: Aufklärungsflugzeug
Spannweite: 37,42 m
Länge: 35,90 m
Antrieb: 4 Iwtschenko AI-20M mit je 3126 kW (4250 PS)
max. Startmasse: 64 000 kg
Höchstgeschwindigkeit: 675 km/h
Reichweite: 6500 km
Gipfelhöhe: 10 000 m
Besatzung: 4 + 8

Iljuschin Il-38

Viermotoriges Seeaufklärungsflugzeug in Tiefdecker-Auslegung, abgeleitet aus dem Passagierflugzeug Il-18 (seit 1967/68 im Einsatz). Die Marine-Version hat einen längeren Rumpf und einen auffallenden Heckstachel für die Magnetortung. Wegen des veränderten Schwerpunkts wurde das Tragwerk etwas nach vorn verlagert. Eine Weiterentwicklung kam 1970 auf 82 Tonnen Startmasse und 9 Tonnen Zuladung.

Typ: Iljuschin Il-38
Herkunftsland: Sowjetunion
Verwendung: Seeaufklärer
Spannweite: 37,40 m
Länge: 40,83 m
Antrieb: 4 Iwtschenko AI-20M mit je 3675 kW (5000 PS)
max. Startmasse: 63 500 kg
Höchstgeschwindigkeit: 645 km/h
Reichweite: 7240 km
Gipfelhöhe: 8000 m
Besatzung: 12
Bewaffnung: Wasserbomben, zielsuchende Torpedos, Lenkwaffen an Außenstationen

Iljuschin A-50

Vierstrahliges Aufklärungsflugzeug in Hochdecker-Auslegung (Erstflug Prototypen 1982); die Maschine basiert auf dem Transportflugzeug Il-76. Sie wird überwiegend zur Luftraumüberwachung eingesetzt, dient aber auch als fliegende Kommandozentrale und Relaisstation zum Austausch relevanter Gefechtsdaten und kann eigene Kampfflugzeuge an gegnerische Objekte heranführen.

Typ: Iljuschin A-50
Herkunftsland: Sowjetunion
Verwendung: Aufklärungsflugzeug
Spannweite: 50,54 m
Länge: 46,59 m
Antrieb: 4 Solowjow D-30KP mit je 117,7 kN (12 000 kp) Schub
max. Startmasse: 172 370 kg
Höchstgeschwindigkeit: 850 km/h
Reichweite: 7300 km
Einsatzhöhe: 13 000 m
Besatzung: 15–16
Bewaffnung: 2 MK 23 mm im Heck, ECM-Einrichtungen, Infrarot- und Radartäuschkörper

Junkers Ju 21

Einmotoriges Aufklärungsflugzeug in Hochdecker-Auslegung; in Fili (UdSSR) gebaute Nachfolgevariante des in Dessau konstruierten Typs T 21 (Erstflug dort am 12.06.1923). Die Maschine sollte als bewaffneter Aufklärer eingesetzt werden. Die außen am Rumpf liegenden Kraftstofftanks (siehe Abb.) konnten im Gefahrfall abgeworfen werden. Insgesamt wurden in der UdSSR 122 Maschinen gefertigt.

Typ: Junkers Ju 21
Herkunftsland: Sowjetunion
Verwendung: Aufklärungsflugzeug
Spannweite: 10,77 m
Länge: 7,30 m
Antrieb: 1 BMW IIIa-Motor mit 136 kW (185 PS)
max. Startmasse: 1135 kg
Höchstgeschwindigkeit: 220 km/h
Besatzung: 2

Lockheed PV-2 Harpoon

Zweimotoriges Patrouillenflugzeug, 1943 aus der PV-1 Ventura entwickelt, die wiederum über den Bomber A-29 mit der Lockheed Modell 14 Super Electra verwandt ist. Harpoons griffen noch am Ende des 2. Weltkriegs in die Kämpfe um die Aleuten ein.

Typ: Lockheed PV-2H
Herkunftsland: USA
Verwendung: Seeaufklärer
Spannweite: 22,82 m
Länge: 15,88 m
Antrieb: 2 Pratt & Whitney R-2800-31 Double Wasp mit je 1491 kW (2027 PS)
max. Startmasse: 16 300 kg
Höchstgeschwindigkeit: 454 km/h
Reichweite: 2800 km
Gipfelhöhe: 7280 m
Besatzung: 6
Bewaffnung: 9 MG 12,7 mm, 1600 kg Bomben, Wasserbomben oder Torpedo

Lockheed P-3 Orion

Viermotoriger U-Boot-Jäger und Seefernaufklärer in Tiefdecker-Auslegung (Erstflug zweiter Prototyp 25.11.1959); das Flugzeug wurde aus der Lockheed L-188 Electra entwickelt. Während der erste Prototyp noch weitgehend dem Ausgangsmodell entsprach, wurde nach den ersten Tests der Rumpf verkürzt und fensterlos ausgeführt; der lange Heckdorn enthielt die Geräte für die Magnetortung. Das Flugzeug löste die P-2 Neptune bei der U-Boot-Bekämpfung ab. Die Serienproduktion begann 1961; seit 1969 wurde die Version P-3 C mit der seinerzeit modernsten Elektronik ausgerüstet. Drei Maschinen wurden mit rotierenden Radarantennen versehen und dienten der Küstenüberwachung durch den US-amerikanischen Zoll. Daneben wurde auch die Version P-3 F (ohne EDV-Anlage) als Seeaufklärer und U-Boot-Jäger gebaut.

Typ: Lockheed P-3
Herkunftsland: USA
Verwendung: U-Boot-Jäger und Seefernaufklärer
Spannweite: 30,37 m
Länge: 35,61 m
Antrieb: 4 Allison T56-A-14 Propellerturbinen mit je 3645 kW (4955 PS)
max. Startmasse: 61 000 kg
Höchstgeschwindigkeit: 761 km/h
Reichweite: 3500–8900 km
Gipfelhöhe: 8625 m
Besatzung: 10
Bewaffnung: 9000 kg Waffen: 3290 kg intern (Wasserbomben, Torpedos), 5782 kg extern (z. B. AGM-84 Harpoon)

Lockheed U-2

Einstrahliges Höhenaufklärungsflugzeug in Mitteldecker-Auslegung. Das Missionsziel sah Aufklärung in Höhen von über 20 000 Meter vor, bei denen man annahm, das Flugzeug sei sowohl für Flugabwehrraketen als auch für Abfangjäger unerreichbar. Ihre Flugeigenschaften verdankt die U-2 einem Design, das an Segelflugzeuge erinnert. Am 1. Mai 1960 wurde eine U-2 über der Sowjetunion abgeschossen, was zu erheblichen politischen Verwicklungen führte. Eine weitere U-2 wurde 1962 über Kuba abgeschossen.

Typ: Lockheed U-2
Herkunftsland: USA
Verwendung: Höhenaufklärungsflugzeug
Spannweite: 24,38 m
Länge: 15,24 m
Antrieb: 1 Pratt & Whitney J75 P-13 mit 66,7 kN (6800 kp) Schub
max. Startmasse: 7815 kg
Höchstgeschwindigkeit: 794 km/h
Reichweite: 4635 km
Gipfelhöhe: 21 335 m
Besatzung: 1

Lockheed SR-71 Blackbird

Zweistrahliges Aufklärungsflugzeug, freitragender Mitteldecker mit deltaförmigem Tragwerk und Doppelleitwerk, Rumpf und Flächen in Titanbauweise (Erstflug Prototyp 16.04.1961). Das Flugzeug war für das Operieren in großen Höhen und mit hohen Geschwindigkeiten ausgelegt und errang mehrere Rekorde. Bis 1990 standen noch 32 Maschinen dieses Typs in Dienst.

Typ: Lockheed SR-71A
Herkunftsland: USA
Verwendung: Strategisches Höhenaufklärungsflugzeug
Spannweite: 16,94 m
Länge: 32,74 m
Antrieb: 2 Pratt & Whitney J-58 JT-11 mit je 151,1 kN (15 408 kp) Schub mit Nachbrenner
max. Startmasse: 77 112 kg
Höchstgeschwindigkeit: 3529 km/h
Reichweite: 5400 km (ohne Luftbetankung)
Gipfelhöhe: max. 26 213 m
Besatzung: 2

Lockheed S-3 Viking

Zweistrahliges trägergestütztes Aufklärungs- und Kampfflugzeug in Schulterdecker-Auslegung (Erstflug am 21.01.1972). Bei der US-Navy ersetzte das Flugzeug seit 1974 die veralteten und langsamen Grumman S-2 bei der U-Boot-Suche und -Bekämpfung. Tragflächen und Leitwerke waren einklappbar, der Magnetic Anomaly Detector (MAD; Magnetfeld-Abweichungs-Sensor) am Heck konnte bei Bedarf ausgefahren werden. Später gab es auch Modifikationen als Tank- und Transportflugzeug.

Typ: Lockheed S-3
Herkunftsland: USA
Verwendung: U-Boot-Jäger und Seeaufklärer
Spannweite: 20,93 m (eingeklappt 8,99 m)
Länge: 16,26 m
max. Startmasse: 23 800 kg
Antrieb: 2 GE TF-34-GE-400B mit je 41,26 kN (4207 kp)
Höchstgeschwindigkeit: 816 km/h (Meereshöhe)
Reichweite: 3700 km
Gipfelhöhe: 12 200 m
Besatzung: 4
Bewaffnung: max. 1780 kg Waffenlast: AGM-84 Harpoon und AGM-65 Maverick; Minen, Raketen, Bomben, Torpedos

Martin P4M Mercator

Zweimotoriges Patrouillenflugzeug in Mitteldecker-Auslegung (Erstflug 20.10.1946). Die Maschine besaß außer den beiden Sternmotoren auch zwei Strahltriebwerke, um der Maschine beim Start und in Kampfsituationen mehr Leistung zu geben. Die Strahltriebwerke wurden ebenfalls mit Flugbenzin betrieben. Trotz des problematischen Antriebskonzepts standen einige der Maschinen bis 1960 in Dienst und wurden für die elektronische Überwachung eingesetzt.

Typ: Martin R4M-1
Herkunftsland: USA
Verwendung: Patrouillenflugzeug
Spannweite: 34,75 m
Länge: 25,50 m
Antrieb: 2 Pratt & Whitney R-4360 mit je 2423 kW (3295 PS), 2 Allison J33-A-23 Turbojets mit je 20,4 kN (2080 kp) Schub
max. Startmasse: 40 088 kg
Höchstgeschwindigkeit: 660 km/h
Reichweite: 4570 km
Gipfelhöhe: 10 500 m
Besatzung: 3–4 (max. 9)
Bewaffnung: 4 MK 20 mm, 2 MG 12,7 mm, 2722 kg Bomben

McDonnell RF-101 Voodoo

Zweistrahliges Aufklärungsflugzeug, freitragender Mitteldecker (Erstflug Prototyp Mai 1954); gilt als der erste Überschall-Aufklärer. Die Aufklärungsversion wurde aus dem McDonnell F-101 entwickelt. Er war unbewaffnet, aber mit der seinerzeit modernsten Fototechnik ausgestattet. Mit diesem Flugzeugtyp gelangen 1962 über Kuba Aufnahmen der sowjetischen Raketensilos. Er wurde auch über Vietnam eingesetzt.

Typ: RF-101 Voodoo
Herkunftsland: USA
Verwendung: Auklärungsflugzeug
Spannweite: 12,09 m
Länge: 21,11 m
Antrieb: 2 Pratt & Whitney J57 mit je 66,7 kN (6800 kp) Schub mit Nachbrenner
max. Startmasse: 23 100 kg
Höchstgeschwindigkeit: 1610 km/h
Reichweite: 3315 km
Gipfelhöhe: 13 060 m
Besatzung: 1

Messerschmitt Bf 161

Zweimotoriges Aufklärungsflugzeug, Entwicklung aus der Bf 110 B. Bis auf den Rumpfbug, der um einen Meter verlängert wurde, um die Fotoausrüstung aufzunehmen, glich die Aufklärer-Variante weitgehend dem Ausgangsmuster, wie sie die Legion Condor verwendete. Nach drei Prototypen erfolgte keine Serienfertigung.

Typ: Messerschmitt Bf 161
Herkunftsland: Deutschland
Verwendung: Aufklärungsflugzeug
Spannweite: 16,25 m
Länge: ca. 13,30 m
Antrieb: 2 DB 600A mit je 706 kW (960 PS)
Besatzung: 2
Bewaffnung: 1 MG 15 7,92 mm

Mitsubishi Ki-46-III

Zweimotoriges Aufklärungsflugzeug (Erstflug 14.11.1939), freitragender Tiefdecker. Das Flugzeug war ursprünglich als Langstreckenjäger entwickelt worden, wurde nach der Truppeneinführung aber als Fernaufklärer und als Übungsflugzeug (Besatzungstrainer) verwendet. Die Version Ki-46-IIIb wurde als Tiefangriffsflugzeug eingesetzt. Das Flugzeug überzeugte durch eine außerordentlich gelungene aerodynamische Ausformung.

Typ: Mitsubishi Ki-46-III
Herkunftsland: Japan
Verwendung: Aufklärungsflugzeug
Spannweite: 14,70 m
Länge: 11,00 m
Antrieb: 2 Doppelsternmotoren Mitsubishi Ha-112-II mit je 1100 kW (1500 PS)
max. Startmasse: 5720 kg
Höchstgeschwindigkeit: 630 km/h (auf 6000 m)
Reichweite: 4000 km
Gipfelhöhe: 10 500 m
Besatzung: 2

Rockwell/North American OV 10 Bronco

Zweimotoriges Aufklärungsflugzeug in Schulterdecker-Auslegung mit doppeltem Leitwerk (Erstflug Prototyp am 16.07.1965, Serienmaschine 06.08.1967). Der Rumpf ist als zentrale Gondel ausgeführt, die Motorgondeln laufen in zwei Leitwerksträgern aus, die Seitenleitwerke sind durch ein hoch gesetztes Höhenleitwerk miteinander verbunden. Einsatzzweck ist die bewaffnete Aufklärung; daneben dient die Bronco leichten Frachttransporten oder Ambulanzflügen.

Typ: Rockwell OV-10A
Herkunftsland: USA
Verwendung: Aufklärungsflugzeug
Spannweite: 12,20 m
Länge: 12,67 m
Antrieb: 2 Garret T-76-G10/12 mit je 525 kW (715 PS)
max. Startmasse: 6560 kg
Höchstgeschwindigkeit: 450 km/h
Einsatzradius: 620 km
Gipfelhöhe: 7300 m
Besatzung: 2
Bewaffnung: 4 MG 7,62 mm, 1633 kg Waffenlast an 4 Unterflügelstationen

Tupolew R-6 (ANT-7)

Zweimotoriges Aufklärungsflugzeug, freitragender Tiefdecker in Ganzmetallbauweise (Erstflug 11.09.1929). Bis 1932 wurden 45 Einheiten der Aufklärer-Version des Mehrzweckflugzeugs ANT-7 gebaut. Nach ihrer militärischen Dienstzeit waren viele der Maschinen zivil weiter in Gebrauch. Berühmt wurde der Nordpol-Überflug Gromows mit einer ANT-7 am 5. Mai 1937.

Typ: Tupolew R-6 (ANT-7)
Herkunftsland: Sowjetunion
Verwendung: Aufklärungsflugzeug
Spannweite: 23,20 m
Länge: 15,06 m
Antrieb: 2 12-Zylinder-Reihenmotoren M-17F mit je 526 kW (715 PS) Startleistung
max. Startmasse: 6472 kg
Höchstgeschwindigkeit: 230 km/h
Reichweite: 800 km
Gipfelhöhe: 4900 m
Besatzung: 3–4
Bewaffnung: 5 MG 7,62 mm, 500 kg Bomben

Militärische Transportflugzeuge

Militärische Transportflugzeuge

Militärische Transportaufgaben unterscheiden sich in manchen Belangen stark von den Bedürfnissen des zivilen Transports: So wird man beispielsweise beim Transport von Soldaten und Fallschirmjägern nicht auf Passagierkomfort achten können. Transportflugzeuge, die im Kampfgebiet eingesetzt werden, sind in der Regel bewaffnet. Für die Erdkampfunterstützung hat man sogar Transportflugzeuge zu regelrechten Gunships umgerüstet und ihnen eine eigenständige taktische Aufgabe zugewiesen. In manch anderer Hinsicht sind die Grenzen zwischen militärischem und zivilem Transport fließend. So nimmt es nicht Wunder, dass oft ein und derselbe Flugzeugtyp in beiden Sektoren der Luftfahrt eingesetzt wird und militärische Großraumtransporter sich auch bei humanitären Einsätzen bewähren.

Aeritalia G.222

Zweimotoriges Militär-Transportflugzeug in Hochdecker-Auslegung mit STOL-Fähigkeit (Erstflug am 18.07.1970). Die einzelnen Teile der Maschine stammten von verschiedenen italienischen Herstellern, die Endmontage fand bei Aeritalia in Neapel statt. 108 Exemplare wurden in mehreren Versionen (u. a. für den Export) gebaut, hauptsächlich für die italienische Luftwaffe, wo die Maschine 1978 in den Truppendienst eingeführt wurde.

Typ: Aeritalia G.222
Herkunftsland: Italien
Verwendung: Transportflugzeug
Spannweite: 28,70 m
Länge: 22,70 m
Antrieb: 2 General Electric T-64-GE-P4D mit je 2536 kW (3448 PS)
max. Startmasse: 26 500 kg
Höchstgeschwindigkeit: 540 km/h
Reichweite: 1260 bis 4940 km
Gipfelhöhe: 7620 m
Besatzung: 4
Zuladung: 44 Personen oder 8500 kg Fracht

Airbus A400M

Viermotoriger Militärtransporter. Innovative Technologien, hohe Kapazität, große Reichweite, Schnelligkeit, Luftbetankung und Einsätze von kurzen, unbefestigten Pisten ermöglichen strategische und taktische Einsätze. Nach mehrjährigem Lieferverzug erscheint die Zukunft des A400M ungewiss. Hauptproblem sind die riesigen Propellertriebwerke.

Typ: Airbus A400M
Herkunftsland: EU
Verwendung: Transportflugzeug
Spannweite: 42,40 m
Länge: 45,10 m
Antrieb: 4 TP400-D6 Turboprop mit je 8200 kW (11 150 PS)
max. Startmasse: 141 000 kg kg
Höchstgeschwindigkeit: 800 km/h
Reichweite: max. 9000 km
Gipfelhöhe: 12 120 m
Besatzung: 4–5
Zuladung: 37 000 kg oder 116 Fallschirmjäger oder 66 Krankentragen und 25 Betreuer

Airtech CN-235

Zweimotoriges Mehrzwecktransportflugzeug des spanischen Herstellers Airtech (Aircraft Technology Industries) und ein Gemeinschaftsprojekt der spanischen CASA und der indonesischen IPTN (Erstflug am 11.11.1983). Über 250 Maschinen wurden bisher gebaut. Die Version CN-235MPA ist als Marine-Patrouillenflugzeug mit 360°-Suchradar ausgerüstet.

Typ: Airtech CN-235
Herkunftsland: Spanien
Verwendung: Transportflugzeug
Spannweite: 25,81 m
Länge: 21,35 m
Antrieb: 2 General Electric CT7-9C3 mit je 1397 kW (1900 PS)
max. Startmasse: 15 800 kg
Höchstgeschwindigkeit: 460 km/h
Reichweite: 1773 km
Gipfelhöhe: 7620 m
Zuladung: 40 Personen oder 4300 kg Fracht
Bewaffnung: 2 AM-39 Exocet oder 2 Mk.46 Torpedos (Marine-Version)

Alenia C-27 Spartan

Zweimotoriges Transportflugzeug mit STOL-Fähigkeit, Schulterdecker mit konventionellem Leitwerk (Erstflug des Prototyps am 12.05.1999). Das Flugzeug wurde in Zusammenarbeit mit Lockheed Martin als Weiterentwicklung der G.222 für strategische Operationen mit kurzer und mittlerer Reichweite wie zum Beispiel Evakuierungs- und Versorgungsflüge entwickelt.

Typ: Alenia C-27A
Herkunftsland: Italien
Verwendung: Transportflugzeug
Spannweite: 28,70 m
Länge: 22,70 m
Antrieb: 2 Allison AE2100D3 mit je 3090 kW (4200 PS)
max. Startmasse: 30 000 kg
Höchstgeschwindigkeit: 565 km/h
Reichweite: bis 2500 km
Gipfelhöhe: über 8000 m
Besatzung: 3
Zuladung: 53 Personen/42 Fallschirmjäger oder 10 000 kg Fracht

Antonow An-12

Viermotoriges Militär-Transportflugzeug, Schulterdecker mit Turboprop-Antrieb (Erstflug 16.12.1956); ursprünglich parallel zur Passagiermaschine An-10 als mittelschwerer Standardtransporter der sowjetischen Luftstreitkräfte entwickelt. Die An-12 kann als Gegenstück zur amerikanischen C-130 angesehen werden. Nach Ende des Kalten Krieges wurde sie auch für zivile Transporte eingesetzt. Von 1959 bis 1973 wurden in Serie rund 1250 Maschinen hergestellt.

Typ: Antonow An-12 BP
Herkunftsland: Sowjetunion
Verwendung: Transportflugzeug
Spannweite: 38,00 m
Länge: 33,10 m
Antrieb: 4 Iwtschenko AI-20M mit je 3126 kW (4250 PS)
max. Startmasse: 61 000 kg
Höchstgeschwindigkeit: 770 km/h
Reichweite: 3600 km
Gipfelhöhe: 10 200 m
Besatzung: 5–6
Zuladung: 132 Personen/90 Soldaten oder 20 000 kg Fracht
Bewaffnung: 2 MK 23 mm

Antonow An-26

Zweimotoriges Transportflugzeug, eine Weiterentwicklung der Typen An-24 T und An-24 RT (1967). Über die große Heckladepforte können große PKWs ein- und ausfahren. Zum Absetzen von Fallschirmjägern oder Lasten aus der Luft kann die Laderampe unter den Rumpf gefahren werden. Die Maschine verfügt über einen Bordkran. Innerhalb von 30 Minuten kann sie für unterschiedliche Einsatzzwecke umgerüstet werden.

Typ: Antonow An-26
Herkunftsland: Sowjetunion
Verwendung: Transportflugzeug
Spannweite: 29,20 m
Länge: 23,80 m
Antrieb: 2 Iwtschenko AI-24WT mit je 2103 kW (2860 PS), 1 Strahltriebwerk RU 10A-30 mit 7,85 kN (800 kp) Schub
max. Startmasse: 24 000 kg
Marschgeschwindigkeit: 440 km/h
Reichweite: max. 9000 km
Gipfelhöhe: 8400 m
Besatzung: 4–5
Zuladung: 5500–6300 kg oder 39 Passagiere/30 Fallschirmjäger

BAC (Vickers) VC-10

Vierstrahliges Tank- und Transportflugzeug in Tiefdecker-Auslegung mit T-Leitwerk. Aus dem Passagierflugzeug abgeleitet, war die Tankerversion erfolgreicher und langlebiger als der Ausgangstyp. Sie wurde 1982 in Dienst gestellt. Die Tanker konnten zwei Flugzeuge gleichzeitig betanken. Noch 1994 wurden mehrere ehemals zivile VC-10 zu Tankflugzeugen umgebaut.

Typ: VC-10 C-1K
Herkunftsland: Großbritannien
Verwendung: Tank- und Transportflugzeug
Spannweite: 44,55 m
Länge: 48,36 m
Antrieb: 4 Conway RCo.43 mit je 100,1 kN (10 207 kp) Schub
max. Startmasse: 146 060 kg
Höchstgeschwindigkeit: 935 km/h
Reichweite: 11 600 km
Gipfelhöhe: 11 580 m

Bell/Boeing V-22 Osprey

Zweimotoriges Kipprotorflugzeug für militärische Anwendungen mit Doppelleitwerk und Triebwerken in drehbaren Gondeln an den Tragflächenenden (Erstflug Prototyp 19.03.1989). Das Flugzeug besitzt VTOL-Eigenschaften; es kann wie ein Hubschrauber starten und mit um 90° geschwenkten Rotoren wie ein Flugzeug weiterfliegen. Die kritische Phase ist dabei der Übergang vom Schwebeflug zum Horizontalflug. Nach einer längeren Erprobungszeit ist Ende 2005 die Serienproduktion der Versionen für USAF, Navy und Marinekorps angelaufen.

Typ: Bell/Boeing V-22
Herkunftsland: USA
Verwendung: Kipprotorflugzeug
Spannweite: 13,97 m
Rotordurchmesser: 11,58 m
Rumpflänge: 17,48 m
Antrieb: 2 Rolls-Royce AE 1107C-Liberty mit je 4586 kW (6235 PS) an schwenkbaren Gondeln
max. Startmasse: 23 495 kg (für VTOL)
Höchstgeschwindigkeit: 510 km/h
Reichweite: 1182 km
Gipfelhöhe: 7925 m
Passagiere: 24 Soldaten in Ausrüstung + 2 Besatzung

Boeing C-97 Stratofreighter

Viermotoriges Transportflugzeug, freitragender Mitteldecker (Erstflug 09.11.1944), militärisches Gegenstück zur zivilen Boeing 377. Basierend auf der Technik des B-29-Bomber wurde insbesondere die als Tanker adaptierte Version (KC-97) eine wichtige Stütze strategischer Operationen. 888 Exemplare wurden zwischen 1947 und 1958 in verschiedenen Versionen gebaut.

Typ: Boeing C-97
Herkunftsland: USA
Verwendung: Transportflugzeug
Spannweite: 43,07 m
Länge: 35,81 m
Antrieb: 4 Pratt & Whitney Wasp Major mit 2610 kW (3561 PS)
max. Startmasse: 79 379 kg
Höchstgeschwindigkeit: 604 km/h
Reichweite: 6920 km
Gipfelhöhe: 10 668 m
Passagiere: 96 ausgerüstete Personen + 4 Besatzung

Boeing C-135 Stratolifter

Vierstrahliges Transportflugzeug, freitragender Tiefdecker (Erstflug als KC-135 am 31.08.1956); als militärische Basisvariante parallel zur Boeing 707 für verschiedene Transport- und Unterstützungsaufgaben entwickelt. Die Maschinen gehören zu den dienstältesten Flugzeugen der USAF. In der Transporter-Version wurden 60 Exemplare produziert.

Typ: Boeing C-135 A (Boeing 717-157)
Herkunftsland: USA
Verwendung: Transportflugzeug
Spannweite: 39,90 m
Länge: 41,00 m
Antrieb: 4 Pratt & Whitney J57-P-59W mit je 61,2 kN (6233 kp) Schub
max. Startmasse: 125 000 kg
Höchstgeschwindigkeit: 970 km/h
Reichweite: 14 800 km
Gipfelhöhe: 10 700 m
Besatzung: 5
Zuladung: 125 Personen oder 35 000 kg Fracht

Boeing KC-135 Stratotanker

Vierstrahliges Tankflugzeug (Erstflug am 31.08.1956); militärisches Gegenstück zur zivilen Boeing 707 – von Vietnam bis Desert Storm im Einsatz. Von den 732 zwischen 1954 und 1965 gebauten Exemplaren fliegen einige Maschinen, mehrfach modernisiert, heute noch.

Typ: Boeing KC-135 E
Herkunftsland: USA
Verwendung: Tankflugzeug
Spannweite: 39,99 m
Länge: 41,53 m
Antrieb: 4 Pratt & Whitney TF-33-PW-102 mit je 80 kN (8154 kp) Schub
max. Startmasse: 148 000 kg
Höchstgeschwindigkeit: 852 km/h
Reichweite: 2400 km
Gipfelhöhe: 15 300 m
Besatzung: 4–5
Zuladung: 90,72 Tonnen Kerosin

Boeing C-17 Globemaster III

Vierstrahliges Mehrzwecktransportflugzeug (Erstflug 15.09.1991); 1995 in Dienst gestellt und seither weltweit militärisch und zu humanitären Zwecken im Einsatz. Mit Hilfe von Luftbetankung kann die Globemaster III praktisch jeden Punkt der Erde nonstop erreichen. Die Maschine soll bis 2009 weiter produziert werden.

Typ: Boeing C-17 Globemaster III
Herkunftsland: USA
Verwendung: Transportflugzeug
Spannweite: 51,75 m
Länge: 52,76 m
Antrieb: 4 Turbofans Pratt & Whitney F117-PW-100 mit je 180 kN (18 355 kp)
max. Startmasse: 265 352 kg
Höchstgeschwindigkeit: 805 km/h
Reichweite: 4500 km
Gipfelhöhe: 13 716 m
Besatzung: 3
Zuladung: 102 ausgerüstete Personen oder 70 000 kg Fracht

CASA C-212 Aviocar

Zweimotoriges Transportflugzeug in Hochdecker-Auslegung mit starrem Fahrwerk. Die Maschine eignet sich für den Einsatz auf unbefestigten Plätzen oder in unerschlossenen Gebieten. Statt Fracht können auch 25 Fallschirmjäger oder 12 Krankentragen und 4 Ärzte transportiert werden. Auch verschiedene Spezialversionen wurden gebaut.

Typ: CASA C-212-300
Herkunftsland: Spanien
Verwendung: Transportflugzeug
Spannweite: 20,40 m
Länge: 16,20 m
Antrieb: 2 Allied Signal TPE 331 10R mit je 493 kW (670 PS)
max. Startmasse: 7700 kg
Marschgeschwindigkeit: 308 km/h
Reichweite: max. 1920 km
Gipfelhöhe: 7950 m
Besatzung: 2
Zuladung: 2870 kg oder 25 Fallschirmjäger

Curtiss C-46 Commando

Zweimotoriges Transportflugzeug in Mitteldecker-Auslegung (Erstflug 26.03.1940). Die Maschine stand im Schatten der berühmten DC-3/C-47, dabei war die Curtiss Commando zu ihrer Zeit das größte zweimotorige Flugzeug der Welt. Wegen ihrer Reichweite und Robustheit wurde die Commando vor allem in Asien und im Pazifik eingesetzt.

Typ: Curtiss C-46R
Herkunftsland: USA
Verwendung: Mittelstrecken-Transportflugzeug
Spannweite: 32,92 m
Länge: 23,30 m
Antrieb: 2 Pratt & Whitney R-2800-34 Double Wasp mit je 1566 kW (2130 PS)
max. Startmasse: 22 680 kg
Höchstgeschwindigkeit: 435 km/h
Reichweite: 2897 km
Gipfelhöhe: 6700 m
Besatzung: 3–5
Zuladung: 8200 kg oder bis zu 62 Passagiere

DFS 230

Unmotorisiertes Transportflugzeug, Lastensegler in Schulterdecker-Auslegung mit stoffbespanntem Stahlrohrrumpf (Erstflug 1937). Zu Kriegsbeginn 1939 aufgrund strenger Geheimhaltung sehr erfolgreich; im weiteren Kriegsverlauf vermehrt für Versorgungs- und Sanitätsflüge verwendet, da die Kapazität von lediglich neun Soldaten sich als zu klein erwies. In unterschiedlichen Versionen wurden bis 1944 etwa 1600 Stück gebaut.

Typ: DFS 230 A-1
Herkunftsland: Deutschland
Verwendung: Lastensegler
Spannweite: 21,98 m
Länge: 11,24 m
max. Startmasse: 2100 kg
Besatzung: 2
Bewaffnung: 1 MG 7,9 mm
Passagiere: 9 Personen

Douglas C-47

Zweimotoriges Transportflugzeug, militärische Version der Douglas DC-3 (Erstflug 17.12.1935). Die C-47 (auch unter anderen Bezeichnungen) bildete das Rückgrat der US-amerikanischen Transporterflotte im 2. Weltkrieg. Auch während der Berliner Luftbrücke wurden die C-47 in großer Zahl eingesetzt.

Typ: Douglas C-47
Herkunftsland: USA
Verwendung: Transportflugzeug
Spannweite: 29,98 m
Länge: 19,66 m
Antrieb: 2 Pratt & Whitney R-1830-92 Twin Wasp mit je 895 kW (1216 PS)
max. Startmasse: 13 190 kg
Marschgeschwindigkeit: ca. 280–300 km/h
Reichweite: 2160 km
Gipfelhöhe: 7350 m
Besatzung: 4
Zuladung: bis zu 3400 kg
Bewaffnung: 3 MG 7,62 mm Minigun auf der Backbordseite (bei AC-47 Gunship I)

Douglas C-74 Globemaster

Viermotoriges Transportflugzeug, freitragender Tiefdecker (Erstflug am 05.09.1945); 1942 von der USAAF mit 50 Exemplaren als Transatlantik-Transporter in Auftrag gegeben. Aufgrund des Kriegsendes wurden nur 14 Einheiten gebaut; sie waren bis 1959 im Einsatz (u. a. während der Berliner Luftbrücke). Die Erfahrungen mit der C-74 dienten der Entwicklung der C-124 Globemaster II.

Typ: Douglas C-74
Herkunftsland: USA
Verwendung: Transportflugzeug
Spannweite: 37,86 m
Länge: 13,34 m
Antrieb: 4 Pratt & Whitney R-4360-49 mit je 2422 kW (3293 PS)
max. Startmasse: 78 000 kg
Höchstgeschwindigkeit: 500 km/h
Reichweite: 12 500 km
Gipfelhöhe: 6600 m
Besatzung: 4–5
Zuladung: 125 Personen oder 22 680 kg Fracht

Douglas C-124 Globemaster II

Viermotoriges Transportflugzeug in Tiefdecker-Auslegung (Erstflug Prototyp 27.11.1949). Die C-124 Globemaster II wurde aus der Douglas C-74 Globemaster entwickelt und zwischen 1950 und 1955 in 448 Exemplaren ausgeliefert. Für den Truppentransport wurde ein Zwischendeck eingebaut. In Südostasien erfüllte die C-124 vielfältige militärische Transport- und Versorgungsaufgaben. Sie erwies sich als kostengünstig im Betrieb und war bis 1974 im Einsatz.

Typ: Douglas C-124 C
Herkunftsland: USA
Verwendung: Transportflugzeug
Spannweite: 53,08 m
Länge: 39,62 m
Antrieb: 4 Pratt & Whitney R-4360-63A Wasp Major mit je 2800 kW (3807 PS)
max. Startmasse: 88 225 kg
Höchstgeschwindigkeit: 515 km/h
Reichweite: 6480 km
Gipfelhöhe: 5600 m
Besatzung: 8
Zuladung: 200 Personen oder 31 070 kg Fracht

Fairchild C-82 Packet

Zweimotoriges Transportflugzeug in Schulterdecker-Auslegung mit doppeltem Seitenleitwerk, das durch das Höhenleitwerk verbunden war (Erstflug am 10.09.1944). Einige Maschine wurde auch bei der Berliner Luftbrücke eingesetzt. Die Weiterentwicklung führte zur C-119.

Typ: Fairchild C-82
Herkunftsland: USA
Verwendung: Transportflugzeug
Spannweite: 32,31 m
Länge: 23,47 m
Antrieb: 2 Pratt & Whitney R-2800-85s mit je 1566 kW (2130 PS)
max. Startmasse: 24 493 kg
Höchstgeschwindigkeit: 400 km/h
Reichweite: 3440 km
Gipfelhöhe: 8230 m
Passagiere: 41 Fallschirmjäger + 5 Besatzung

Fairchild C-119 Flying Boxcar

Zweimotoriges Transportflugzeug, Hochdecker mit Rumpfgondel und doppeltem Leitwerkträger (1948); Neugestaltung der C-82 Packet mit einem aerodynamischeren Rumpfquerschnitt (Cockpit an der Bugspitze) und stärkeren Motoren. Insgesamt entstanden 1184 Einheiten verschiedener Versionen. Einige Maschinen bekamen in den 1960er-Jahren ein zusätzliches Strahltriebwerk auf dem Rumpf.

Typ: Fairchild C-119
Herkunftsland: USA
Verwendung: Transportflugzeug
Spannweite: 33,32 m
Länge: 26,36 m
max. Startmasse: 33 780 kg
Antrieb: 2 Wright R-3350-85 Duplex Cyclone mit je 2610 kW (3550 PS)
Höchstgeschwindigkeit: 476 km/h (in 5200 m)
Reichweite: 3200–3660 km
Gipfelhöhe: 6700 m
Zuladung: 62 Soldaten/35 Tragen oder 4500 kg Fracht

Fairchild AC-119 Gunship III

Zweimotoriges Kampfflugzeug zur Erdkampfunterstützung, Schulterdecker mit Doppelleitwerk; abgeleitet aus dem Transportflugzeug C-119 Flying Boxcar. Die Maschinen wurden besonders im Vietnamkrieg zur Erdkampfunterstützung eingesetzt, wobei die Bewaffnung typischerweise an einer Rumpfseite konzentriert war und das Flugzeug das Ziel umkreiste und mit „Breitseiten" bekämpfte.

Typ: Fairchild AC-119K
Herkunftsland: USA
Verwendung: Schlachtflugzeug
Spannweite: 33,30 m
Länge: 26,36 m
Antrieb: 2 Wright R-23350-89W mit je 2525 kW (3433 PS), 2 General Electric J85-GE-17 Turbojets mit je 12,8 kN (1293 kp) Schub
max. Startmasse: 36 469 kg
Höchstgeschwindigkeit: 402 km/h
Reichweite: 3186 km
Besatzung: 4–8
Bewaffnung: 2 MK 20 mm, 4 MG 7,62 mm

Fairchild C-123 Provider

Zweimotoriges Transportflugzeug in Schulterdecker-Auslegung (Erstflug Prototyp am 14.10.1949); später, zwischen 1955 und 1968, mit zwei zusätzlichen Strahltriebwerken zum Modell C-123 K aufgerüstet. Insgesamt wurden 320 Exemplare gebaut, die von 1955 bis 1979 in Dienst standen, unter anderem auch als Rettungsflugzeug der Küstenwache.

Typ: Fairchild C-123
Herkunftsland: USA
Verwendung: Transportflugzeug
Spannweite: 33,53 m
Länge: 23,09 m
Antrieb: 2 Pratt & Whitney R-2800-99W mit je 1864 kW (2534 PS)
max. Startmasse: 27 240 kg
Höchstgeschwindigkeit: 394 km/h
Reichweite: 3380 km
Gipfelhöhe: 7300 m
Besatzung: 2
Zuladung: 13 000 kg oder 62 Personen

General Aircraft Hamilcar

Unmotorisierter Lastensegler, durch Fahrwerkstreben abgestützter Schulterdecker(Erstflug Prototyp 27.03.1942). Konzipiert wurde die Hamilcar als Fahrzeug- und Lastentransporter mit der Kapazität für einen 7-Tonnen-Kleinpanzer oder zwei Jeeps eigens für die Landung in der Normandie. Allein während des „D-Day" kamen rund 70 der insgesamt 412 hergestellten Exemplare zum Einsatz. Einige Maschinen wurden mit 2 Motoren Bristol Mercury 31 zur Startunterstützung ausgestattet.

Typ: General Aircraft GAL 49
Herkunftsland: Großbritannien
Verwendung: Lastensegler
Spannweite: 33,53 m
Länge: 20,73 m
max. Startmasse: 16 329 kg
Höchstgeschwindigkeit: 241 km/h
Reichweite: bis zu 2700 km
Besatzung: 2
Zuladung: 40 Personen oder 8000 kg Fracht

Junkers Ju 52

Dreimotoriges Transportflugzeug, freitragender Tiefdecker in Ganzmetallbauweise. Neben der zivilen Version wurden schon vor dem 2. Weltkrieg militärische Anwendungen der Ju 52 gefertigt und eingesetzt. Im Spanischen Bürgerkrieg 1936–39 wurde sie von der Legion Condor als Behelfsbomber und Kampfflugzeug für Nachteinsätze genutzt. Dafür erhielt sie MG-Stände und Vorrichtungen für den Abwurf von 1500 kg Bomben. Im 2. Weltkrieg bildete die Ju 52 das Rückgrat der Transportflotte der deutschen Luftwaffe.

Typ: Junkers Ju 52/3m g53
Herkunftsland: Deutschland
Verwendung: Transportflugzeug
Spannweite: 29,95 m
Länge: 19,90 m
Antrieb: 3 BMW 132 T mit je 610 kW (830 PS)
max. Startmasse: 10 500 kg
Höchstgeschwindigkeit: 305 km/h
Reichweite: 1300 km
Gipfelhöhe: 5500 m
Besatzung: 3
Bewaffnung: 1 MG 13 mm (Cockpit), 2 MG 7,92 mm in den Seitenfenstern

Junkers Ju 352

Dreimotoriges Transportflugzeug, freitragender Tiefdecker in Gemischtbauweise, die wegen des zunehmenden Mangels an strategischen Rohstoffen wie Aluminium angewandt werden musste (Erstflug am 01.10.1943). Bis zum endgültigen Baustopp für mehrmotorige Flugzeuge im Herbst 1944 wurden 44 Maschinen fertiggestellt; die meisten flogen in der Großraum-Transportgruppe der Luftflotte Reich.

Typ: Junkers Ju 352
Herkunftsland: Deutschland
Verwendung: Transportflugzeug
Spannweite: 34,21 m
Länge: 24,60 m
Antrieb: 3 Bramo 323B-2 mit je 735 kW (1000 PS)
max. Startmasse: 19 600 kg
Marschgeschwindigkeit: 240 km/h
Reichweite: 1700 km
Gipfelhöhe: 6000 m
Besatzung: 3
Bewaffnung: 2 MG 151/20 im Drehturm auf dem Rumpfrücken

Junkers Ju 290

Viermotoriges Transportflugzeug, freitragender Tiefdecker mit doppeltem Seitenleitwerk (Erstflug am 16.07.1942). Die Maschine stellt eine Weiterentwicklung der zivilen Ju 90 für militärische Einsätze dar; die ersten ausgelieferten Maschinen wurden bereits bei der Luftversorgung Stalingrads eingesetzt. Die Maschinen der Serie A-5 erhielten als See- und Fernaufklärer Abwurfbewaffnung.

Typ: Junkers Ju 290 A-5
Herkunftsland: Deutschland
Verwendung: Transportflugzeug, Seeaufklärer
Spannweite: 42,00 m
Länge: 28,64 m
Antrieb: 4 BMW 801 D-2 mit je 1250 kW (1700 PS) Startleistung
max. Startmasse: 44 970 kg
Marschgeschwindigkeit: 360 km/h
Reichweite: 6150 km
Gipfelhöhe: 6010 m
Besatzung: 5–6
Bewaffnung: 2 Drehtürme mit jeweils MG 151, je 1 MG 151 im Heck, 2 in Seitenfenstern, 1 vorn unter der Kanzel

Kawasaki C-1

Zweistrahliges Transportflugzeug, Hochdecker mit gepfeilten Tragflächen und T-Leitwerk (Erstflug 12.11.1970). Die Flugzeuge sollten bei den japanischen Selbstverteidigungskräften die veralteten Curtiss C-46 ablösen. Die Beladung mit sperrigen Gütern erfolgte über eine Heckrampe.

Typ: Kawasaki C-1A
Herkunftsland: Japan
Verwendung: Transportflugzeug
Spannweite: 30,60 m
Länge: 29,00 m
Antrieb: 2 Pratt & Whitney JT8D-9 mit je 64,5 kN (7580 kp) Schub
max. Startmasse: 45 000 kg
Marschgeschwindigkeit: 685 km/h
Reichweite: 3350 km
Gipfelhöhe: 12 000 m
Besatzung: 5
Zuladung: 60 voll ausgerüstete Soldaten oder 45 Fallschirmjäger (max. 11 900 kg)

Lissunow Li-2

Zweimotoriges Transportflugzeug in Tiefdecker-Auslegung; sowjetische Lizenzfertigung (seit 1938) der Douglas DC-3. Seit 1943 wurden militärische Ausführungen in Serie gebaut. Neben Transportaufgaben erfüllte die Li-2WW (Wojenny Wariant) auch Funktionen als Frontbomber.

Typ: Lissunow Li-2WW
Herkunftsland: Sowjetunion
Verwendung: Transportflugzeug
Spannweite: 28,83 m
Länge: 19,65 m
Antrieb: 2 M-62IR mit je 735 kW (1000 PS)
max. Startmasse: 1535 kg
Höchstgeschwindigkeit: 270 km/h
Reichweite: 2600 km
Gipfelhöhe: 5600 m
Besatzung: 1–2
Bewaffnung: 3 MG 7,62 mm, 1 MG 12,7 mm, 1000–2000 kg Bomben oder Raketen

Lockheed C-130 Hercules

Viermotoriges Transportflugzeug (Erstflug Prototyp 23.08.1954). Mit über 40 Versionen (neben Transportaufgaben als Tanker, Seenotrettungsflugzeug, Wetter- und Überwachungsflugzeug und fliegende Feuerwehr) gehört es zu den am meisten gebauten und am vielseitigsten einsetzbaren Flugzeugen der Welt.

Typ: Lockheed C-130 H
Herkunftsland: USA
Verwendung: Transportflugzeug
Spannweite: 40,40 m
Länge: 29,80 m
Antrieb: 4 Propellerturbinen Allison T56-A-15 mit Turbolader mit je 3160 kW (4300 PS)
max. Startmasse: 79 380 kg
Höchstgeschwindigkeit: 618 km/h
Reichweite: 8120 km
Gipfelhöhe: 8070 m
Besatzung: 5
Zuladung: 19 350 kg Fracht oder 128 ausgerüstete Soldaten/92 Fallschirmjäger

Lockheed AC-130

Modifiziertes Transportflugzeug, Waffenplattform auf der Basis der C-130. Die Transportmaschinen wurden mit Minigun-Maschinengewehren und mehrläufigen Maschinenkanonen ausgerüstet, um Ziele zu umkreisen und dabei mit „Breitseiten" zu bekämpfen.

Typ: Lockheed AC-130A
Herkunftsland: USA
Verwendung: Transportflugzeug, Gunship
Spannweite: 40,41 m
Länge: 29,79 m
Antrieb: 4 Allison T56-A-7 mit je 3020 kW
max. Startmasse: 70 300 kg
Marschgeschwindigkeit: 590 km/h
Reichweite: 2400 km
Gipfelhöhe: 7570 m
Besatzung: 13
Bewaffnung: 2 MK 40 mm, 2 MK 20 mm, 4 MG 7,62 mm Minigun (Granatwerfer 105 mm bei AC-130H, Kanone 25 mm bei AC-130U)

Lockheed C-141 Starlifter

Vierstrahliger strategischer Transporter (Erstflug am 17.12.1963); Nachfolger der Propellermuster der USAF. Über eine Heckladerampe können sperrige und große Lasten an Bord genommen, aber auch – ebenso wie Fallschirmjäger – im Flug abgesetzt werden. Am 16.09.2004 verabschiedete die USAF ihre letzten beiden Transporter der Version C-141B.

Typ: Lockheed C-141A
Herkunftsland: USA
Verwendung: Transportflugzeug
Spannweite: 48,80 m
Länge: 44,20 m
Antrieb: 4 Pratt & Whitney TF-33P7 mit je 91 kN (9280 kp) Schub
max. Startmasse: 143 600 kg
Höchstgeschwindigkeit: 919 km/h
Reichweite: 6566 km
Gipfelhöhe: 10 970 m
Besatzung: 5
Zuladung: 28 800 kg Fracht oder 155 ausgerüstete Soldaten/ 123 Fallschirmjäger/80 Tragen

Lockheed C-5 Galaxy

Vierstrahliges Transportflugzeug, freitragender Schulterdecker mit einem T-Leitwerk (Erstflug Prototyp am 30.06.1968), bis 1982 das größte Flugzeug der Welt. Die Zelle hat zwei Decks, die variabel für Passagier- oder Frachttransport oder in Kombination beider Formen verwendet werden können. 1972 wurde der Bau nach acht Versuchsmustern und 81 Serienflugzeugen zunächst eingestellt. 1985 erschien dann die in Tragwerk und Avionik verbesserte C-5B (Erstflug 10.09.1985). Dank umfangreichen Modernisierungsprogrammen bleiben die Galaxy C-5B/C noch bis 2040 im Dienst der USAF.

Typ: Lockheed C-5B
Herkunftsland: USA
Verwendung: Transportflugzeug
Spannweite: 67,90 m
Länge: 75,50 m
max. Startmasse: 380 000 kg
Antrieb: 4 General Electric TF39-GE-1C mit je 195 kN (19 880 kp)
Höchstgeschwindigkeit: 932 km/h
Reichweite: 4440 km
Gipfelhöhe: 11 000 m
Besatzung: 4–8
Zuladung: max. 131 000 kg oder 345 voll ausgerüstete Soldaten

Messerschmitt Me 321 Gigant

Unmotorisierter Lastensegler, abgestrebter Schulterdecker (Erstflug März 1941). Das Flugzeug wurde in Vorbereitung auf das Unternehmen „Seelöwe", die beabsichtigte Invasion Großbritanniens, 1940 entwickelt. Es konnte einen Panzer P IV oder 200 ausgerüstete Soldaten aufnehmen. Da zunächst keine geeigneten Schleppflugzeuge zur Verfügung standen, ließ man die Me 321 von drei Messerschmitt Bf 110 schleppen; wenn eine der drei Schleppmaschinen beim Start ein Problem bekam, drohte das gesamte Gespann abzustürzen. Später wurde das speziell konstruierte Schleppflugzeug He-111 Z verwendet.

Typ: Messerschmitt Me 321
Herkunftsland: Deutschland
Verwendung: Lastensegler
Spannweite: 55,00 m
Länge: 28,15 m
max. Startmasse: 34 400 kg
Marschgeschwindigkeit: 180 km/h
Besatzung: 3
Bewaffnung: 2–4 MG 15

Nord Aviation N 2501 Noratlas

Zweimotoriges Transportflugzeug, freitragender Hochdecker mit Doppelleitwerk (Erstflug 30.11.1950). Die Maschine sollte die Douglas C-47 ersetzen. Dank der großen Heckladeklappe konnten auch sperrige Lasten befördert werden. Die Noratlas wurde in den Luftstreitkräften vieler Staaten eingesetzt, u. a. auch als Kampfzonentransporter und zum Absetzen von Fallschirmspringern.

Typ: Nord Aviation N 2501
Herkunftsland: Frankreich
Verwendung: Transportflugzeug
Spannweite: 32,50 m
Länge: 21,96 m
Antrieb: 2 SNECMA Hercules 730 mit je 1500 kW (2040 PS)
max. Startmasse: 22 000 kg
Höchstgeschwindigkeit: 440 km/h
Reichweite: 2500 km
Gipfelhöhe: 7500 m
Besatzung: 5
Zuladung: 45 Passagiere oder 8458 kg Fracht

Transall C-160

Zweimotoriges militärisches Transportflugzeug in Hochdecker-Auslegung (Erstflug 25.02.1963). Die Transall, entwickelt als deutsch-französisches Gemeinschaftsprojekt, ist seit 1968 im Dienst – viel länger als ursprünglich vorgesehen. Während dieser Zeit wurden immer wieder Modernisierungen und Verstärkungen vorgenommen. 2010 soll die Transall durch den Airbus A400M ersetzt werden.

Typ: Transall C-160
Herkunftsland: Deutschland, Frankreich
Verwendung: Transportflugzeug
Spannweite: 40,00 m
Länge: 32,40 m
Antrieb: 2 Rolls-Royce Tyne 20 MK 22 mit je 4222 kW (5740 PS)
max. Startmasse: 49 150 kg
Höchstgeschwindigkeit: ca. 513 km/h
Reichweite: max. 1850 km
Gipfelhöhe: 8230 m
Besatzung: 5
Zuladung: 16 000 kg oder max. 96 Personen

Register

Glossar

Allgemeine Luftfahrt – engl. General Aviation (GA), zivile, überwiegend private Luftfahrt (private und kommerzielle Flüge einschließlich Rettungshubschrauber u. Ä.); der gesamte zivile Luftverkehr mit Ausnahme des Linien- und Charterverkehrs durch die Fluggesellschaften. Sie umfasst Flugbewegungen, die sowohl als Sichtflüge als auch nach den Regeln für Instrumentenflüge im kontrollierten wie im unkontrollierten Luftraum durchgeführt werden. Nach Anzahl der Luftfahrtgeräte und Flugbewegungen (nicht aber nach Passagier- und Frachtaufkommen) ist die Allgemeine Luftfahrt das größte Segment der zivilen Luftfahrt.

APU – Auxiliary Power Unit = Versorgungsaggregat, das in der Regel elektrische Energie und gegebenenfalls auch Druckluft oder Hydraulikdruck zum autarken Betrieb der Flugzeugausrüstung am Boden liefert, ohne dass die Haupttriebwerke dafür laufen müssen.

ATPL-Lizenz – Abkürzung für Airline Transport Pilot Licence (dt.: Lizenz für Verkehrspiloten), wird in Deutschland vom Luftfahrt-Bundesamt Braunschweig ausgestellt und berechtigt zum gewerblichen Führen von Flugzeugen und Hubschraubern als verantwortlicher Pilot.

BOAC – British Overseas Airways Corporation, 1937 entstandene britische Luftfahrtgesellschaft, aus der 1974 nach Fusion mit der British European Airways die British Airways entstand.

Canards – sogenannte „Entenflügel" bzw. Bauweise eines Flugzeugs als „Entenflugzeug" (nach dem französischen Wort für Ente) mit weit nach hinten verlagertem Haupttragwerk und vor die Tragflächen an den Rumpfbug vorgezogenem Höhenleitwerk.

ECM – Abkürzung für Electronic Counter Measures (Elektronische Gegenmaßnahmen); Mittel der elektronischen Kampfführung unter Nutzung des elektromagnetischen Spektrums, das dessen Nutzung durch einen Gegner verhindern oder stören soll bzw. dazu dient, den Gegner zu täuschen.

EFIS – Abkürzung für Electronic Flight Instrument System (Elektronisches Fluginformationssystem).

EICAS – Abkürzung für Engine Indication and Crew Alerting System; elektronisches System zur Triebwerksüberwachung.

FAA – Abkürzung für Federal Aviation Administration, die Luftfahrtaufsichtsbehörde der USA.

FAI – Fédération Aéronautique Internationale, internationale nichtstaatliche und nichtkommerzielle Organisation für Luft- und Raumfahrt, die Rekordleistungen dokumentiert und kontrolliert.

Glascockpit – umgangssprachliche Bezeichnung für ein Elektronisches Fluginformationssystem, dessen Anzeigen in Bildschirmen (daher der Name) integriert sind.

Hochdecker – wird ein Flugzeug genannt, wenn die Tragfläche über der Rumpfoberkante angebracht ist.

ICAO – International Civil Aviation Organisation, mit Sitz in Montreal, 1944 durch Übereinkommen über die internationale Zivilluftfahrt gegründet.

IFR – das Führen eines Flugzeugs nach den Regeln des Instrumentenflugs (Instrument Flight Rules).

Kobra-Manöver – steiles Aufrichten der Nase im Steigflug mit schlagartiger Erhöhung des Luftwiderstands, momentanes „Stehen" in der Luft, anschließend Abfangen des heckseitigen Absackens mit Bug in Flugrichtung, Beschleunigen und Übergang in den Horizontalflug.

Lichtensteingerät – Radargerät, das deutsche Nachtjäger während des 2. Weltkriegs seit 1942 mitführten.

Mitteldecker – wird ein Flugzeug genannt, wenn die Tragfläche mittig am Rumpf angeordnet ist.

NVA – Abkürzung für Nationale Volksarmee; die Streitkräfte der DDR (1956–1990).

Parasol-Hochdecker – Flugzeug, bei dem sich der Tragflügel – wie ein Baldachin – über dem Pilotensitz befindet.

RAF – Royal Air Force, Bezeichnung für die Luftstreitkräfte Großbritanniens. Neben der RAF verfügten auch die Royal Navy (Fleet Air Arm) und die Army über Fliegerkräfte.

RLM – Abkürzung für Reichsluftfahrtministerium, 1933–1945 oberste Behörde für die Belange der zivilen und militärischen Luftfahrt in Deutschland.

SAR – Abkürzung für Search and Rescue (suchen und retten), Such- und Rettungsdienst bei der Luft- und Seefahrt.

Schräge Musik – Pilotenjargon: Deutsche zweimotorige Nachtjäger des 2. Weltkriegs besaßen zwei 20- oder 30-mm-Kanonen, die hinter der Kanzel im Winkel von 65° bis 80° schräg nach oben schossen. Sie ermöglichten von unten her den Angriff auf britische Bombenflugzeuge in deren totem Abwehrwinkel .

Schulterdecker – wird ein Flugzeug genannt, wenn die Tragfläche unterhalb der Augenhöhe des Piloten, aber über dem Rumpf angeordnet ist.

STOL – Abkürzung für Short Take-off and Landing (Kurzstart und -landung).

STOVL – Abkürzung fürt Short Take-off and Vertical Landing (Kurzstart und Senkrechtlandung).

Tiefdecker – wird ein Flugzeug genannt, wenn die Tragfläche an der Unterseite des Rumpfes angeordnet ist.

TNT – Abkürzung für Trinitrotoluol, Sprengstoff, der als Vergleichsmedium für die Wirkung von Explosivstoffen herangezogen wird (sog. TNT-Äquivalent).

Transition – Übergang vom Vertikal- in den Horizontalflug und umgekehrt bei senkrecht startenden und/oder landenden Flugzeugen.

USAAC – United States Army Air Corps, 1926–1941 Bezeichnung für die USAF.

USAAF – United States Army Air Force, 1941–1947 Bezeichnung für die USAF.

USAF – United States Air Force, Luftstreitkräfte der USA. Neben der USAF verfügen auch die Navy, die Army, das Marine Corps, die Coast Guard und die National Guard über bedeutende Flotten von Flugzeugen und Hubschraubern.

VSTOL – Abkürzung für Vertical Short Take-off and Landing (Senkrecht-Kurzstart und Senkrechtlandung).

VTOL – Abkürzung für Vertical Take-off and Landing (Senkrechtstart und Senkrechtlandung).

Warschauer Vertrag – Militärbündnis kommunistisch regierter Staaten unter Führung der Sowjetunion (1955–1991); im Westen auch Warschauer Pakt genannt.

Wasserstoffantrieb – alternatives Treibstoffkonzept zum Ersatz von Kerosin. Bereits 1957 wurde eine Martin B-57 versuchsweise mit Wasserstoff angetrieben.

WPS – Wellen-PS: Leistung einer Propeller- oder Gasturbine, gemessen an der Welle, wobei der Restschub unberücksichtigt bleibt.

Literatur und Websites

Angelucci, Enzo: Flugzeuge – 1000 Maschinen aus aller Welt mit sämtlichen technischen Daten vom ersten Fluggerät bis zum Überschalljet, Wiesbaden/Stuttgart 1974

Barker, Ralph: Die R.A.F. im Krieg, Eltville 1993

Bowen, Ezra: Kampfflieger des Ersten Weltkriegs, Eltville 1993

Bukowski, Helmut und Manfred Griehl: Junkersflugzeuge 1933–1945. Bewaffnung – Erprobung – Prototypen, Friedberg 1991

Dabrowski, Hans-Peter: Deutsche Nurflügel bis 1945, Wölfersheim-Berstadt 1995

Endres, Günter und Mike Gething: Taschenhandbuch Flugzeugtypen, zivil – militärisch – weltweit, Königswinter 2004

Endres, Günter: Das große Buch der Passagierflugzeuge, Dietikon-Zürich 2000

Enzyklopädie der Flugzeuge. Technik – Modelle – Daten, Augsburg 1994

Grant, R. G.: Fliegen – Die Geschichte der Luftfahrt, Starnberg 2003

Kopenhagen, Wilfried und Jochen K. Beeck: Das große Flugzeug-Typenbuch, Stuttgart 2005

Kopenhagen, Wilfried: Das große Flugzeug-Typenbuch, Berlin 1990

Kreuzer, Helmut: Moderne Verkehrsflugzeuge. Geschäftsreisejets, Erding 2003

Miller, Russell: Die Sowjetunion im Luftkrieg, Eltville 1993

Müller, Claudio: Flugzeuge der Welt – 2004, Stuttgart 2004

Müller, Claudio: Flugzeuge der Welt – 2005, Stuttgart 2005

Munson, Kenneth: Bomber – Patrouillen- und Transportflugzeuge 1919–1939, Zürich 1971

Niccoli, Riccardo: Flugzeuge – Die wichtigsten Flugzeugtypen der Welt, Klagenfurt 2003

Nowarra, Heinz J.: Die deutsche Luftrüstung 1933–1945, Koblenz 1993

Reynolds, Clark G.: Die Flugzeugträger, Eltville 1993

Rolfe, Douglas und Alexis Dawydoff: Vom Drachen bis zum Jumbo-Jet – 1165 Flugzeugtypen von den Anfängen bis heute, Stuttgart 1972

Sharpe, Michael: Angriffs- und Abfangjäger, Bindlach 2000

Walker, Bryce: Düsenjäger und -bomber, Eltville 1993

Winchester, Jim: Kampfflugzeuge – Die besten Jäger und Jagdbomber der Welt von 1914 bis heute, London o. J.

http://jnpassieux.chez-alice.fr/html/AirEspace.php
http://koi.legion.wplus.net/guide/air/index.shtml
http://wikipedia.de
http://www.af.mil
http://www.aircraft-archiv.de
http://www.airliners.de/wissen/flugzeuglexikon
http://www.airwar.ru
http://www.aviafrance.com
http://www.bredow-web.de
http://www.globalaircraft.org
http://www.heliport.de/heliport.html
http://www.jetfighters.dk
http://www.warbirdalley.com

Bildnachweis

AERO Vodochody a.U Letiste, Czech Republic: 21 u.
AeroAuctioneer, Neufra/Riedlingen: 103 u. l.
Airbus S.A.S., Cesson Sévigné, France: 5 8. Bild v. o., 15, 26 M., 27 o., 234/235, 236 u.
AirNikon, airliners.net: 21 o., 198 M.
Airport Brussels, Belgium: 99 u.
Airport Journals, Main, U.S.A.: 76 o.
AirTran Airways, airtran.com: 44 u.
andis-hangar.com: 159 o., 200 M.
Archiv Fred Müller-Romminger, Bad Reichenhall: 151 o.
Archiv-Fliegerrevue, Berlin: 32 u., 36 o., 36 u., 60 o.
Beechcraft Vertrieb & Service GmbH, Augsburg: 37 o., 37 u.
Olaf Bichel, München: 197 o., 197 u., 242 o.
Bildarchiv AirKraft, Mainz: 5 7. Bild v. o., 8, 9 l., 31 o., 33 u., 39 u., 40 o., 41 M., 47 u. l., 51 o., 52 u., 53 o., 55 u., 57 o., 58 o., 68 u., 69 o., 72 o., 85 u. l., 88 M., 88 u., 98 o., 115 o., 115 u., 118 o., 120 o., 127 u., 128 o., 128 u., 129 u., 149 o., 171 u., 187 M., 201 o., 207 o., 210 o., 213 o., 215 u., 216/217, 218, 220 o., 220 u., 223 u. r., 224 u., 225 o., 227 u., 233 u.
Detlef Billig, Berlin: 28 u., 30 u., 35 u., 48 u., 54 o., 68 o., 84 u., 88 o., 177 o. r.
boeing.com, U.S.A.: 45 u.
Images provided courtesy of Bombardier Inc., Montreal, Canada: 46 o., 46 u., 47 o., 49 u., 76 u., 77 o., 77 u.
Boulton Paul Association, United Kingdom: 171 M.
Nico Braas, Almere-Buiten, Netherlands: 99 o., 111 u., 119 o., 124 o., 125 u., 140 M., 146 u., 148 o., 148 u., 177 u., 180 M., 186 u., 190 u., 200 M., 219 o., 220 M., 225 u., 243 o., 246 o., 247 o., 251 o.
Antonio Camarasa, airliners.net: 90 o.
Michael Carter, airliners.net: 123 o.
Cessna Aircraft Company, Wichita, U.S.A.: 50 o., 50 M., 50 u.
Dassault Falcon Jet Corp., South Hackensack, U.S.A.: 52 o.
Deutsches Wehrkundearchiv, Herford: 11 o. l., 11 o. r., 11 u., 28 o., 34 o., 34 M., 38 M., 38 u., 63 M., 63 u., 64 o., 64 u., 69 u., 73 u., 83 o., 95 u., 105 u., 106 u., 114 o., 114 u., 121 o., 121 u., 122 u., 127 o., 132 o., 133 o., 133 u., 136 o., 136 M., 140 o., 146 M., 147 o., 147 u., 150 o., 150 M., 154 o., 158 o., 158 u., 160 M., 160 u., 164 o., 165 u., 169 o., 169 M., 169 u., 170 u., 182 u., 187 o., 191 o., 196 u., 202 o., 209 u., 219 M., 219 u., 221 u., 225 M., 232 o.
Frank Doering, flugzeugbilder.de: 48 o.
Paul Dopson, airliners.net: 30 o.
Ralph Duenas, airlinespotters: 21 M.
Ron Dupas, 1000aircraftphotos.com: 140 u., 144 u., 146 o., 181 u., 194 o.
Dutch Airforce, Netherlands: 102 o.
EADS Deutschland GmbH, München: 60 u.
edcotescollection.com, Foto: Courtesy of Geoff Goodall: 105 M.
EL AL-Airlines,elal.co.il: 44 M.
Embraer S.A., São José dos Campos, Brasil: 61 o., 61 M., 61 u., 62 o., 62 u., 63 o.
Leonid Faerberg, airliners.net: 117 o.
Federal Aviation Administration Fairbanks ATCT, Alaska, U.S.A.: 152 u.
Richard Ferriere, airliners.net: 90 u.
Flap International, Brasil: 25 u. l.
Flughafen Dresden GmbH, Dresden: 20
Flugzeugbau Rolf Helmrich, Großpösna: 98 u.
Foto Galerie Koninklijke Marine, Den Haag, Netherlands: 223 o.
Fotograf unbekannt: 144 M.
Stephen Galea, jetpilot.dk: 13 l., 101 u., 143 o., 184 o., 188 u., 198 u., 240 u.
Bob Garrard, airliners.net: 51 u., 82 o., 83 u.
U. Grüschow, Berlin: 133 M., 143 u., 212 u., 237 o.
Gulfstream Aerospace Corporation, Dallas/Texas, U.S.A.: 66 u., 67 o.
Gareth Hector, hyperscale.com: 187 u.Hans Rolink, Scheemda, Netherlands: 84 o.
Werner Horvath, airliners.net: 139 o., 173 o., 177 o. l., 179 u., 180 u., 186 o., 237 u.
Richard Hunt, airliners.net: 120 u.
Iljuschin Aircraft, Moscow, Russia: 227 o. l.
Interlake International Pilot Training, Manitoba, Canada: 86 o.
iwmcollectionsmorg.uk: 202 u. r.
JSADF, Japan: 232 u.
Junkers Bildarchiv, S+P Media AG, München: 73 o., 72 u., 105 o., 228 o.
Stefan Kessler, airliners.net: 106 o.
Eberhard Kirschner, Glattbrugg, Switzerland: 190 o., 199 u., 211 o., 212 o., 241 u. l., 245 u., 251 M.
Kogo, wikipedia.org: 107 o.
Manfred Kretzschmar, Berlin: 38 o.
W.T. Larkins, 1000aircraftphotos.com: 125 M.
D. Lausberg, jetphotos.de: 238 u., 241 o., 249 o., 250 u., 251 u.
Phil Lee of First Air, U.S.A.: 34 u.
Ruud Leeuw, ruudleeuw.com: 70 o.
Joachim Lippl, airliners.net: 109 u.
Brian Lockett, Goleta Air & Space Museum, U.S.A.: 226 o.
Lockheed Aeronautics Company, Wichita, U.S.A.: 193 o., 193 u.
luftarchiv.de: 39 o.
Lufthansa-Archiv, Frankfurt: 14, 41 u., 42 o., 43 u., 49 M., 74 o., 75 u. l.
Chris Makerson, airliners.net: 123 u.
Rolf Manteufel, www.planeboys.de: 27 u.
Alfredo la Marca, airliners.net: 119 u. r.
Andy Martin, jetphotos.net: 49 o.
Jean Martorell, airliners.net: 119 u. l.
Frank Mink, airliners.net: 5 3. Bild v. o., 96/97
Mitteldeutscher Rundfunk, Leipzig: 102 u.
Motivschmiede, Kassel: 9 r., 56 o., 74 u., 75 o., 79 o., 100 o., 125 o., 188 o.
Darren Mottram, airliners.net: 54 u. r.
NASA, Washington DC, U.S.A.: 13 r., 16, 17, 139 u., 226 u.
U. Noble, United Kingdom Flying Displays and Museum, United Kingdom: 144 o.
Grzesiek Okruszek, airliners.net: 110 o.
Old Rhinebeck Aerodrome, Rhinebeck/NY, U.S.A.: 100 M.
PAN-AM Airlines History, U.S.A.: 40 u., 41 o.
Den Pascoe, airliners.net: 126 o.
Yevgeny Pashin, airliners.net: 117 u.
Pegase.tv, La Haye Fouassière, France: 79 u.
Adrian Pingstone, airliners.net: 95 o., 164 u.
Gerhard Plomitzer, airliners.net: 33 o., 47 u. r., 53 u., 54 u. r., 67 u., 81 o., 94 o., 94 u., 95 M., 138 u., 142 M., 145 u., 151 u., 159 u., 170 o., 174 u., 175 u., 176 o., 176 u., 178 o., 178 M., 178 u., 179 o., 180 o., 183 u., 185 o., 185 u., 189 u., 192 o., 192 M., 195 u. l., 196 o., 199 o., 200 u., 205 o., 206 u., 209 o., 215 o., 223 u. l., 227 o. r., 230 o., 230 u., 239 o., 246 u., 250 o.
Polskie Zaklady Lodnice Sp.z.o.o., Mielec, Poland: 87 u. r.
Pressestelle Berliner Flughäfen: 12
Pressestelle Berliner Flughäfen, Foto: G. Wicker: 5 2. Bild v. o., 18/19
Pressestelle Berliner Flughäfen, Foto: L. Schönfeld: 10 r., 43 o., 43 M., 56 M., 70 u., 78 u. l., 80 u., 82 M., 122 o.
Fred Quackenbusch, airliners.net: 124 u.
Patrick Ranfranz, charleslindbergh.com, U.S.A.: 111 o.
Raytheon Company, Waltham, U.S.A.: 36 M.
Sergey Riabsev, airliners.net: 87 o.
Ian Robertson, airliners.net: 202 u. l.
Royal Air Force (RAF) Museum, United Kingdom: 132 u., 158 M.
Russian Aircraft Corporation MiG, Moscow, Russia: 189 o., 200 o.
Russian Aviation Museum, Moscow, Russia: 75 u. r., 91 o., 91 u., 104 u., 116 u., 149 M., 154 u., 156 u., 191 u., 198 o.
Saab AB, Photographer: Ingemar Thuresson, Sweden: 207 u.
saab-club.com: 157 u.
Jerry Search, airliners.net: 126 u.
Sukhoi Company (JSC), Moscow, Russia: 89 o., 89 u.
The Beijing Aviation Museum, China: 116 o.
Thorbjörn Brunander Sund, Danish Aviation Photo, airliners.net: 110 u.
Peter Tonna, airliners.net: 78 u. r.
Tupolew Aviation, Moscow, Russia: 93 u.
UK Flying Displays and Museum, airmuseumsuk.org: 107 u.
United States Air Force (USAF), U.S.A.: 5 5. Bild v. o., 6. Bild v. o., 10 l., 129 u., 130/131, 134 o., 134 u., 135 o., 135 u., 136 u., 137 o., 137 u., 138 o., 141 o., 141 u., 142 o., 142 u., 150 u., 152 o., 153 o., 153 u., 155 u., 156 o., 165 o., 166/167, 170 M., 171 o., 173 u., 174 o., 174 M., 181 o., 182 o., 183 o., 192 M., 194 u., 195 o., 203 o., 203 M., 203 u., 204 o., 204 u., 206 o., 206 M., 214 u., 222 o., 222 u., 224 o., 224 M., 228 u., 229 o., 229 u., 231 o., 231 u., 239 u., 240 o., 241 u. r., 242 u., 243 u., 244 o., 244 u., 245 o., 247 u., 249 u.
U.S. Navy, Washington DC, U.S.A.: 145 o., 172 o., 184 u.
Norm Vargas, aerocon@earthlink.net: 80 o.
vespa.dk: 108 o.
Christian Waser, Horw, Switzerland: 5 1. Bild v. o., 4. Bild v. o., 6/7, 22 o., 22 u., 23 o., 23 M., 23 u., 24 o., 24 u., 25 o., 25 u. r., 26 o., 26 u., 29 o. l., 29 o. r., 29 u., 31 u., 32 o., 35 o., 42 u., 44 o., 45 o., 48 M., 55 o., 56 u., 57 u., 58 M., 58 u., 59 o., 59 u., 65 o., 65 u., 66 o., 66 M., 70 M., 71 o., 71 u., 78 o., 81 u., 82 u., 85 o., 85 u. r., 86 u., 87 u. l., 92 o., 92 M., 92 u., 93 o., 93 M., 94 M., 100 u., 101 o., 103 u. r., 104 o., 108 M., 108 u., 109 o., 111 M., 112/113, 149 u., 155 o., 156 M., 157 o., 160 o., 161 o., 161 u., 162 o., 162 u., 163 o., 163 u., 168 o., 168 u., 172 u.
Gordon S. Williams from the collection of W. T. Larkins, ronsarchive.com: 118 u.
Russell Williams, russellw.com: 103 o.
Andreas Zeitler, München: 175 o., 189 M., 201 u., 211 u., 221 o., 248 o.